ROBIN KAISER

Das Kosmische Klassenzimmer

Dieses Buch widme ich dir, der du das Buch gerade in der Hand hältst. Möge es dazu beitragen, dein Lernen im Kosmischen Klassenzimmer so leicht und freudvoll wie nur möglich zu gestalten.

Das Kosmische Klassenzimmer

Verlag: epubli
1. Auflage
Cover: Robin Kaiser
Korrektorat: Roland Kaiser, Angela Pranskat,
Dario Wiedemann
Druck: neopubli GmbH, Berlin

E-Mail: info@robinkaiser.eu
Homepage: www.robinkaiser.eu

ISBN (print): 978-3-752962-88-8

ROBIN KAISER

Das Kosmische Klassenzimmer

epubli

Inhaltsverzeichnis

Lieber Erdenbruder, liebe Erdenschwester,

herzlich willkommen auf dem Schulungsplaneten Erde und herzlichen Glückwunsch, dass du es bis in dieses Kosmische Klassenzimmer (KK) gebracht hast!

Wüsstest du, wieviele kosmische Klassenstufen du bereits durchlaufen und wieviele Lebensformen du bereits durchlebt haben musstest, um hier als Mensch auf dem Schulungsplaneten Erde zu landen, dann wäre dir die Größe und Bedeutsamkeit deines Lebens in dieser Lebensform über alle Maßen ersichtlich. Dein Dasein, in dem von dir selbst aufgebauten Licht-Hologramm, was du als die materielle Welt wahrnimmst, ist das größte Geschenk an dich selbst. Es ist genau das, was du schon immer wolltest.

Alles, was dich umgibt, ist gefrorenes, zu einer geringeren Schwingung erkaltetes Licht, und die Energie, die du darauf verwendet hast, dieses Licht-Hologramm in einer Raum-Zeit-Simulation für dich zu manifestieren, sprengt den Rahmen des Vorstellbaren. Nachdem du die Raum-Zeit-Simulation aus deinem Geist projiziert hast, hast du dich selbst in dein eigenhändig geschriebenes Programm hineinbegeben, um zu durchleben, wie es sich am eigenen Leib anfühlt, das zu erfahren, was du dir für dich ausgedacht hast. Du bist wie ein Computerspielprogrammierer, der sich in sein eigenes Spiel begibt, um beim Spielen zu vergessen, dass er der Programmierer von alledem ist, was er erfährt. Alles, was dir zu widerfahren scheint, ist eine von dir selbst inszenierte Lernsituation, in der du die Lektionen durchlebst, für die du dich bereits entschieden hast. Das Kosmische Klassenzimmer im materiellen Daseinsbereich auf dem Planeten Erde ist ein ausgezeichnetes Lernsystem hierfür, das durch seine dreidimensionale Oberfläche ein wirklichkeitsnahes Lebens-Erlebnis erschafft.

Besonders wurde bei der Entwicklung des Erfahrungsbereichs darauf geachtet, dass kein Kontakt zu anderen Lernsystemen und Daseinsbereichen stattfindet, um die Echtheit eines abgetrennten Lebensbereiches zu gewährleisten. Das Leben auf der Erde ist in vielerlei Hinsicht eine besondere und einmalige Erfahrungssimulation, da das Leben in dieser materiellen Lebensform kosmisch gesehen einem Experiment gleicht. Nur sehr mutige Pioniere wagen sich bis an den äußersten Rand der Schöpfung, um sich innerhalb der materiellen Dimension zu erfahren.

Wir befinden uns hier in dem dichtesten Dichtebereich, dem äußeren Ende eines Schwingungsspektrums, in dem der Grad der Individuation, der Abtrennung und Differenziertheit maximal ist. Durch die immense Formenvielfalt und den Detailreichtum aller Dinge bietet der Daseinsbereich Erde ein sehr abwechslungsreiches, vielseitiges Abenteuerprogramm und fesselnde Erfahrungserlebnisse.

Im Vergleich zum irdischen Lernsystem sind die höheren Daseinsbereiche viel weniger ausdifferenziert und sind geprägt von sich stets wiederholenden, symmetrischen Mustern und Formen. Man kann sich diese etwa so vorstellen, als ob der Kontrast etwas herausgenommen wurde, und alle Formen sanfter ineinander übergehen. Alles ist weicher, fließender, beweglicher und weit weniger starr und eckig als in unserer Formenwelt. Das irdische Leben ist im Vergleich zu den

feinstofflichen Ebenen weit härter und reicher an Hindernissen und Widerständen, infolgedessen ein Geist unweigerlich eine Willensschulung durchläuft.
Die höheren Daseinsbereiche, die näher am Zentrum der Schöpfung angesiedelt sind, und feinstofflicher, d.h. höher schwingend sind, weisen eine weit weniger stabile Außenwelt auf, da sich die Außenwelt beständig mit den Regungen der Innenwelt verändert.
Es ist die Dichte dieses Daseinsbereichs, die die Erfahrung einer sehr dominant wirkenden Außenwelt suggeriert, was unweigerlich auch mit dem Verlust an Selbstwirksamkeit einhergeht.
Kaum eine andere Erfahrungssimulation legt dieses Maß an materieller Wirklichkeit an den Tag und in kaum einer anderen wird die Weitsicht über große kosmische Zusammenhänge durch die Einkästelung in winzig kleine Raumzeitquadranten so sehr erschwert. Im gewissen Sinne ist die Inszenierung des Existenzbereichs Erde ein exploratives Pilotprojekt, da es kaum einen anderen Bereich gibt, welcher so isoliert und abgekapselt von anderen Lebensformen lebt, besser gesagt, glaubt zu leben.
Durch das stark dominante Wirken der sinnlichen Formenwelt kann der Anschein aufrechterhalten werden, man sei eine isolierte, abgetrennte Lebensform, und die einzig intelligente Spezies im gesamten Universum, die ziellos und verloren durch einen leeren Raum toter Materie geistert.
Wir unterliegen einer Massen-Halluzination, einer Trennungstrance, wobei ein halluzinierender Schlafwandler einem anderen halluzinierenden Schlafwandler die Wirklichkeit seiner halluzinierten Traumwelt bestätigt. Und trotzdem haben wir uns alle in großer Vorfreude für diese Erdeninkarnation angemeldet und

unser Einverständnis für die Bedingungen der Erdeninkarnation gegeben. Damit haben wir eine Art Inkarnationsvertrag mit unserer eigenen Seele geschlossen, in dem festgehalten wird, dass wir für sie Erfahrungssammler spielen, bis wir eine Inkarnationsreihe abgeschlossen haben und die Integrationsreife der Seele erreicht ist. Wir haben uns dazu bereit erklärt, so lange das irdische Trainingsprogramm innerhalb von Reinkarnationszyklen zu durchlaufen und in Trennungstrance zu versinken, bis ein gewisser seelischer Reifegrad erreicht ist.

Wer sich einmal im Kosmischen Klassenzimmer des materiell-irdischen Realitätssystems hat einschulen lassen, der muss in diesem Lernsystem auch seinen Abschuss anstreben, denn ein vorzeitiger Abbruch oder vollständiger Wechsel in ein anderes Lernsystem, einen anderen Klassenraum, ist nicht ohne weiteres möglich.

Auch ist es so, dass sehr viele Erdabsolventen sich eine fixe Idee darüber gebildet haben, wie das Leben auszusehen hat. Sie sind quasi süchtig nach dem Leben in der materiellen Lebensform und stürzen sich immer wieder Hals über Kopf in die Inkarnation. Solche Wiederholer und Sitzenbleiber im Kosmischen Klassenzimmer haben große Anhaftung an die Erdenerfahrung, und nebst ihrer Erlebnissucht vergessen sie, die in ihr verborgenen Lektionen zu lernen. Auf der einen Seite kann die Erdenerfahrung ein sehr gutes Sprungbrett in die höheren Klassenräume anderer Dimensionen sein, auf der anderen Seite besteht auch die Möglichkeit, durch das Verlangen materieller Erlebnissüchte zurückgestuft zu werden, denn die kosmische Bewusstseinsentwicklung verläuft keinesfalls immer gradlinig.

Es bleibt jedem einzelnen selbst überlassen, wo und wann er die Lektionen des materiellen Lernsystems zu lernen wünscht, und jedes Mal nach dem Abschluss einer Lebensspanne entscheidet er frei über das nächste Wo und Wann. Ist man einmal außerhalb des Körpers und des irdischen Lernsystems, so hat man die Raum-Zeit-Simulation verlassen und kann sich von diesem Punkt aus in jeder beliebigen Zeit, an jedem beliebigen Ort wieder neu inkarnieren.
Alleine schon die Informationen, in welcher Epoche, auf welchem Teil des Planeten du dich inkarniert hast, kann dir reichlich Aufschluss darüber geben, wozu du hier bist und was du in dieser Inkarnation erleben und erfahren willst. So viel kann ich an dieser Stelle schon verraten: Du hast dir eine der turbulentesten und lehrreichsten Epochen einer kollektiven Bewusstseinstransformation ausgesucht, die über die Erdengeschichte hinaus auch großes kosmisches Interesse anzieht. Die Inkarnationen im gegenwärtigen Raumzeitquadranten, in dem du dich befindest, sind sehr beliebt, und man muss in der geistigen Welt Schlange stehen, um einen solchen Platz mitten im Geschehen zu ergattern. Die von dir ausgewählten Raum-Zeit-Koordinaten, Geburtsbedingungen, sowie familiären Verhältnisse, die du dir für deine Inkarnation ausgesucht hast, entsprechen exakt deinem Plan, das in Erfahrung zu bringen, wofür du dich bereits entschieden hast. Die Vielzahl an Variablen, die die Ausgangsbedingungen für eine Inkarnation bilden und in dein Leben mit hineinspielen, wurden vorab fein säuberlich zusammengestellt. Wobei sich an dem Grundgerüst des Lebensplans nach dem Eintritt in die Inkarnation in der Regel nicht mehr viel ändert.
Innerhalb des Lehr- und Lebensplans im Kosmischen

Klassenzimmer aber gibt es den freien Willen und somit einen Spielraum an Veränderungsmöglichkeiten. Viele von uns inkarnieren in kleinen Gruppen oder Seelenverbänden, die gut miteinander leben und lernen können. Innerhalb dieser Inkarnationsgruppen gibt es dann einen regelmäßigen Rollenwechsel, sodass jeder einmal in das Vergnügen kommt, jede Rolle im Mann- Frau oder Täter- Opfer- Spiel zu spielen. Du kannst stark davon ausgehen, dass deine nächsten Freunde und Verwandten, die einen starken Einfluss auf dein Leben haben (im Positiven wie im Negativen), deine Inkarnationsgruppe ist, mit der du dich vorab hier verabredet hast, um genau das durchzuführen, was du jetzt erlebst.
Die Art der Zusammenstellung von Schulklassen im Kosmischen Klassenzimmer ist an den Lernfortschritt und die Lebensthemen gebunden, wobei es natürlich immer auch Einzelgänger gibt, die es bevorzugen, sich ohne eine seelisch nahestehende Gruppe zu inkarnieren. Bevorzugt inkarnieren die seelischen Gruppierungen, die schon über sehr viele Leben hinweg gemeinsam im Verbund stehen, überall dort, wo kulturell ein ausgeprägtes Familienleben stattfindet. Was das Geschlecht angeht, so wird dieses nach einem immer ähnlichen Rhythmus gewechselt, wobei es für den Geist-Seele-Komplex für gewisse Phasen schon eine bevorzugte Tendenz der Geschlechterauswahl gibt. Häufig ist es so, dass das jeweils entgegengesetzte Geschlecht von der primären elterlichen Bezugsperson, der man seelisch am nächsten steht, gewählt wird.
Je höher jedoch die kosmischen Klassenstufen werden, desto irrelevanter wird das Geschlechterspiel,

und desto mehr fallen bestimmte Inkarnationsgruppierungen weg, da erkannt wird, dass sowieso alles mit allem gleichstark verbrüdert und verbunden ist. Ihr alle, die ihr hier inkarniert seid, seid verbrüdert und verbunden und Teil der Erdenfamilie, so unterschiedlich ihr auch zu sein scheint. Gemeinsam habt ihr einen Lern- und Lehrauftrag in eurem Kosmischen Klassenzimmer, das nur einen Daseinsbereich, eine Dimension von einem multidimensionalen, intelligenten und lebendigen Kosmos ausmacht.

Die Erkundungstour quer durch Raum und Zeit und weit darüber hinaus hat gerade erst begonnen…

In diesem Sinne wünsche ich euch weiterhin eine frohe Unterhaltung mit dem gegenwärtigen Inkarnationsprogramm und erinnere noch einmal daran, dass du der Programmierer all dessen bist, was dir im Kosmischen Klassenzimmer widerfährt.

Lieber Erdenbruder,

ich werde immer wieder in persönlicher Vertrautheit zu dir sprechen, da wir uns schon weit länger kennen, als dir vielleicht bewusst sein mag. Wir kennen uns quasi schon seit Anbeginn der Zeit, denn mein Beginn war auch dein Beginn, und dort wo ich herkomme, kommst auch du her.
Ich trage die Erinnerung an unsere gemeinsame Quelle, an unseren gemeinsamen Ursprung in meinem Geist, über den wir zusammen als Eins kosmisch verbrüdert sind. In dem, was wir sind, sind wir alle als Eins miteinander verbunden, und das kann darüber erfahren werden, dass man willens ist, sich wieder an seine geistige Herkunft zu erinnern.
Alles stammt aus dieser einen Quelle, und du kannst in jedem Stein, jedem Baum, jedem Tier die Erinnerung an diese Quelle wachrufen und darüber in die Kommunikation und Verbindung treten.
Wir sind dieser eine Geist, und es hat im gesamten Kosmos nie mehr als diesen einen Geist gegeben. Damit werde ich zum Fürsprecher für die Ganzheit dieses einen Geistes, der sich selbst an all seinen Teilen (und du bist einer davon) seine Ganzheit und Größe beibringt. Ich wende mich folglich an den Teil in dir, der sich an unsere gemeinsame Quelle erinnert, und der in wahrer Größe sich schon immer als Eins mit allem, was ist, erfährt.
Es ist das, was du bist und was sich unveränderlich auf dem bodenlosen Grund deiner selbst findet.
Erdenbruder, es gibt einen anderen Weg als alle bisher von dir beschrittenen Wege. Es ist der Weg in die Befreiung, der Weg, der aus der Matrix herausführt und in das Sein deiner selbst hineinführt.

Kein Weg, den du im Außen, in der Matrix gehst, kann dich dorthin führen und dich an das Ziel bringen, nach welchem sich das innerste Sein deines Wesens sehnt. Es ist der Weg nach innen, der hinausführt aus der Matrix. „*The way in, is the way out*", und beschert dir genau das, was du dir bei jedem äußeren Weg als Ziel erhoffst.
Nichts anderes als das, was du bist, kann dir den Weg nach innen zeigen, um dich wieder zu dem zu führen, was du bist. Denn die Erinnerung an dich selbst ist eine Erfahrung, die nur aus dir herauskommen kann. Und obwohl ich das bin, was auch du bist, kann ich dir weder sagen, was du bist, noch dir die Erfahrung deiner selbst geben. Und das ist sehr gut so, denn könnte ich dir die Erfahrung deiner selbst geben, so könnte ich sie dir auch wieder nehmen. Doch keiner Macht im Universum ist es gegeben, dir das zu nehmen, was du bist.
Du kannst das Sein deiner selbst nicht finden, da sich das, was nie verloren gehen kann, nicht finden lässt. Und doch ist der Existenzausflug und alle in der Matrix gegangenen Wege nicht mehr und nicht weniger als die Suche nach dem scheinbar verloren gegangenen Sein deiner selbst. Sobald du dich auf die Suche machst, wirst du jemanden finden, der sucht, nicht aber jemanden, der findet. Entscheide dich also, nicht zu suchen, sondern das Sein deines Selbst zu finden, ohne es suchen zu wollen. Finde es in dir, und du wirst es überall in der Welt finden, ohne dass du es suchst. Erdenbruder, alles ist so, wie du auch bist, denn in dem, was ist, ist alles gleich!
Da wir im Sein von dem, was wir sind aber kein mittelbares Wissen über uns haben können, ohne damit das unmittelbare Sein unseres Selbst zu verlassen,

können wir uns das eigene Sein nicht übermitteln. Du kannst dich nicht kennen, und du kannst das, was du bist, nicht haben, du kannst es nur sein.
Der Versuch, etwas anderes zu sein, als die in deinen Geist gelegte Größe und Göttlichkeit rührt daher, das haben und reflexiv wissen zu wollen, was man bereits ist. Und ab dem Moment, in dem man das wissen und haben will, was man ist, verlässt man das Sein seiner selbst und tritt zu sich in Entfremdung, was alles andere ebenfalls zu etwas Fremdem und Bedrohlichem werden lässt.
Vertraue du dich dir selbst wieder an, und du wirst sehen, dass Fremde zu Freunden werden.

In Liebe und Verbundenheit ein Erdenbruder

Hinter den Kulissen des Kosmischen Klassenzimmers

Es gibt nichts in der Wahrnehmung, das wahrgenommen werden könnte, um die Kulisse der Formenwelt zu enttarnen und den Oberflächenschleier zu lüften, da alles, was wahrgenommen werden kann, eben jene Kulisse des Kosmischen Klassenzimmers ist, und es gerade die Sinneswahrnehmungen selbst sind, die die Kulisse aufbauten und aufrechterhalten.
Erst in der Kultivierung einer Wahrnehmungsform, außerhalb der herkömmlichen physischen fünf Sinne, kann der Schleier gelüftet und die Zaubershow der Sinneswahrnehmung enttarnt werden.
Durch eine unmittelbare Schau von dem, was jenseits der Kulisse des Kosmischen Klassenzimmers liegt, kann die Zaubershow der Sinneswahrnehmung durchschaut und eine Verbindung mit der Ursachenebene hinter der Formenwelt hergestellt werden.
Über den Schritt hinter die Kulissen gliedert sich jedes abspielende Geschehen in der Sinnenwelt in ein sinnhaftes Gefüge, ein großes Ganzes ein, und man erkennt in allen scheinbar unabhängigen er- und -durchlebten Erfahrungen eine klar ausgerichtete Kontinuitätskette an notwendigen Lernschritten im KK.
Der Schleier wird sich jedoch erst dann lüften und den Irrwitz dieser Wahrnehmungswelt enttarnen, wenn diese ihre Lehrfunktion erfüllt, und alle notwendigen Lektionen in ihr gelernt worden sind.
Ein Blick hinter die Kulissen der Wahrnehmungswelt

ist kein kleiner Schritt, denn er zieht irreversible Folgen nach sich, da man nie wieder vollends in die Wahrnehmungstrance einer Sinnenwelt hinabgezogen werden kann. In diesem Schritt erlebt man, dass der eigene Geist wie benebelt von der Wahrnehmungserfahrung der Sinnenwelt gewesen ist, und dass er sich vom Formentanz dort draußen hat hypnotisieren lassen. Über die Wahrnehmungskanäle zieht es den Geist nach außen, wobei er sich in das Formenspiel der Sinnenwelt zerstreut und sich so selbst zum Teil seines eigenen Bühnenstücks, seines eigenen Lebensfilms macht. Der Geist verliert sich selbst auf der Bühne der Sinne, ohne zu erkennen, dass er nach wie vor Regisseur von alledem ist, was ihm auf dieser Bühne zu widerfahren scheint. In der Selbstinszenierung eines Geistes, der seinen Lebensfilm dreht und diesen wahr- und für wahr nimmt, gerät das, was hinter der Oberflächeninszenierung verweilt, in Vergessenheit, was dem Lebensfilm seine notwendige Realitätsschärfe verleiht.

Wie spannend wäre ein Filmgeschehen, bei dem der Zuschauer die ganze Zeit über bewusst wäre, dass es sich dabei um einen Film handelt?

Die Kulissen der Wahrnehmungswelt wurden von uns genau aus dem Grund hervorgebracht, dass wir einen Vorhang vor das ziehen, was wir sind, um uns in dem von uns abgedrehten Lebensfilm selbst zu erfahren. In die Selbstvergessenheit einzutauchen und uns über die Kulisse der Wahrnehmungswelt unterhalten zu lassen, übt einen starken Reiz auf uns aus.

Wir lieben es, unwissend zu spielen und das Spiel der Unwissenheit so weit zu treiben, dass man selbst das Spielen vergisst, um der Klassenraumerfahrung den nötigen Realitätsanstrich und die Ernsthaftigkeit zu verleihen. Erst die Verschleierung macht das KK zu einem intensiven, wirklich erscheinenden und dadurch auch unvergesslichen Erlebnis, angefüllt mit einer Menge an Abenteuergeschichten. Keiner würde sich gerne einen Film ohne Spannung ansehen, bei dem es durchgehend nur friedvoll-freudig einhergeht. Je mehr Dramatik (und auch Leid) in einen Lebensfilm eingebaut werden, desto wirklicher wird dieser sein, und desto eher verliert man sich in seinen eigenen Geschichten.

Manche Menschen haben ihren Lebensfilm deshalb dem Horrorgenre verschrieben. Sie sitzen in ihrem persönlichen Horrorfilm und können nicht anders, als mit Angst und Grusel zu leben. Tritt man mit guter Absicht in ihr selbst gedrehtes Horrorszenario und schaltet in einer besonders "spannenden" Stelle des Films das Licht des Bewusstseins an, so wird der Zuschauer wohl wenig erfreut darüber sein, denn nur wenn Dunkelheit im Kinosaal herrscht, wird der Lebensfilm zu einem fesselnden Erlebnis. Wer mit dem Licht des Bewusstseins seinen Lebensfilm durchleuchtet, kommt nicht umhin, diesen für weniger wirklich zu halten und durch seine eigenen projizierten Bilder hindurch das zu erkennen, was jenseits der Kulisse an projiziertem Filmgeschehen liegt.

Wer die Kulisse durchschaut, schaut durch den Lebensfilm an Bildern und Geschichten hindurch auf die dahinterliegende, unveränderliche weiße Leinwand seines eigenen "Ich-Bin-Bewusstseins".

Und in diesem wird verstanden, dass die Scheinwelt aus dem Nichts heraus unterschiedliche Oberflächen hervorgezaubert hat von etwas, was seinem Wesen nach unterschiedslos gleich ist. Wenn der Film wahrheitsgemäß als Film gesehen wird, dann setzen die

tiefe Gewissheit und das Grundvertrauen ein, dass kein Filmgeschehen die Wirklichkeit bedrohen oder diese in irgendeiner Weise verändern könnte. Damit endet die Kinovorstellung des KK, in der ein Lichtspiel aus hellen und dunklen Bildern die Inszenierung von Dualität hervorgezaubert hat.
Wer dies in seinem Bewusstsein trägt und trotzdem weiter in der Wahrnehmungswelt wandelt, der erlebt sein Leben gleichnishaft gesprochen wie jemand, der in einer Quizshow sitzt, die Millionenfrage bereits korrekt beantwortet hat, und trotzdem noch weitere Fragen beantwortet, einfach aus Spaß am Spiel. Er hat bereits alles gewonnen und kann das, was er gewonnen hat, nicht mehr verlieren, oder von seinem Gewinn zurückfallen, denn er versteht, dass nichts Wirkliches bedroht werden kann.
Trotzdem möchte er weiter auf dem Quizsessel des Lebens sitzen und sich von immer neuen Fragen, Aufgaben und Herausforderungen in Anspruch nehmen lassen, einfach um des Selbstzwecks halber, obwohl er weiß, dass es über das, was er bereits gewonnen hat, nichts mehr zu gewinnen gibt.
Nur wenn den bedeutungslosen Kulissen einer Bildwelt Bedeutung verliehen wird, kann noch daran geglaubt werden, dass Verlust in irgendeiner Form möglich sei, und dass es über das hinaus, was man bereits hat, noch mehr zu gewinnen gäbe. Gewinn und Verlust sind nur in der Kulisse des Kosmischen Klassenzimmers, nie aber in der erwachten Wirklichkeit jenseits der Kulisse möglich.
Nur innerhalb der eigenen Wirklichkeitsprojektionen einer Wahrnehmungswelt kann es ein Mehr oder Weniger geben, wobei man als Zentralprojektor seiner

Sinnenwelt frei über jedes Mehr oder Weniger entscheiden kann.
Geht man davon aus, dass die eigenen Projektionen, die man in der Sinnenwelt wahrnimmt, feststehende, absolute Gegebenheiten sind, dann nimmt man sich selbst innerhalb dessen gefangen. Menschen mit viel Unsicherheit und Angst nehmen sich sogar in Hoch*sicherheits*gefängnissen gefangen. In ihnen fühlen sie sich sicher, ohne zu wissen, dass sie damit auch ihre Ängste absichern, denn die gleiche Sicherheitsstufe, in die man sich hineinbegibt, kommt ebenfalls dem zu, vor dem man sich in Sicherheit bringen möchte. Die Kulisse der konventionellen Bildwelt ist das selbstgeschaffene Gefängnis, das uns Sicherheit suggeriert und über das wir unsere eigene Kleinheit und unser ängstliches Selbstbild sicherstellen.
Wir haben uns ein Gefängnis um uns herum errichtet, um uns vor vermeintlich äußeren Gefahren zu schützen, denn es bietet eine Art Sicherheitsbereich oder „Natur*schutzgebiet*" für unsere Besonderheit. Allerdings kann man, wenn man erst einmal gefangen ist, nicht mehr nach außen sehen, da jede Form der Verbindung gekappt wurde. Könnten wir durch unsere Mauern sehen, würden wir vielleicht mitbekommen, dass die Gefahr, vor der wir uns ursprünglich haben schützen wollen, schon lange vorüber ist, und wir gefahrlos einfach aus unserem Naturschutzgebiet heraustreten könnten, ohne dass uns etwas zustößt. Schaffen wir es, den Mut zusammenzunehmen, die Gefängnismauer der Wahrnehmungskulisse einmal zu hinterfragen, zu behauen und abzureißen, so werden wir Stück für Stück mehr nach draußen sehen können. Die Augen, die sich an die Dunkelheit des Gefängnisses gewöhnt haben, werden anfangs

schmerzen, wenn das Licht hereinfällt. Und die erste natürliche Reaktion ist es, sich am liebsten wieder abzuwenden und in eine dunkle Ecke des Gefängnisses zurückzukriechen. Aber mit der Zeit, wenn sich die Augen langsam an das strahlende Licht gewöhnt haben, wird ein innerer Ausbruchsdrang immer stärker, selbst wenn das Licht nur kurz erblickt und die Freiheit darin nur einmal gekostet wurde. Schritt für Schritt zieht es einen hin zum Licht der Freiheit, bis nichts mehr vorhanden ist, was einen Schatten oder Schleier wirft und damit Dunkelheit verursacht.

Wir müssen uns im Klaren darüber sein, dass all unser Wissen nur ein Wissen innerhalb der Gefängnismauern der Wahrnehmungskulisse ist.

Erst wer das Gefängnis verlässt, um hinter die Kulissen zu blicken, wird die Reichweite seiner Unkenntnis und die Blindheit desjenigen erfahren, der nur auf die Wahrnehmungskulisse schaut. Derjenige, der sein Leben lang ein blinder Gefangener war, weiß in Ermangelung einer Freiheitserfahrung nicht, was gefangen sein bedeutet.

Es ist Fluch und Segen zugleich, dass wir die Gefangenschaft in den Kulissen des KK nicht als solche wahrnehmen, da es uns einerseits relativ frei und unbedarft darin leben und lernen lässt, uns aber andererseits im Zustand der Gefangenschaft hält und einen Ausbruchsimpuls gar nicht erst aufkommen lässt. Irgendwann gewöhnt man sich auch an den engsten Kerker, wenn der Zustand der Gefangenschaft und der Blindheit zur Normalität geworden ist.

In seiner Blindheit versucht man dann, seine Gefängniszelle einigermaßen nett einzurichten und zu gestalten, ohne dabei auch nur daran zu denken, dass eine noch so schön eingerichtete Gefängniszelle nach wie

vor eine Gefängniszelle bleibt.
Erst wenn man nicht mehr versucht, dem eigenen Urteil gemäß das Zelleninterieur aufzubessern, kann die gesamte Gefängniserfahrung hinterfragt und die Erinnerung des befreiten Zustands hervorgeholt werden. In einer gegenwärtigen Erinnerung an dein Befreitsein stellt sich ein Geisteszustand ein, der die Gefängnismauern von innen heraus aufbricht und die Schau auf das freigibt, was hinter den Kulissen und Schleiern der Wahrnehmungswelt nur darauf wartet, erfahren zu werden.

Das Multiversum und der Dimensionswechsel

Jede Dimension basiert auf einer Grundschwingung, einem Grundton, wobei die Frequenz sich mit der jeweils nächsthöheren Dimension verdoppelt.
In höheren Dimensionen werden die Wellenlängen der Schwingungen immer kürzer und der Grundton höher.
Dabei ist es aber nicht so, dass die Dimensionen wie auf einer Klaviertastatur nebeneinander liegen, sondern sie befinden sich ineinander, sie schichten sich parallel ineinander auf, sodass sich jeder beliebige Punkt in einer Dimension durch alle möglichen Dimensionen zieht. Auf Grund dessen kann von jedem Punkt direkt zu beliebig jedem anderen Punkt gesprungen werden. Wer den holistisch-fraktalen Aufbau des Multiversums versteht, der erkennt, dass es nichts gibt, was weiter weg oder näher dran ist, da der Zugang zu allen möglichen Dimensionen in jedem Raum-Zeit-Punkt verbaut sein muss.
Die Idee von (Fort-) Bewegung bekommt gänzlich andere Züge, wenn man sie nicht im Sinne des klassischen Raum-Zeit-Universums, sondern aus dem Modell des interaktiven Multiversums denkt.
Ein Bewusstsein muss lediglich seine Idee von Form (seinem Körper) und alle in ihm vorhandenen Schwingungsmuster in ihrer Frequenz ändern, und der Körper würde sich auflösen und in einer anderen Dimension wieder auftauchen, von der aus die Materialisierung in jedem Raumzeitpunkt dieser Dimension möglich wäre. Jede Lebensform, jedes Bewusstsein ist auf jeder Dimension als eine Variante ihrer selbst

vorhanden, und in der Regel nimmt sich dieses Bewusstsein auch gleichzeitig multidimensional wahr. Je ausgedehnter der Bewusstseinsscheinwerfer, den wir „Ich" nennen, wird, desto größer ist auch das Schwingungsspektrum, in dem wir uns erfahren. Der nahezu eindimensionale Seinszustand, der selbst alles geistig Erdachte noch als eine materielle Spielart betrachtet, kann schon fast als ein Verbrechen an der Schöpfung gesehen werden, denn er gleicht etwa dem Versuch, eine Symphonie mit nur einem Ton spielen zu wollen.
Weniger als ein Prozent des gesamten kosmischen Schwingungsspektrums schwingt auf der materiellen Wellenlänge, was auch bedeutet, dass mehr als 99 Prozent von allem existenten Leben feinstofflicher Art ist. Hätten wir alles im materiellen Universum zur Gänze erforscht, wovon wir weit entfernt sind, dann verstünden wir etwa 1 Prozent der Schöpfung. Um zu verstehen, wie die Seinsart der Lebensformen auf anderen Dimensionen der Schöpfung ist, muss sich ein Bewusstsein selbst zu dem machen, was es erfahren möchte. Es muss sich in die Variante seiner selbst projizieren, die gleichschwingend zur Dimension des Multiversums ist, die es erfahren möchte. Die Schwierigkeit, andere Dimensionen im Multiversum zu erkunden, liegt weniger darin, bis zu ihnen vorzudringen (dies machen wir tagtäglich z.B. im Schlaf), sondern den Transfer zwischen den dort gemachten Erfahrungen und der Ebene des Wachbewusstseins hinzubekommen.
Damit ein Bewusstsein sich einigermaßen stabil in einer Dimension erfahren kann, gibt es nämlich zwischen den Dimensionen Löschräume, in denen das Bewusstsein in einen Zwischenzustand versetzt wird,

in dem es auf die neue Dimension vorbereitet bzw. kalibriert wird. Diese Übergangsräume, auch Bardos genannt, sind von einer endlosen Leere und Tiefe geprägt, in der das Bewusstsein eine Erfahrung von "Nichtsheit" durchläuft. Manche Stationen im Multiversum (man kann hier nicht von Orten sprechen) können geistig erst dann bereist werden, wenn man zuvor einen Löschraum passiert hat, wobei selbst dort der Transfer zwischen den Dimensionen lediglich eine Bewusstseinsfrage bleibt.

So, wie man nach dem Ablegen des physischen Körpers auf individueller Ebene durch die Löschräume geht, um in eine andere Dimension hinüberzuschreiten, so gibt es auch kollektive Dimensionswechsel. Bisher gab es in der Erdengeschichte mindestens drei großflächige Ereignisse solcher Art, die von unterschiedlichsten Prophetien stets als dreitägige Finsternis bzw. Dunkelheit bezeichnet wurden.

In ihnen kommt es zu einem Dämmerzustand, in dem große Teile von körperlichen und geistigen Funktionen stillgelegt werden. Es ist ein Zustand der sensorischen Deprivation, in dem sich die Zeit fast bis in die Ewigkeit hin ausdehnt, sodass sich ein paar Stunden im Löschraum wie hunderte von Jahren anfühlen können, in denen man eine sehr tiefe Erfahrung eines unendlichen Raums macht. Dabei wird das raumzeitliche Erinnerungsvermögen des Wachbewusstseins, das u.a. vom Erdmagnetfeld aufrechterhalten wird, weitestgehend ausgeblendet bzw. gelöscht.

Eingeleitet wird der bevorstehende Dimensionswechsel durch den Polsprung, in dem sich die Pole des Erdmagnetfeldes vertauschen, was eine Zeit lang einen Kollaps des Erdmagnetfeldes bewirkt. Erst durch die Auflösung des bestehenden Feldes und einer die Erde

umspannenden Lichtgitterstruktur kann alles in diesem Feld Bestehende in das nächsthöhere Schwingungsfeld eingehen.
Im Dimensionswechsel beginnen sich die Dimensionen zunächst zu überlappen und zu überlagern, sodass sich durch die dreidimensionale Oberflächenstruktur hindurch Lichtformen in noch nie dagewesenen Farben und Gestalten zeigen. In wenigen Stunden werden diese überall durchbrechen und die dreidimensionale Oberflächenstruktur von sich abschälen, bis die neue Dimension alles aus der alten Welt verschluckt und in ihr höherdimensionales Äquivalent eingetauscht hat. Erfährt sich ein Bewusstsein zuvor schon in dem Schwingungsbereich, in den dieser Übergang hineinführt, so wird es weitestgehend bewusst das Bardo durchschreiten.
Für sehr viele Menschen auf der Erde aber wird das Wachbewusstsein schlafengelegt, um das multidimensionale, kosmische Bewusstsein zu erwecken und die nötigen Aktivierungen der DNA im Körper und die Umstrukturierung im Lichtkörper zu vollziehen. Latent ist das DNA Potenzial für den Dimensionswechsel bereits vorhanden und es bedarf lediglich einer Aktivierung. Was den bevorstehenden Dimensionswechsel zu einer kosmischen Seltenheit werden lässt, ist der Versuch, diesen innerhalb des physischen Körpers zu vollziehen. In der Regel wird bei kollektiven Dimensionssprüngen eines Planeten mit seiner auf ihm wohnenden Spezies die alte Schwingungsvariante der eigenen Form zurückgelassen. Doch diesmal soll der physisch-materielle Körper bestehen bleiben und lediglich durch einen stärkeren, höherschwingenden Lichtkörper ergänzt werden. Bevor jedoch der Planet und die darauf Verkörperten

den Sprung in die nächste Dimension tun, muss das materielle Feld der alten Dimension aufgeräumt werden und sich einer Grundreinigung unterziehen.
Alle alten im materiell karmischen Feld verankerten Themen und Blockaden kommen ans Licht und wünschen gesehen und aufgelöst zu werden, damit der Dimensionssprung im Einzelnen gelingt.
Denn mit dem Sprung aus der vierdimensionalen Raum-Zeit-Realität springen wir ebenfalls aus dem Karmaspiel heraus, was die gegenwärtige Inkarnation (im Idealfall) zur letzten karmisch bedingten Inkarnation werden lässt.
Seit sehr vielen Inkarnationen arbeitet deine Seele bereits daran, dich (und somit sich selbst) darauf vorzubereiten, diesen Sprung zu tun. Und jetzt endlich ist es soweit ...
Doch nicht jeder Mensch wird den Dimensionswechsel vollziehen. Ein noch nicht absehbarer, aber doch großer Prozentsatz der Menschen wird zur gegebenen Zeit in ein anderes Lernsystem überwechseln, denn ist der Dimensionssprung nicht an der Reihe und im Seelenplan niedergeschrieben, dann ist die kommende, höherdimensionale Schwingung sogar im Einzelfall (entwicklungs)schädlich.
Fest steht, dass der auf dieser Erde anstehende Dimensionswechsel eines ganzen Planeten einem kosmischen Großereignis gleichkommt, bei dem mehr als ein Dutzend unterschiedliche Speziesverbände mitwirken. Und du bist hautnah mittendrin und bekommst die Möglichkeit, diesen Bewusstseinssprung mit dir geschehen zu lassen! Der Dimensionswechsel hat sich auf den höheren Informationsfeldern bereits vollzogen, und es ist nur eine Frage der Zeit, bis die materielle Ebene den Informationen gemäß nachzieht.

Wie sanft sich dieser Wechsel vollzieht, hängt primär vom Widerstand des kollektiven Bewusstseinsfeldes auf der Erde ab. Jede Spezies besitzt ein spezifisches, sich einmal um die ganze Erde spannendes Informationsfeld. Kein Ding könnte existieren ohne sein Informationsfeld, und erst über diese Felder lassen sich die jeweiligen Dinge manifestieren. Stirbt eine Spezies aus, so zieht sich das jeweilige Informationsfeld, ähnlich wie beim Dimensionswechsel, in die nächsthöhere Dimension zurück und speichert sich auf dieser Ebene ein. In den höheren Dimensionen, die reine prämanifeste Informationsfelder darstellen, ist jede Information in jedem Feld vorhanden und direkt abrufbar.
Je dichter Informationsfelder dem materiellen Schwingungsbereich kommen, desto informations- und energieärmer werden diese, und desto gehäufter ziehen sich Trennungslinien durch die Felder.
Die energetischen Grenzlinien richten sich überwiegend nach den jeweiligen materiellen Raumgrenzen, wobei sich in den Linien selbst noch einmal die potenzierte Information des Feldes befindet, das sie abstecken, um Gleichnamiges energetisch aufrechthalten zu können. Die großen Grenzlinien (auch als Ley-Linien bekannt), die sich über den Globus ziehen, sind wie Energieautobahnen, die die Feldqualität bestimmter geologischer Flächen voneinander trennen. Im Kleineren gesprochen, wird jeder Ort aus seinem eigenen Informationsfeld gespeist, in dem all das eingespeichert ist, was bisher an diesem Ort passierte. Es sollte deshalb nicht verwunderlich sein, dass es in Bibliotheken besonders leicht fällt zu lernen. Oder dass es auf Strecken, wo besonders viel gejoggt wird, leichter fällt, zu joggen, einfach, weil man sich durch

die spezifisch hierzu aufgebauten Informationsfelder bewegt. Wenn du also eine Tätigkeit lernen möchtest, wird dir dies wesentlich leichter fallen, es an dem Ort zu tun, wo bereits viele Menschen vor dir Selbiges getan haben.
Dies kann so weit perfektioniert werden, dass man nicht einmal eine Tätigkeit selbst ausführen oder üben muss, denn es reicht schon, sich in das jeweilige Informationsfeld zu begeben und die Fähigkeit downzuloaden, um sie zu beherrschen. Was einer kann, können alle, da dieser *eine* das nötige Know-how in das Informationsfeld hochgeladen hat. Eine kaum im Feld repräsentierte Idee zu manifestieren, bzw. etwas neu zu erfinden, ist nahezu unmöglich, wenn nur die hiesige materielle Dimension und die daran angelehnten Informationsfelder erforscht werden. Dies spiegelt sich auch in Persönlichkeiten vieler bekannter Erfinder wieder, die allesamt eine höhere Dimension zum Teil ihrer Wirklichkeit haben werden lassen. Die Informationsfelder bestimmen über die Wahrscheinlichkeit und Unwahrscheinlichkeit, dass ein bestimmter Gedanke und ein bestimmtes Gefühl im Bewusstsein auftauchen, womit sie zu einem sehr mächtigen aber dennoch subtilen Manipulationswerkzeug werden können.
Es gibt Informationsfelder an manchen Orten der Welt (vor allem in städtischen Ballungszentren), die so stark manipuliert worden sind, dass man dort kaum einen eigenen Gedanken jenseits des hierzu bestimmten Informationsfeldes zu denken vermag. Doch nur durch unsere eigenen Gedanken halten sich solche (Negativ-)Felder stabil, denn kein Dunstkreis eines niedrig schwingenden Feldes kann bestehen bleiben,

wenn das Licht geistiger Bewusstheit in Klarheit erwacht. Je mehr ein Mensch sich selbst bewusst ist, desto eher schwingen er sowie alle Zellen seines Körpers im Gleichtakt, was wiederum ein stärkeres Magnetfeld um ihn herum etabliert.
In der Stärkung des eigenen, einheitlich schwingenden Feldes überlagert dies das elektromagnetische Hintergrundrauschen des Erdfeldes, was wie eine Art Schleier wirkt, der uns unsere vierdimensionale Raum -Zeit-Erfahrung ermöglicht. Das Erdmagnetfeld ist wie ein Dunstkreis, der sich um die Erde zieht und ein Hintergrundrauschen verursacht, was die interdimensionale Wahrnehmung und Kommunikation behindert. Könnte man einen künstlichen Raum entwerfen, der dieses Magnetfeld und den Gedankensmog des morphischen Feldes weitestgehend abschirmt, dann wären Phänomene wie z.B. Telepathie oder Hellsichtigkeit wesentlich leichter durchführbar. Momentan muss das Feld eines Menschen jedoch sehr starke Impulse aussenden, damit diese durch den Schallwellensmog hindurch ankommen. Bis weit in das Weltall hinein schallt der Gedankensmog, den wir in unser morphisches Feld einspeisen. Und wer sich von weither der Erde nähert, wird schockiert sein, wie lärmend die Schall- und Störungswellen unterschiedlichster niederer Frequenzen sind. Die Höhe des Hintergrundrauschens von sich überlagernden, unregelmäßigen Frequenzen eines Planeten ist ein Anzeichen für die niedrige Entwicklung seiner Bewohner. Das einzige Gegenmittel ist, die Eigenschwingung zu erhöhen und ein derart starkes Energiefeld aus sich bzw. aus der göttlichen Anbindung heraus zu erschaffen, dass alle Formen niederer Störfrequenzen absorbiert und transformiert werden.

Ein starkes Aurafeld ist ein in sich zirkulierendes, durchlässiges, nicht abgeschottetes Feld, das sich dem Energieaustausch öffnet und gleichzeitig seine lichte (=hohe) Eigenfrequenz beibehält. Diese Frequenz ist weniger auf die vereinzelten, physisch umliegenden Energiefelder eingestellt, als dass sie sich über alle niederen Teilschwingungsquellen erhebt und sich auf die Resonanzebene mit der Schöpfung selbst begibt. Die Schöpfung hat eine Schwingung, die sie an die Ebenen des Multiversums weitergibt, die wiederum von den Planetenverbänden aufgenommen wird. Durch den Gedanken- und Schallwellensmog dringen diese allgegenwärtigen Schöpfungsschwingungen nicht mehr zu uns durch, und wir erleben uns als separat und unausgeglichen.
Erst wenn wir anfangen, uns wieder auf den Puls des Planeten und darüber hinaus auf den Puls der gesamten Schöpfung einzuschwingen, wird unser Leben zu etwas harmonisch Verbundenem, das im Einklang mit dem, was ist, zu leben vermag.
Was den hiesigen Daseinsbereich im Besonderen kennzeichnet, ist seine hohe Diversität, was die individuellen Bewusstseinsentwicklungen angeht. Bei den meisten anderen Lernsystemen ist es so, dass sich seelisch etwa Gleichaltrige unter den gleichen Raumzeitkoordinaten (Planeten) zusammenfinden. Doch was hier auf der Erde passiert, könnte man, um weiterhin in der Klassenraummetapher zu sprechen, als klassenübergreifendes Lernen bezeichnen.
Durch das breite Spektrum der Bewusstseinsentwicklung entstehen auf der Erde noch einmal gleichschwingende Eigenwelten, die sich entwicklungsmäßig unterscheiden wie Tag und Nacht.
Dass himmlische und höllische Seinszustände so

dicht nebeneinanderher existieren, gibt es kaum in anderen Daseinsbereichen. Und die Kluft zwischen den Welten auf der Erde weitet sich immer mehr, um letztlich beim Dimensionssprung aus der einen Erde mehrere Welten (Lernsysteme) zu machen, die dem jeweiligen Bewusstseinsstand angepasst sind.
Dieser Daseinsbereich formt sich für dich je nach individueller Bewusstseinsebene und entsprechend danach, wo du bist, und mit wem du dich umgibst. Dies wäre in anderen Lernsystemen, in denen eine stabilere, einheitlichere Bewusstseinsebene herrscht (egal wo du hingehst, oder mit wem du es zu tun hast), undenkbar.
Die hohe Streuung unterschiedlichster Entwicklungsstufen auf diesem Planeten ist seinem geschichtlichen Verlauf geschuldet, da der Mensch von vornherein ein kosmisches Hybridwesen darstellt, das seine Bewusstseins- und DNA-Elemente von unterschiedlichen anderen Spezies erhalten hat. Was auf der Ebene der DNA bereits herumgedoktert wurde, und aus welchem Genpool sich diese speist, möchte man vielleicht gar nicht so genau wissen…(es wird noch früh genug herauskommen). Fest steht, dass das genetische Potenzial, welches latent vorhanden ist, nur zu einem geringen Prozentsatz aktiviert ist, um die Bewusstheit von dem, wer und wo wir sind, abzusenken.
Diese bewusst deaktivierte DNA ist in der Genetik unter Junk-DNA bekannt, doch wenn das erhöhte Bewusstsein einmal seine vollständige DNA aktiviert hat, ist diese alles andere als ein Abfallprodukt. (Etwa 97 % des menschlichen Genoms werden als Junk-DNA bezeichnet). Mit einer vollständigen DNA Aktivierung steigt die Wahrscheinlichkeit des Zugangs zu den höher- dimensionalen Realitäten, auch wenn es

letztlich das Bewusstsein ist, das diesen Zugang legt. Für unser von Haus aus multidimensionales Bewusstsein besteht die Schwierigkeit nicht darin, in die höher dimensionalen Realitäten vorzudringen, sondern das dort Erlebte wieder hier auf diese Ebene zu transportieren und den Transfer zwischen den Welten fließen zu lassen.
Die Schönheit von dem, was man auf den höheren Dimensionen erlebt, ist so überwältigend, dass man schlichtweg nicht mehr auf die hiesige Ebene zurückkehren will und es einer enormen Willensanstrengung bedarf, sich wieder in diese Ebene hineinzubringen. Die Schulungen der Einweihungstraditionen sind nicht deshalb so lange und umfassende, um einen Adepten in die höheren Dimensionen zu bringen, sondern deshalb, um ihn auf den schweren Rückweg in die irdische Dimension vorzubereiten. Denn dieser Rückweg erfordert eine große geistig-psychische Stabilität. Es ist diese Ebene hier, die des Lichtes höherer Ebenen bedarf, um sich zu ihnen erheben zu können, und hierzu braucht es Menschen, die das Licht ihres Geistes auf den höheren Ebenen entzünden, um dann hierher zurückzukehren und es auszustrahlen.
Denn es sind genau jene Gesandten, die die Botschaft einer höheren Dimension in ihrem Geist tragen, die damit zu einer Initialzündung des kollektiv anstehenden Dimensionswechsels werden.
Der Dimensionswechsel ist ein sich auf natürliche Weise vollziehender evolutionärer Prozess, doch erfordert auch dieser, wie jede andere schöpferische Transformation, seine Vorbereitung.
In Vorbereitung auf den Dimensionswechsel ist es von hoher Wichtigkeit, sich mit der Seinsform auf an-

deren Dimensionen vertraut zu machen und sich innerlich auf einen veränderten Realitätsbezug einzustellen. Beispielsweise gibt es in den Lebensformen höherer Dimensionen keine Differenz zwischen dem, was die Lebensformen in sich tragen und dem, was sie als außerhalb von sich wahrnehmen, denn die äußere Umgebung setzt sich automatisch mit der Wahrnehmungsprojektion innerer Prozesse gleich. Im Gegensatz dazu erleben wir auf unserer Dimension häufig Gegenteiliges, dass unsere Innerlichkeit sich den äußeren Umständen anzupassen versucht.
Je stärker diese nach außen gerichtete Adaption innerer Prozesse gelebt wird, desto unwirklicher und fremder scheint das eigene Innenleben zu werden, da es anscheinend nicht mehr ist, als eine verblassende innere Spiegelung äußerer Wirklichkeit.
In den Bewusstseinszuständen höherer Dimensionen und damit auch höherer Wirklichkeit gibt es keine von der Innenwelt unabhängige Außenwelt und keine von der Außenwelt unabhängige Innenwelt, da kaum Grenzziehungen innerhalb des grenzenlosen Bewusstseins wahrgenommen werden. Die formlosen Lebensformen eines grenzenlosen Bewusstseins, die zu hundert Prozent in den Schöpfungszusammenhang eingereiht sind, können selbst nicht darüber entscheiden, was sie in sich zurückhalten und was sie aus sich heraus projizieren, da das Nach-Außen-Stellen der Innerlichkeit hier einem Filter und selektionslosen Automatismus gleicht. Diese Energiewesenheiten haben keine eigene (persönliche) Innerlichkeit, und kein Eigenleben wie wir es kennen, sondern ihr Innenleben ist gänzlich von dem angefüllt, was sie aus der wiederum nächsthöheren Schöpfungsebene empfangen. Ihre Funktion ist die vorbehaltlose Offenbarung von

dem, was sie in die Innerlichkeit gelegt bekommen. Und damit gleichen diese Wesenheiten einem lupenreinen Kanal, der die Schöpfungsenergie unverändert weiterreicht. Sie sind wie die verlängerten Arme der Schöpfungsquelle selbst, aus der die gottgegebene Essenz der Schöpfungsnatur quillt.
Würden diese Wesen anfangen, etwas in sich zurückzuhalten ohne es bedingungslos weiter zu verschenken, dann würden sie ihr eigenes Wesen damit verleugnen und zu sich in die Entfremdung treten, und ebenfalls dadurch das Durchreichen der Schöpfungsenergie behindern, bzw. die höherdimensionalen Schwingungen dämpfen und abschwächen. Die rebellische Schöpfungsebene mit denjenigen Wesenheiten, die sich weigerten, ihre wahre Innerlichkeit zur Gänze ausfließen zu lassen, legte in ihrer Verweigerung den ersten Keim zum Entstehen unserer materiellen Dimension.
Nach der ersten Idee, Teile der Schöpfungsenergie weiterzureichen und andere für sich zu behalten, bekam alles das, was an Schöpfungsenergie durchgereicht wurde, eine persönliche, besondere Note, wobei bei jedem weiteren Weiterreichen von Energiewesenheit zu Energiewesenheit sich die Verzerrungen der Schöpfungsenergie replizierten und sich immer weiter zur konkreten Besonderheit hin verformten.
Die sich so fortsetzende Schöpfung unterlag an diesem Punkt einem „Stille Post Phänomen“, da der erste Fehler der persönlichen Verzerrung des Schöpfungswesens sich immer weiter fortsetzte, immer pervertiertere Formen annahm, und sich damit immer weiter von der Ursprungsschöpfung entfernte.
Der Dimensionswechsel, bei dem innere und äußere Prozesse aufeinander synchronisiert werden, ist ein

Schritt in Richtung Ursprungsschöpfung, in der die ursprüngliche Schöpfungsenergie wieder ungehindert zum Fließen kommt.
Der Dimensionswechsel gleicht einer Schwerpunktverschiebung von dem, was man innerlich und äußerlich wahrnimmt und so gesehen ist er nichts anderes, als eine Frequenzperspektiven-Verschiebung. Es ist nicht so, dass eine neue Dimension mit allem was dazugehört entsteht und die Selbst- und Weltsicht der alten Dimension vergeht, sondern es findet lediglich eine Schwingungsverschiebung von einer bereits bestehenden Selbst- und Weltsicht zu einer anderen bereits bestehenden Welt- und Selbstsicht statt. Alle Dimensionen, mit den ihnen eigenen Umwelten, die sich lediglich in der Eigenschwingung unterscheiden, sind bereits vorhanden und überlagern sich auf ein und demselben Raumpunkt. Jeder Ort im Kosmos hat eine Mehrfachbelegung aus unterschiedlichen Dimensionen, und je nach Dimension scheint sich etwas vollkommen anderes an ein und demselben Ort zu befinden.
Unterschiedliche Körper und Formen können so gleichzeitig am selben Ort sein, ohne etwas voneinander mitzubekommen, da sie unterschiedlichen Dimensionen angehören. Und trotzdem ist das Geschehen über alle Dimensionen hinweg miteinander verzahnt und aufeinander abgestimmt. Es gibt diese Welt in mehrfacher, sich überlagernder Ausführung, wobei sich manche Varianten dieser Welt innerhalb und andere außerhalb der Zeit bewegen.
Dabei hinterlässt die Welt der materielleren Dimension in ihrem Zeitgeschehen einen Abdruck in der Ewigkeit. Und die ewigen Dimensionen verhelfen der Welt der materiellen Dimension bei ihrem Gang

durch das Zeitgeschehen. Während unseres Daseins auf physischer Ebene arbeiten und gestalten wir gleichzeitig an unseren Daseinsvarianten auf anderen Dimensionsebenen. Im besonderen Maße geschieht dies in den nächtlichen Schlafperioden, aber auch jede Entscheidung, die aus dem Wachbewusstsein heraus getroffen wird, wirkt sich auf die eigene Lebenslage höherdimensionaler Varianten des Bewusstseins aus. Dabei ist das Sein als eine multidimensionale Bewusstseinseinheit ständig damit beschäftigt, die Schwingungen der Dimensionen, in denen es Ausdruck findet, miteinander zu synchronisieren, was eine fortlaufende Schwingungsübersetzung zwischen den Dimensionen erfordert.
Mit anderen Worten (in einer sehr vereinfachten, schematischen Darstellung) befindet man sich in einem ständigen Übersetzungsprozess geistiger und materieller Ebenen, in dem Gedanken in Materie und Materie in Gedanken fließen, sodass Körper- und Geist-Impulse in Harmonie gebracht werden. Der Spagat, den man dabei zwischen den Dimensionen und ihren eigenen Schwingungswelten vollbringt, ist gewaltig, sodass das Wachbewusstsein nur mit einem geringen Ausschnitt dessen umgehen kann, ohne dass es seine Wahrnehmungsmuster dabei „zerreißt". Doch erst durch die transdimensionalen Wechselbewegungen, die (unbewusst) quer durch alle horizontal verlaufenden Bewusstseinsebenen kursieren, kann sich dein Sein in einer materiellen Schwingungsvariante verankern und stabile Wahrnehmungssequenzen von seiner Umgebung aufnehmen.
Ein Teil dieser Bewegungen, die eine Brücke zwischen der inneren geistigen Ebene und der äußeren

materiellen bauen, kennen wir als Imagination. In unseren Vorstellungen verbauen wir Elemente unterschiedlicher Dimensionen miteinander und bereichern damit alle mit in die Vorstellungen einbezogenen Welten.
Eines unserer größten menschlichen Potenziale liegt darin, sich das ausgeschmückt zu imaginieren, was zuvor materiell (noch) nicht gewesen ist, denn erst darüber zapfen wir höhere Dimensionen an, die wir imaginativ-kreativ in das Sein der materiellen Existenz übersetzen.
Eindimensionales Handeln wirkt zwangsläufig verflachend auf unser Sein, und das eigene Leben beginnt erst dann Tiefgang zu bekommen, wenn eine florierende Imagination anfängt, Welten zwischen den Welten wachsen zu lassen und einen bewussten transdimensionalen Austausch zu kultivieren.
Die nur am eindimensionalen Wachbewusstsein festgemachte, isolierte Ich-Empfindung des Menschen ist kosmisch betrachtet ein nicht lange aufrechtzuerhaltender Seltenheitszustand, der nur durch relativ lange Aufenthalte in anderen Dimensionen (Schlafperioden) möglich werden kann. Das, was eine Erlebnis-Dimension für einen von Natur aus multidimensionalen Geist nicht bereitstellen kann, muss über den regelmäßigen Aufenthalt in anderen Dimensionen kompensiert werden.
Wir sind uns der Vielzahl an Aktivitäten und Energieströmen, die beständig zwischen den Dimensionen fließen, nicht bewusst, aber erst durch diese transdimensionalen Aktivitäten kann sich überhaupt eine Dimension stabil mit der in ihr befindlichen Erfahrungswelt halten. Es sind die Muster unseres Wachbewusst-

seins, die unser Erleben auf eine Dimension beschränken und es uns erlauben, eine relativ stabile materielle Umgebung wahrzunehmen. Im Dimensionswechsel lösen sich diese Muster zunehmend auf, was zur Folge hat, dass Wahrnehmungen unterschiedlicher Schwingungsebenen gleichzeitig erfahren werden können und man je nach innerer Frequenzeinstellung einer anderen Umwelt gewahr wird.
Passiert dies unversehens und ungeplant, dann kann es zu einer starken Verunsicherung und Desorientierung führen, doch letztlich ist es gerade eine umfassendere Grundorientierung von dem, wo wir sind und wer wir sind, wenn wir mehrere Dimensionen bewusst einsehen können. Denn nur dadurch, dass wir uns selbst und alle Dinge um uns herum auf mehreren Ebenen wahrzunehmen lernen, erfassen wir die Dinge in ihrer multidimensionalen Ganzheitlichkeit und können mit unseren Interaktionen dem Wesen der Dinge gerecht werden.
Der Dimensionswechsel ist damit ein Umschwungsprozess hin zu einem wahrhaftigeren, natürlicheren Leben, in dem alle Lebensprozesse in einer tieferen Erfahrungsqualität begriffen und durchlebt werden können.

Andere Klassenstufen

Stellt euch nur mal vor, ihr sitzt ein Leben lang in einem Kosmischen Kassenzimmer, ohne eure Nachbarn anderer Klassenstufen kennenzulernen. Draußen auf dem Schulhof tobt das Leben unterschiedlichster Lebensformen, und nur ihr bekommt von alledem nichts mit, da ihr meint, es gäbe nur diesen Klassenraum, außerhalb dessen sich nichts befände.
Wer sich nur für ein paar Minuten gedanklich von seiner weltlichen Indoktrination befreit und über die Standardannahme, der Mensch sei die einzige intelligente Spezies im Universum, nachdenkt, der kann über die Absurdität einer solchen Annahme nur lachen.
„Es gibt nur mich," schreit das Ego und schreit dabei so laut, dass es nicht mehr in der Lage ist, die Stimmen anderer Wesen zu hören. Diese anderen Wesen, von denen hier die Rede ist, sind nicht etwa in weit entfernten Galaxien zu suchen, sondern sie sind mitten unter uns. Die Kategorisierungen, was "innerirdisch" und was "außerirdisch" ist, verlieren beim regen intragalaktischen Austausch, wie er schon immer sattgefunden hat und momentan im besonderen Maße stattfindet, ihre Bedeutsamkeit. Die Vielzahl kosmischer Einflüsse anderer Galaxisverbände ist immens und schwer überschaubar, da nahezu jeder auf der Erde lebende Mensch sogenannte außerirdische Anteile in sich trägt. Der Großteil der Erdenpopulation hat zu etwa 80% Erdeninkarnationen durchlebt, was heißt, dass etwa 20% des Erfahrungsspiels in anderen Lebenssystemen auf anderen Existenzebenen absolviert worden sind. Die darin gemachten und in der

Seelenstruktur eingravierten Lernerfahrungen werden dann in den Erdenbereich eingebracht.
Gerade zurzeit vermehrt sich der kosmische Einfluss enorm, indem sich eine Sternensaat auf der Erde aussäht und inkarniert, die hauptsächlich aus anderen Lernsystemen stammt, um mit uns die Zeitenwende herbeizuführen und uns auf die Versetzung in die nächste Klassenstufe vorzubereiten.
Der Erdenbereich wird gerade Schauplatz einer rasanten Metamorphose der Erdenspezies, was ein kosmisch einmaliges Geschehen darstellt, zu dem viele unserer kosmischen Nachbarn heraneilen, um aktiv daran mitzuwirken.
Betrachten wir das Geschehen jedoch in etwas größeren Raumzeitkoordinaten und nicht nur in intra-, sondern auch in intergalaktischer Größenordnung, dann wird schnell ersichtlich, dass die meisten Speziesverbände eine Schiene der Ignoranz und des Desinteresses der Erdenspezies gegenüber zeigen, womit sie lediglich unsere Ignoranz widerspiegeln. Eigenen Erfahrungen nach sind wir als Erdenspezies für viele von ihnen einfach ein zurückgebliebener, armseliger, verwirrter und verirrter Haufen Minderbemittelter, den man zwar etwas liebevoll verhätscheln, aber nicht richtig für voll nehmen kann. Doch seien wir mal ehrlich: Bisher haben wir kein sehr viel besseres Bild von uns und unserem chaotischen Klassenraum in den Kosmos senden können. Erst wenn wir unseren Reifegrad unter Beweis stellen und zeigen, dass wir als gemeinsam friedvolle Erdenfamilie für uns und für die Erde Verantwortung übernehmen können, werden wir als Spezies wieder in die kosmische Gemeinschaft eingegliedert. Keine intelligente Spezies würde sich

uns (um uns zu schützen) freiwillig offen zeigen, solange wir in der Geisteshaltung von Angriff und Abwehr leben und meinen, uns vor dem Fremdartigen am besten derart verteidigen zu müssen, indem wir es angreifen, denn wir würden uns bei einem solchen Angriff nur selbst Schaden zufügen.
Doch obwohl das Chaos im Klassenraum immer mehr auszuarten scheint, rückt die Zeit der universellen Wiedereinbürgerung, in der wir in die kosmische Bruderschaft wieder aufgenommen werden, immer näher. Auf uns wartet ein heiliges Bündnis, das mit unserer kosmischen Großfamilie im Lichte der Göttlichkeit geschlossen wird. Und die Vorfreude bei unserer kosmischen Großfamilie auf unser Wiedererwachen aus den Trennungsträumen und unsere Rückkehr in die kosmische Allverbundenheit ist unermesslich. Sie wartet nur darauf, uns wieder bei sich aufzunehmen und die interplanetare Beziehung zwischen Nachbarn wieder bewusst aufleben zu lassen.
In der bewussten Verbrüderung mit allen Klassenstufen erfahren wir die Multidimensionalität unseres Bewusstseins und erkennen, dass auf jeder kosmischen Dimension eine Variante unserer selbst existiert, womit wir offiziell den Status eines Kosmosbürgers tragen. In der Bereitschaft für die Öffnung zu anderen Daseinsbereichen und Lebensformen steckt ebenfalls die Bereitschaft, das Erdenbewusstsein sich hin zu einem kosmischen Bewusstsein entfalten zu lassen. In dieser Transformation, in der ein Erdenbürger zu einem Bürger des Kosmos wird, durchlebt dieser einen tiefgreifenden Wandel seiner gesamten Selbst- und Weltsicht. Die Kleinheit weltlicher Vorstellungen verfliegt, und er wird als Kosmosbürger in der Lage

sein, sich in geistig-galaktischen Dimensionen zu bewegen, die jedes Ausmaß weltlicher Raum-Zeitvorstellungen sprengen.
Das Verständnis um große kosmische Zusammenhänge, die spiralförmige Bewusstseinsentwicklung und die holistische Ganzheitlichkeit in allem Seienden, werden dann zu einer natürlichen Lebensbasis. Schon wenn die Geburt und der Tod des physischen Körpers nicht mehr als ein begrenzender Anfangs- und Endpunkt eines Lebens wahrgenommen wird, sondern sich die Erinnerung darüber hinaus in die Vielzahl anderer Existenzen erstreckt, wird das Bewusstsein transpersonale und transdimensionale Züge bekommen und sich an die kosmischen Größenordnungen gewöhnen.
Um den Zugang zum kosmischen Bewusstsein zu erlangen, braucht es Brücken und vor allem Brückenbauer, die zwischen den Welten eine Vermittlungsposition einnehmen, und die die Botschaften für die "Neue Zeit" und die alternativen Lebensweisen hereinbringen. Eine der Hauptaufgaben dieser Botschafter ist es, die geschlossenen Portale zu anderen Lebenssystemen wieder zu öffnen, damit jeder individuell den Zugang zu seinem kosmischen Bewusstsein erhält und in der Lage ist, die Botschaften universeller Weisheit zu empfangen.
Jeder Mensch trägt ein Portal zu anderen Welten in sich, doch genauso wie dieses häufig verstopft ist, sind auch die großen über die Erde verteilten Portale zu anderen Dimensionen und Existenzebenen wie zugemauert. Es war ein integraler Bestandteil des irdischen Lernsystems, für eine Zeit lang alle Portale und Dimensionstore (Sternentore) zu verschließen, damit das Experiment einer in sich geschlossenen Raum-

Zeit-Simulation im materiellen Frequenzbereich durchführbar war. Für einen Großteil der freiwilligen Versuchspersonen in diesem Experiment ist es an der Zeit, von innen heraus die Zugänge nach außen wieder zu öffnen und das Vertrauen in sich heranwachsen zu lassen, um den geistigen Schritt durch das Dimensionstor zu tun.
Es ist nicht gesagt, dass sich durch diesen Schritt rein äußerlich viel verändern muss, denn das, was nach der Öffnung eines Portals in den Geist hineinströmt, sind hochpotenzierte Informationen, die ihre Zeit brauchen, um das System umzustellen und den heiligen Geisteswandel in Gang zu setzen. Doch hat man einmal die hohen Seins-Schwingungen aus dem Portal empfangen, so erfährt man, dass das eigene Sein immer mehr durch das Licht aus dem Portal gespeist wird.
Bei denjenigen, die vollends ihr Sein aus einer anderen Dimension erhalten und dadurch die vollständige Wiederanbindung an den göttlichen Geist erfahren, ist das Portal im Kronenchakra (etwas über dem Kopf) sogar visuell sichtbar, denn es ist die Erscheinung, die volkstümlich als Heiligenschein bezeichnet wird. Um bewusst sein Portal zu öffnen, kann es hilfreich sein, sich eine Art trichterförmigen Heiligenschein zu visualisieren und sich vorzustellen, wie durch ihn der Zugang zu anderen Dimensionen und Lebenssystemen gelegt wird. Ich selbst habe mich auf diesem Feld überwiegend mit dem Versuch- und Irrtums-Prinzip fortbewegt, wobei es mit wachsendem Zugangsportal immer weniger Irrtum gab, wenn ich den empfangenen Eingebungen gefolgt bin. Wer sich dem Thema "andere Welten und Lebensformen" weiter öffnen will, dem empfehle ich, Internetrecherchen hierzu

weitestgehend zu vermeiden und lieber zu versuchen, direkt auf dem Meditationskissen eine kosmische Kommunikation herzustellen, oder außerkörperliche Erfahrungen zu trainieren.
Meine regelmäßigen außerkörperlichen Reisen in andere Dimensionen haben mir zwar andere Existenzbereiche gezeigt, doch vorzugsweise habe ich durch sie ein tieferes Verständnis dafür gewonnen, was auf unserer weltlichen Ebene gespielt wird, und welche Sorte Programm das Kollektiv programmiert. Erst über außerkörperliche Erfahrungen und die Erinnerungen an andere Inkarnationen zeigte sich mir eine gewisse Vergleichbarkeit von dem, wie Leben sein kann und welche unbegrenzten Möglichkeiten es uns zur Verfügung stellt. Im Vergleich zu dem, was das Leben zu bieten hat (auch auf der hiesigen Daseinsebene), ist das, was wir hier Leben nennen, nur ein Trauerspiel weit unter unseren Möglichkeiten und weit unter unserer Würde als Bürger eines intelligenten Kosmos. Und im Herzen wissen wir dies alle, da hier das Wissen um das Leben in anderen Dimensionen und einer schöneren Lebenswelt gespeichert ist. An dieser Stelle ist es mir wichtig, zu betonen, dass es nicht das Ziel sein kann, möglichst schnell in andere Daseinsbereiche zu entschwinden (denn es hat seinen Grund, weswegen wir hier sind), sondern das Leben hier auf dieser Ebene durch Portale zu anderen Dimensionen zu transformieren und zu heilen, um die große kosmische Wiedereinbürgerung vorzubereiten. Hierzu bedarf es nicht mehr und nicht weniger, als dass jeder die in seinem Herzen gespeicherte Vision einer paradiesischen Lebenswelt in sich aufkeimen lässt, damit sie lebendig wird und sich das Trauerspiel in eine göttliche Komödie verwandelt.

Die Spezies, die vergessen hat, wer sie ist

Das Grundsätzlichste ist uns abhanden gekommen: Wir haben vergessen, wer wir sind!
Wir wissen zwar, wie wir Teilchen beschleunigen und Atombomben bauen, aber wir wissen nicht, wie man richtig atmet und richtig wahrnimmt! Und vor allem haben wir vergessen, wie wir das Sein unserer selbst erfahren können.
Immer dann, wenn die intuitiv-natürliche Weisheit aus dem Sein unserer selbst als Basis von intellektuellem Wissen nicht mehr vorhanden ist, wird Wissen destruktiv. Dies hat uns schon mehrmals in der Menschheitsgeschichte auf dem Schulungsplaneten Erde bis zum Punkt der Selbstzerstörung getrieben und uns als gesamte Spezies auf das Steinzeitniveau einer kosmischen Krabbelgruppe zwangsrückversetzt. Momentan scheint der Sprung in das nächste Klassenzimmer, mit der Öffnung neuer Klassenräume und dem Kennenlernen unserer kosmischen Klassenkameraden etwas erfolgreicher vonstatten zu gehen. Und das Besondere diesmal, bei dem Übergang in die nächsthöheren Klassenraumdimensionen, ist, dass wir unseren Schulungsplaneten Mutter Erde gleich mitnehmen. Gaya, das Seelenwesen unserer Erde, steigt gleich in den transformativen Schwingungserhöhungsprozess mit ein. Man könnte folglich sagen, dass wir mit der Versetzung in die nächste Klassenstufe unseren Klassenraum beibehalten, um in ihm den „Himmel auf Erden" leben zu lernen.

Die Spezies, die sich an das, was sie ist, erinnert, erinnert sich an die in ihrem ursprünglichen Sein liegenden paradiesischen Verhältnisse und kann nicht anders als himmlisch zu leben, denn der Himmel ist kein Ort im Raum, sondern ein Geisteszustand, der in der Erinnerung an das, was wir sind, vollständig wieder Einzug hält. Die Entscheidung, sich wieder an das zu erinnern, als was man geschaffen ward, ist die Entscheidung für den Himmel, die nirgends woanders als hier und jetzt auf der Erde getroffen werden muss. Wir haben uns alle wissend in das Vergessen gestürzt, um die Klassenraumerfahrung im und am eigenen Leib zu durchleben und zu erfahren, was es heißt, irgendetwas anderes als das, was man ist, zu sein. Weshalb also sollten wir jetzt ein Interesse an einer Wiedererinnerung haben? – Nun, ganz einfach, weil es Zeit ist. - Das Lernexperiment des Kosmischen Klassenzimmers neigt sich dem Ende zu, denn in ihm sind genug Erfahrungen gemacht worden, um als Spezies bald den Weg zurück zum Ursprung allen Seins anzutreten. Die Rufe nach der Umbruchzeit und des großen kosmischen Wendepunktes sind laut, doch sollte man bedenken, dass ein kosmisches „Bald“ in unserem Zeitverständnis gut und gerne noch einige Jahrzehnte oder sogar Jahrhunderte in der Zukunft liegen könnte, wenn man bedenkt, dass der gegenwärtige Schöpfungstag rund 4,3 Milliarden Erdenjahre umfasst. Fest steht, dass wir es sind, die mit ihren gegenwärtigen Entscheidungen den Zeitpunkt des großen Wandels - der kommen muss - zentral mitbestimmen. Zwar gibt es kollektive Aufstiegstendenzen, aber es steht jedem hier inkarnierten Wesen individuell frei, wann er die Lektionen, von dem bereits verfassten Lehrplan des Kosmischen Klassenzimmers, zu lernen

wünscht. An dieser Stelle sei darauf verwiesen, dass die momentane Zeit auf unserem Schulungsplaneten aufgrund kollektiver Tendenzen sehr gute Lernbedingungen schafft, da wir von allen Klassenstufen Hilfsangebote bekommen, um unser Lernen so schnell und einfach wie nur möglich zu gestalten.
Innerhalb der momentanen Raumzeitkoordinaten tummelt sich ein Sammelsurium von sowohl intra- als auch intergalaktischen Wesenheiten und Weltenwanderern, die das Bewertungssystem im KK umstrukturieren, auflockern und schließlich auflösen werden. Die karmischen Ursache- Wirkungsverhältnisse, die als Bewertungssystem im KK dienten und diese maßgeblich strukturierten, werden abgelöst, sodass man sich zunehmend weniger auf kausale Zusammenhänge verlassen kann. Stattdessen treten zunehmend häufiger Synchronizitäten, das heißt sich überlagernde Gleichzeitigkeiten von Lernthemen und Lebensgeschichten auf, die im Miteinander leichter zu bearbeiten und aufzulösen sind.
In der Auflösung der von uns geschriebenen Lebensgeschichten, die uns im KK beschäftigt hielten, kommt die darunterliegende Selbstvergessenheit und die Sehnsucht nach der großen Wiedererinnerung an das, was wir sind, zum Vorschein. Denn das in uns aufklaffende Loch, das das Vergessen von dem, was wir sind, aufgerissen hat, versuchen wir verzweifelt damit zu füllen, dass wir uns Geschichten über uns ausdenken und uns an diese Lebensstorys klammern. Die von uns erdachten und in die Zeit gestellten Geschichten besitzen für uns (momentan noch) eine höhere Wertigkeit als das zeitlose Sein unserer selbst, wobei das, was wir sind, für uns alle zunehmend an

Bedeutung gewinnt, da es sich unaufhaltsam von innen heraus in unser Erleben einschleichen wird. Die letzte Geschichte, die wir dann schreiben werden, ist die Geschichte der Bedeutungslosigkeit aller Geschichten. Es ist eine Geschichte eines Menschen, der sich im Vergessen seiner selbst an die Göttlichkeit von dem, was er ist, wieder erinnert. Denn auf dem Grund des Vergessens (aller Geschichten) liegt die Wiedererinnerung an die Wahrheit von dem, was ist. Die letzte Geschichte, die wir auf unserem Selbsterfahrungstrip schreiben, ist die, in der das Selbst in der Selbsterkundung verschwindet. Denn in der Selbsterkundung verschwindet das, was erkundet, durch die bewusste Schau auf das, was es ist. Der Selbsttäuschungsmechanismus der getrennten Ich-Illusion greift dann ins Leere und erfährt sich dort, wo er hineingreift.

Das Ich als Kontinuitätsträger seines chronologisch angelegten Erfahrungssammelsuriums in der Zeit zerfällt und mit ihm alle karmischen Kausalitäten, die mit der Geschichte des Ichs innerhalb von Raum und Zeit begannen.

Durch die Idee des abgetrennten Ichs entstanden erst Raum und Zeit, was das Klassenzimmer hat notwendig werden lassen, um dem Ich seine Verbundenheit wieder beizubringen, durch die es sich letztlich wieder erinnern lernt. Das abgetrennte Ich war von Anbeginn der Zeit durch die Geschichten,die es sich selbst erzählte und an die es glaubte, nichts weiter als ein Zeiterschaffer.

Und durch die Informsetzung seiner selbst, der Inszenierung seiner Geschichte, entstand der Raum, innerhalb dessen eine Manifestation in Form möglich wurde. Nun schien es, als ob der Raum von einem

Ding, einer Form, zu einer Zeit besetzt sei, wobei das, was den Raum besetzte, weder einen Ort im Raum noch einen Platz in der Zeit haben kann. Du hast vergessen, dass du nicht in Raum und Zeit passt, da dich kein Raum und keine Zeit enthalten kann. Die Rückerinnerung daran mag schockierend sein, da du viel daran gearbeitet hast, dir dort eine Heimat zu schaffen, wo du nicht so sein kannst, wie du bist.
Doch ewig kannst du nur jetzt sein, deshalb bist du dort genau richtig, wo du bist, weil es dort nichts gibt, wo du hingehen könntest, um mehr Beheimatung zu erfahren. Du bist bereits außerhalb von Raum und Zeit, denn du warst nie innerhalb, und du wirst es trotz aller Versuche nie sein.
Dies zu erfahren, präsent zu halten und in die Welt zu tragen, die allem Anschein nach an raumzeitliche Gesetzmäßigkeiten gebunden ist, dafür bist du hier, wenn du den Weg der großen Wiedererinnerung an das, was du bist, einzuschlagen wählst.
Hast du dich einmal entschieden, dann wird jeder in sich das erkennen, was du für dich präsent hältst und jeder wird erkennen, dass du dich erinnerst, da in jedem die Erkenntnis seiner selbst jenseits seiner Geschichten schlummert. Und hierüber richtest du den Weckruf der Wiedererinnerung an alle mit dir verbundenen Teile deiner selbst, an alle deine Erdenbrüder, bis die Einheitsgewahrsamkeit jenseits von Raum und Zeit in jedem Teil der von Separation träumenden Spezies wieder Einzug hält.
Eine zentrale Geschichte, die wir uns immer wieder selbst erzählen und die dadurch für uns zu einer erlebbaren Wirklichkeit geworden ist, ist die Idee einer darwinistischen Evolution und des damit einhergehenden Fortschrittsglaubens. Dieser Geschichte nach

entwickelten wir uns von einer primitiven, mangelbasierten Seinsart zu einem immer höher entwickelten, erfüllenden Zustand.
Diese Geschichte, die aus einem rein materiellen Weltbild erwachsen ist, sorgt wie keine andere dafür, dass unser ursprünglicher Seinszustand in Vergessenheit bleibt, und dass wir die Erfüllung in einer zukünftigen, höher entwickelten Seinsart suchen.
Doch das Leben hat sich nicht wie aus der Sicht des Darwinismus *aus* der Materie entwickelt, sondern *durch* die Materie. Die Materie ist das Mittel zum Zweck geistiger Entwicklung und kann als eine Art Aggregatzustand des Geistes betrachtet werden, der es dem Geist ermöglicht, sich selbst zu erfahren. Doch wie so viele andere Geschichten wurde auch diese Entwicklungsgeschichte einmal komplett auf den Kopf gestellt, indem man das geistig Lebendige aus der Materie abzuleiten versucht.
Dadurch, dass unsere Geschichtsschreibung den natürlichen, ursprünglichen und auch formlos -geistigen Zustand von dem, was wir sind, nicht zu erfassen und zu erzählen vermag, (früher wurde diese in Form von mythischen Erzählungen weitergereicht), erzählte man sich lieber, dass es diesen nie gegeben hat. Was wäre, wenn wir uns bewusst wären, dass wir den höchstmöglichen Entwicklungszustand von Beginn an in unseren Geist gelegt bekamen? Was wäre, wenn wir wüssten, dass Perfektion und Vollkommenheit seit Anbeginn der Zeit das sind, was wir sind? Was wäre, wenn eine hohe Entwicklung schon bei Geburt präsent ist und mit dem Erwachsenwerden immer weiter degeneriert? Und was würde dies über uns und unsere Welt aussagen?
In der Menschheitsgeschichte sind Anflüge höherer

Vollkommenheit immer wieder zyklisch in Form einer nativen Lebensweise auf- und wieder abgetaucht. Vor uns gab es bereits viele sowohl technisch, als auch psycho-biololgisch wesentlich weiterentwickelte Kulturen. Wobei das Entwicklungsniveau am ehesten an dem Glück und der Erfülltheit einer Lebensweise und weniger an den technischen Errungenschaften zu ermessen ist.

Die Menschheitsgeschichte, die wir uns gegenseitig so lange erzählen, bis wir sie für wahr halten, ist, wie das Wort schon sagt, eine Geschichte. Eine Geschichte, die wir uns ausgedacht haben, um uns einigermaßen komfortabel durch die Erdenerfahrung zu schleusen, ohne an zu viele Unstimmigkeiten anzuecken. In der Geschichtsschreibung dieser Welt kann alles so gedeutet und umgedeutet werden, dass es in jedes beliebige Weltbild zu passen scheint, denn das chronologische Zeitgeschehen, was wir als Geschichte betrachten, ist an sich vollständig bedeutungslos. Das, was am nächsten an das, was war, was ist, und was sein wird, heranreicht, kann nur aus der inneren Geschichtsschreibung der Dinge herausgelesen werden. Alles, was sich einer Form verschrieben hat, trägt in sich, in seinem an sich formlosen Inneren, seine eigene Geschichte, seine Datenspur, die es in Raum und Zeit hinterlassen hat. Und wer aus diesem formlosen Inneren zu lesen vermag, kann anhand der Ist-Situation eines Menschen, eines Gegenstandes oder eines Raumes die Datenspur in die Vergangenheit zurückverfolgen oder zukünftige Möglichkeitspfade einsehen.

Die Psychometrie als die Wissenschaft der Fähigkeit, die Geschichte aus der Datenspur herauszulesen, lässt sich besonders gut mit stark zu einer Person gehörigen

Gegenständen und noch einfacher mit den Personen selbst durchführen. Auch ist es besonders einfach, die Geburtsbedingungen eines Gegenstandes zu erfragen, denn in ihm sind alle Seinsmöglichkeiten von etwas, was sich als Form gebiert, bereits ersichtlich. Alles Lebendige spricht aus sich heraus von seiner Geburtsstunde und seiner Schöpfungsintention, denn im Lichte dieser Intention wird die Ausrichtung, der Daseinszweck von etwas Gewordenem bestimmt. Ein Grund, weshalb wir vergessen haben, wer wir sind, liegt unter anderem darin, dass wir unseren Daseinszweck vergessen haben, da wir beim Schaffen neuen Lebens selten klare Schöpfungsintentionen verfolgen. Wird ein Kind eher ungewollt in die Welt gesetzt, so ist es nicht verwunderlich, wenn es Desorientierung bezüglich seiner Lebensausrichtung hat. In einer schöpferischen Geburtsstunde von „was auch immer“ liegt das gesamte Sein in komprimierter Form bereits vor und bestimmt zu einer gewissen Wahrscheinlichkeit den Werdegang, den es zu gehen gedacht war.

Unser Daseinszweck eröffnet sich in dem, was wir sind, und nur wenn wir das sind, was wir sind, erkennen wir unseren individuellen Daseinszweck und Lebensweg. Im Allgemeinen kann der menschliche Daseinszweck darin gesehen werden, dem Geschaffenen einen Sinn zu verleihen und einen Zweck zuzuweisen. Denn je mehr ein Mensch Sinn in den Daseinszusammenhang legt, desto sinnhafter wird er seine menschliche Erfahrung erleben. Der finale Daseinszweck, zu dem ein Mensch innerhalb seiner eigenen Geschichte vordringen kann, liegt in der Wiedererinnerung an das, was er ist, jenseits aller Geschichten. Würden wir uns jedoch an alles wiedererinnern, was jenseits unserer Erdenmenscherfahrungsgeschichte liegt, so würden wir uns (so wie wir uns erleben), als auch unsere menschliche Erfahrung (so wie wir sie kennen) vernichten. Folglich wird die Erfahrung des Menschseins darüber aufrechterhalten und geschützt, dass man die Erinnerung an das Sein seiner selbst gar nicht erst heraufdämmern lässt. Die notwendige Bedingung für die Wiederinnerung seiner selbst ist das Loslassen der gewohnten Erdenmenscherfahrung und das Vergessen aller um diese herumgebauten Geschichten. Pointiert formuliert ist das Vergessen die beste Form des Wiedererinnerns.

Im Vergessen (von allem, was du zu sein glaubst) liegt das Unverständnis, über das du zu einem höheren Verständnis deiner selbst gehoben wirst.

Wenn du alles verstehen willst, verstehst du nichts, und wenn du nichts verstehen willst, verstehst du alles! Um dies zu verstehen, muss man das, was man bereits versteht (z.B. diese Worte hier) dafür verwenden, um aufzuzeigen, dass man sie eben nicht versteht, damit man im Moment des Unverständnisses über diese Worte in eine Erfahrung einer Grundgewissheit seiner selbst jenseits der Worte gehoben wird. So unwahr auch immer das ist, was du zu deiner Weltgeschichte erklärt hast, so sehr braucht es eben jene Elemente aus der dir bekannten Welt, um auf deren Unwahrheit hinzuweisen. Folgst du den Hinweisen, so werden sich im Gehen alle Hinweise auf die Wahrheit von dem, was du bist, in dieser auflösen. Es bist du, der dir den Weg weist, und doch wirst du vergessen haben, dass du den Wegweiser einst aufgestellt hast, wenn du an ihm vorbeigehst. Gehe voran auf diesem Weg zu dir und suche dich in allem, was dir auf diesem Weg begegnet! Doch hüte dich davor, dich in irgendetwas, was dir auf diesem Weg begegnet, wiederzufinden, denn der Weg der Selbstsuche besteht darin, alles das zu töten, was dir auf diesem Weg begegnet.

Lasse all das sterben, an dem du mit deiner Ich-Identifikation kleben bleibst, denn nichts von dem lässt sich dorthin mitnehmen, wo du dein Zuhause findest. Je früher du die Wege, die nicht die deinen sind, verlässt, um *deinen* Weg zu gehen, desto eher wirst du zum Ziel gelangen und in dem, was du bist, ein Zuhause finden.

Doch hierzu bedarf es deiner Wiedererinnerung an dich selbst, die du dort vor dir versteckt hältst, wo du sie an wenigsten vermutest und doch am leichtesten wiederfindest.

Stellenausschreibung: Der Himmel sucht Mitarbeiter

Anforderungsprofil: Seien Sie das, was Sie sind.
Achtung! An alle, die sich zurzeit auf dem Schulungsplaneten Erde aufhalten: Die oberste Schöpfungsinstanz sucht händeringend nach Mitarbeiter*innen in ihrem Befreiungsplan. Bewerben Sie sich jetzt, und Sie erhalten zeitlich unbegrenzte und bedingungslose Vertragskonditionen. Sie werden in dem gleichen Moment, in dem Sie sich bewerben, eine Zusage einer lebenslangen Mitarbeiterschaft erhalten, in der sich Ihnen ungeahnte Aufstiegschancen eröffnen.
Werden Sie noch heute Götterbote himmlischer Botschaften und Sie erhalten den goldenen Generalschlüssel für alle Türen des Kosmischen Klassenzimmers. Hinzu kommen eine Vielzahl "Cheats", Abkürzungen, Hilfestellungen und ein komplettes Ausbildungsförderungsprogramm in Raum und Zeit, sodass sich Fülle und Überfluss auf allen Ebenen manifestieren werden.
Alle Mitarbeiter sind gleichrangig und führen gleichwertige Arbeiten aus, und doch ist für eine individuelle Betreuung und Fürsorge jedes einzelnen Mitarbeiters mit absoluter Zuverlässigkeit gesorgt. Ihnen wird immer genau die Aufgabe zugeteilt, die exakt Ihrer persönlichen Profession und Ihrem selbstlosen Eigenwunsch (auf Seelenebene) entspricht, um Ihr Lernen auf physischer Ebene im KK voranzubringen, denn Sie werden in jedem Augenblick in genau Ihrer heiligen Funktion eingesetzt, auch wenn die jeweilige Handlung banal erscheinen mag. Ist es die Aufgabe eines unbegrenzt heiligen Götterboten Kartoffeln zu

schälen, dann kann er in der Art, wie er diese Tätigkeit ausführt, seine Erfüllung innerhalb des absoluten Erlösungsplanes finden. (Fortgeschrittenen Mitarbeitern wird empfohlen, sich zunehmend von Götterspeise zu ernähren, und auf Kartoffeln zu verzichten).
Mitarbeiter können jeder oder keiner Konfession angehören, wenn Sie Ihre Berufung zum Beruf machen und Mitarbeiter des Himmels werden.
Eigentlich gibt es niemanden, der nicht Mitarbeiter im kosmischen Plan ist, und doch ist die bewusste Entscheidung und Hinwendung, einer sein zu wollen, etwas anderes, als die unbewusste Teilnahme in der Betriebsamkeit heiliger Werkstätten.
Mitarbeiter des Himmels zu werden bedeutet folglich nicht, seinen weltlichen Beruf hinzuwerfen, sondern in die Tätigkeit, worin diese auch immer bestehen mag, die Göttlichkeit und das paradiesische Sein mit einfließen zu lassen. Denn wer sich bewusst vom Himmel anstellen lässt, dessen Aufgabe wird es sein, ein himmlisches, paradiesisches Leben zu leben. Das einzige Anliegen Ihres Arbeitgebers besteht darin, dass ausschließlich jeder Mitarbeiter (ob bewusst oder unbewusst) glücklich ist. Sie werden folglich dem besten Arbeitgeber im gesamten Universum unterstellt, der Sie mit bedingungsloser Liebe überschüttet und dem Ihr Glück ein Herzensanliegen ist.
Interessiert? - Dann wenden Sie sich bitte an sich selbst, erfragen Ihre persönliche Seelensignatur, und hinterlassen Sie Ihren himmlischen Fingerabdruck auf der Erdoberfläche der materiellen Sinnenwelt.

Das Seelenkollektiv als dein Lehrer im Kosmischen Klassenzimmer

Das Seelenkollektiv, oder auch das Höhere Selbst als sein Fürsprecher, ist der Lehrer, der genauestens über dich und deinen Lernplan bzw. Lernfortschritt Bescheid weiß. Ein genaues Verständnis über das Verhältnis von dir und deinem Höheren Selbst ist sehr wichtig, um dem Klassenraum in der Raumzeit schnell zu entwachsen. Das Höhere Selbst ist eine Stimme in dir, die in der Welt bereits viele Benennungen erfahren hat: Die Stimme der Vernunft, der Heilige Geist als Stimme für Gott, der Atman als Stimme für Brahman, und viele weitere... .Verwende das Symbol bzw. die Bezeichnung, die für dich am passendsten erscheint und die am wenigsten mit weltlichem Gedankenmaterial und Vorurteilen belastet ist.
Zwar ist das Seelenkollektiv noch lange nicht das Bewusstsein des göttlichen "Ich-Bin", doch es ist schon beträchtlich stärker von dessen Sein durchtränkt. Die Schöpfungsebenen des Kosmischen Klassenzimmers sind so organisiert, dass die jeweils höhere Klassenstufe eine Lehrberechtigung für die unter ihr liegenden Klassen hat. So ist eine Über-Seele für ihre Seelen und eine Seele für ihre inkarnierten Teilpersönlichkeiten zuständig. Diese Ebenen setzen sich bis zur höchsten Schöpfungsebene fort, wobei man es sich etwa so vorstellen muss, dass ein Klassenzimmer in einem Kassenzimmer in einem Kassenzimmer, ein Geist in einem Geist in einem Geist usw. situiert ist. Wächst ein Geist in eine nächtshöhere Klasse, dann integriert die nächsthöhere Bewusstseinsebene alle

Erfahrungen der vorherigen Klassenstufe und assimiliert letztendlich alle partiellen Erfahrungsträger. In dieser Zeit der Seelenintegration lernen sich alle Elemente des Seelenkollektivs kennen und übertragen sich ihr Lernen gegenseitig, was den großen Entwicklungsschritt in die nächsthöhere Bewusstseinsstufe ermöglicht.

Hat ein Seelenkollektiv über viele Inkarnationen hinweg seine Integrationsreife erreicht, dann beginnt diese immer stärker, die Verbindung und Lenkung ihrer verstreuten Einzelteile vorzunehmen.

Sie wird immer mehr zum Bezugs- und Knotenpunkt ihrer in Raum und Zeit verteilten Erfahrungssammler. Unabhängig, an welche Orte oder in welche Zeit diese Teile verstreut sind, ist es ihnen doch möglich, sich im Seelenbezugspunkt jenseits raumzeitlicher Dimensionen kennenzulernen und auszutauschen, da sie auf Seelenebene alle gleichzeitig und gemeinsam koexistieren. Dein Höheres Selbst als Fürsprecher für das, was du bist, ist *das* Sein deiner selbst, das bereits vollständige Befreiung erlangt hat und dadurch über Raum und Zeit des KK erhaben ist.

Es besteht aus den Lebensessenzen aller von dir geführten Leben und aller Leben, die du aus deiner Zeitperspektive noch führen wirst, in allen nur erdenklichen Daseinsebenen und Dimensionen, weshalb die Begrifflichkeit "Schwarmselbst" der Kollektivstruktur deines Höheren Selbst am ehesten Ausdruck verleiht.

Dadurch, dass Raum und Zeit nur für dein Selbst, nicht aber für dein Höheres Selbst existieren, kann dir Letzteres gleichzeitig in allen Leben, die du lebst, bereits gelebt hast und noch leben wirst, beiseitestehen.

In der immanenten Blickrichtung geht es dem Seelenkollektiv darum, Teile von sich selbst in die Erfahrung über sich selbst auszusenden, damit diese Erfahrungssammler das Seelenkollektiv in seinem Sein bereichern.
In der transzendenten Kehrtwende, die diesen Erfahrungsprozess abschließt, muss die Seele (als Abgesandter der Über-Seele) alle ihre in der Raumzeit ausgesendeten und zum Teil verloren gegangenen Teile wieder zu sich zurückholen und an die eigene Seelenschwingung angleichen. Dabei hat es das Seelenkollektiv nicht immer ganz leicht, da seine einzelnen inkarnierten Teile häufig in der Anschauung eines materiellen Niemandslandes verloren gehen. Der aufgebaute Egozaun eines trennungsbasierten Denksystems lässt eine Seelenöffnung nicht zu, womit die Rückkehr zum Seelenkollektiv, zur kosmischen Familie (was der letztendliche Daseinszweck jeder Inkarnation ist), verbaut wird. Sind die während der Lebzeiten gebildeten mentalen Tendenzen und Bedürfnisse nach dem Ablegen des Körpers weiterhin so stark, dass der innere Ruf zur Heimkehr schlicht überhört wird, dann verrennt sich ein Geist wie blind innerhalb seiner Triebe und kommt dem Seelenkollektiv abhanden. Wer in der Raumzeit verloren geht, der wird die Klasse, die Inkarnationsrunde, solange wiederholen, bis er gelernt hat, auf den Ruf zur Heimkehr zu hören, wobei jedes Verlorengehen in der Zeit nur ein zeitweiliges sein kann, da das letztendliche Ziel eines Inkarnationsabenteuers bereits festgelegt ist. Jeder wird zurückkehren, und es scheint nur so, als ob ein Erdenbruder etwas länger mit der Idee von Zeit in seinem Geist umherirrt als ein anderer, da Zeit vom absoluten Standpunkt nur einen Augenblick lang währt.

Das Seelenkollektiv, was dich einst zum Lernen in das Kosmische Klassenzimmer gesendet hat und seither die immer liebende Elternrolle übernahm, fragt vorsichtig an, ob es dich von der Schule abholen und nach Hause bringen soll.
Wer auf den inneren Ruf der Seelenfamilie zu hören beginnt und die Kommunikation mit ihr aufnimmt, der gewährt seinem Höheren Selbst den Eintritt in seinen Geist, um sich von ihm führen zu lassen, und schon bald wird er sich zunehmend als die im Seelenkollektiv verkörperte Vielheit allen Seins erfahren. Dieser Geist beginnt wortwörtlich immer mehr zu sein, was jede Zu- und Einordnung des eigenen Seins unmöglich werden lässt. Die individuelle Exzentrik im Charakter oder im Rollenspiel wird ausgeglichen und weicht zugunsten eines harmonischen Energiegleichgewichts im eigenen Befinden.
Die hochpotenzierten Informationen, die sich bei der Seelenintegration in deine Teilpersönlichkeit einspeisen, lassen dich erfahren, dass die Idee deiner selbst nur eine winzig kleine Teilpersönlichkeit von dem ausmacht, was du bist. Dir wird gezeigt, dass du einen Teil deines Schwarmselbst in eine Erdenerfahrung projiziert hast, und dass dieser Teil sich nach wie vor in der Ordnung des Schwarms bewegt und seine Quelle nie wirklich verlassen hat.
Zwar ist es so, dass du bei der Rückkehr zu deiner Quelle auf die Führung deines Seelenkollektivs angewiesen bist, jedoch ist aus immanenter Perspektive auch das Seelenkollektiv auf dich und deine gegenwärtigen Entscheidungen angewiesen. Denn erst durch deine jetzigen Entscheidungen und deinen hiesigen Lernfortschritt im KK konnte das Seelenkollek-

tiv so werden, wie es sich dir jetzt in seiner Vollkommenheit und Weisheit offenbart. Erst durch deinen Erfahrungsbeitrag im KK wurde dein Höheres Selbst so, wie es jetzt in seiner Vollendung ist. Es vermag zwar einen weitaus umfassenderen Überblick über deine individuelle Erfahrungssituation in Raum und Zeit zu besitzen und deine Vergangenheit sowie deine Zukunft wesentlich besser zu kennen als du, doch es würde für sich selbst wichtige Erfahrungspuzzelteile zerstören, wenn es dir alles voraussagen würde, anstatt dich in deinem freien Willen die Erfahrung machen zu lassen. Denn deine Erfahrungen sind seine Erfahrungen, und du bist es, der sich bereit erklärt hat, die ehrenvolle Aufgabe zu übernehmen, diese für deine Seelenfamilie zu durchleben. Würde dir dein Höheres Selbst ständig deine Zukunft voraussagen, dann würde es dir (und damit sich selbst) die Möglichkeit der Entfaltung des Lebensprinzips nehmen und den Plan einer Bewusstseinsentwicklung behindern. Damit der Seelenplan aufgeht, braucht es einen Schüler, der bereitwillig im KK lernt, eigenständige Entscheidungen zu treffen, um dann seine Eigenständigkeit seiner Seelenfamilie als Geschenk zu überreichen, damit sich diese in die kosmische Seinsvielfalt eingliedert.

Wird die Kommunikation zum Schwarmselbst bzw. zur Seelenfamilie hergestellt, dann können sowohl das Kollektiv als Gesamtheit als auch einzelne darin vorhandene Lebensformen angesprochen werden. Für die Integration bestimmter Charaktereigenschaften oder ausgefallener Arten von Energiequalitäten ist eine zielgerichtete Nachfrage, wer im Seelenkollektiv diese Eigenschaften besitzt, durchaus sinnvoll. Über

diesen Weg können bewusst Polarisationen, d.h. Einseitigkeiten in der momentanen Teilpersönlichkeit, ausgeglichen werden und Lebenserfahrungen aus einem Pool tausendfach mannigfaltiger Lebensformen heruntergeladen werden.
Die großen Meister erlangen ihre Meisterschaft dadurch, dass sie einen großen Prozentsatz ihres Seelenkollektivs inkarnieren und diese in ihren mentalen, emotionalen, astralen und physischen Körper integrieren. Der irdische Durchschnittsbürger, der keine spirituelle oder religiöse Praxis verfolgt, hat etwa zwei bis drei Prozent seines Seelenkollektivs inkarniert. Er ist mit dem, was er ist, so gut wie nicht vorhanden. Die meisten spirituell interessierten Menschen, die einer regelmäßigen Praxis nachgehen, haben ihr Seelenkollektiv zu etwa 10 bis 20 Prozent inkarniert, was aufzeigen sollte, wie groß der noch ausstehende Möglichkeitsraum an Bewusstseins- und Fähigkeitsentwicklung ist.
Die Kinder, die momentan auf der Erde inkarnieren, tragen häufig von sich aus schon über 30% ihres Seelenkollektivs in sich, denn sie kommen nur deshalb hierher, um uns wieder den Weg zu unserer kosmischen Seelenfamilie zu weisen.

Die Körpererfahrung im materiellen Existenzraum

Was kennzeichnet diesen materiellen Existenzraum, in dem wir uns befinden?
Wie ist das Leben auf der Erde im Vergleich zu anderen Daseinsebenen? Was kann der Geist durch eine körperliche Erfahrung lernen?
Wie fühlt sich die Körpererfahrung vom Blickpunkt einer höherschwingenden Daseinsebene aus an?
Das Leben und Lernen, wie es auf der Erde stattfindet, sieht aus kosmischer Perspektive aus, als ob es im Zeitraffer geschehen würde. Die Zeit in höherdimensionalen Daseinsebenen ist im Vergleich zu unserem Zeitempfinden gestreckt oder sogar bis in die Unendlichkeit ausgedehnt. Durch die verlangsamte Schwingungsfrequenz, die wir als materielle Umwelt wahrnehmen, verlangsamt sich ebenfalls die Zeitdimension. Im Relativen betrachtet ist durch die Zeitstauchung eine extrem schnelle Bewusstseinsentwicklung möglich, und da eine schnelle Bewusstseinsentwicklung von interdimensionalem Interesse ist, ist auch das Experiment des materiellen Daseins von kosmischer Bedeutsamkeit.
Auch wenn der Großteil der im Kosmos lebenden Seinsformen nicht einmal von der Existenz einer materiellen Erfahrungssimulation zu Lernzwecken weiß, so ist doch jede Daseinsebene darum bemüht, sich eine entsprechende Lernumgebung zu installieren, um die eigene Bewusstseinsentwicklung voranzubringen. Im beschleunigten Lernen der materiellen Lernsimulation kann ein Jahr auf Erden wie ein Tag auf einer höherdimensionalen Ebene sein, wobei sich durch die

Relativität der Zeitempfindung beides wie ein Tag anfühlt. Wenn ich nach meinem Erdenleben wieder in das Dasein einer formlosen, höherdimensionalen Ebene eintauche, dann werde ich dort so begrüßt, als ob ich nur mal eben einen Augenblick fort war... Ein weiterer Unterschied zwischen den formlosen und den materiellen Existenzräumen ist der, dass im Letzteren eine Form, ein Objekt, unabhängig vom Bewusstsein, das dieses geschaffen hat, fortexistieren kann. Normalerweise ist die Existenzdauer von Formen so lange gegeben, wie ein Bewusstsein an diese denkt, bzw. diese Formen für sich erschafft, wobei sich ein verändernder Gedankenstrom unmittelbar in der Form selbst widerspiegelt. Dies heißt auch, dass sich alle Objekte, die jemals ein Bewusstsein hervorbrachten, auflösen, wenn ein Bewusstsein die Dimension verlässt, auf der es die Objekte geschaffen hat. Es ist eine kosmische Ausnahme, dass sich nach dem Tod eines Menschen nicht alles, was dieser zu Lebzeiten hervorgebracht hat, mit auflöst. Dass etwas (materiellen) Bestand hat, ohne dass es einen aktiven Schöpfungszuspruch vom Geist erhält, gleicht einem kosmischen Wunder, da dieses Phänomen bedeutende kosmische Ausgleichsgesetze aufzuheben scheint. Das Erschaffen auf den formlosen Ebenen passiert direkt aus der göttlichen Anbindung heraus, was den Anschein erweckt, dass etwas aus dem Nichts heraus erschaffen würde. Aus der materiellen Perspektive kann Schöpfung wie folgt verstanden werden:
Gehe vollständig in das Nichts, teile es, und es wird ein ganzes Universum daraus entstehen...
In den Begriffen der Physik könnte man sagen, dass dort (im Nichts) alles ausnahmslos aus der Null-Punkt-Feld-Energie heraus entsteht und sofort wieder

in diese zurückkehrt, wenn der geistige Schöpfungsakt das Erschaffene nicht mehr weiter speist.
Auch hier auf Erden ist es möglich, direkt aus der Null-Punkt-Feld-Energie heraus zu erschaffen, doch nur selten kann unser fragmentierter Geist entsprechende Energie aufbringen, da wir in der (illusionären) Erfahrung leben, nur über einen winzig kleinen Teil unseres Geistes zu verfügen.
Die materielle Lernsimulation erlaubt uns die Erfahrung des Getrenntseins, der Isolation und der Einsamkeit. Damit einhergehend kann man nur in einer materiellen Lernsimulation die Erfahrung von Hilflosigkeit, Ohnmacht, Kleinheit, Bedeutungslosigkeit, Angst und Verletzlichkeit durchleben.
Je weiter man sich dimensional vom materiellen Existenzraum entfernt, desto unmöglicher wird es, die gerade genannten Empfindungen zu erleben.
Die Leidensfähigkeit, das Aushalten von Leid, und das Erlernen eines konstruktiven Umgangs damit, sind zentrale Eigenschaften, die man hier auf der Erde erwerben kann. In den umliegenden Existenzbereichen und Lernsystemen wird deshalb die freiwillige Entscheidung, zur Erde zu kommen, mit großem Respekt und Anerkennung gekürt.
Der Mensch hat eine ungewöhnlich hohe Leidensfähigkeit entwickelt, um in dieser Erfahrungssimulation nicht den Verstand zu verlieren. Doch zu einem gewissen Grad haben wir hier alle den „Verstand“ verloren. Dies ist quasi die Aufnahmevoraussetzung für die Erdenerfahrung. Wir mussten vergessen, dass wir ein geistig-göttliches Wesen sind, denn nur durch unser Vergessen war es uns möglich, an der Lernerfahrung der materiellen Raum-Zeit-Simulation teilzu-

nehmen, um in ihr Fähigkeiten und Fertigkeiten auszubilden.
Die Härte und die Hindernisse des materiellen Daseins sorgen beispielsweise dafür, dass der Geist einen starken, widerstandstrotzenden Eigenwillen ausbildet. Ein nicht aufgebender, sich von nichts kleinkriegen lassender, resilienzfähiger Kämpfergeist ist eine der Eigenschaften, die sich im Besonderen durch das materielle Dasein erwerben lässt.
Alleine schon, dass man an dem Kosmischen Klassenzimmer der Welt nur durch eine leicht zerbrechliche und alternde Form teilhaben kann (an die man gebunden zu sein scheint), macht das Dasein zu einer an viele Bedingungen geknüpfte Herausforderung. Die Vielzahl an Lebensbedingungen (Atmen, Nahrung, Schlafen, eventuell Geld verdienen usw.), die alle zur Aufrechterhaltung der bloßen Existenz dienen, ist immens. In den höheren Existenzbereichen gibt es keine Bedingungen, die man erfüllen müsste, um ein erfülltes Leben zu führen, und es wäre dort undenkbar, etwas tun zu müssen, um leben zu dürfen. Leben an sich ist an keinerlei Bedingungen geknüpft. Nur das, was wir aus dem Leben gemacht haben, nämlich diese materielle Lebensform, scheint von einer Vielzahl von Bedingungen und Gesetzmäßigkeiten beherrscht zu werden, denen wir anscheinend ausgeliefert sind. Doch dies ist nur bedingt der Fall, da wir nach wie vor (trotz des physischen Körpers) ebenfalls in anderen Dimensionsräumen existieren.
Um das Kosmische Klassenzimmer der materiellen Lernsimulation erfolgreich abzuschließen, gilt es, alles, was der Geist an Anschauung in der materiellen Formwelt gebildet hat, durch seine Lebensweise in

höherer Dimension läutern zu lassen. Die Erfahrungen der materiellen Formwelt können durch ein inneres Portal mit denen höherer Dimensionen ausgetauscht werden. Und erst wenn dieser Austausch im Ich-Erleben stattgefunden hat, kann ein Geist vollständig in höhere Dimensionen eingehen.
Es ist essenziell wichtig zu verstehen, dass dieser Austausch und die damit einhergehende Läuterung des Geistes auf der materiellen Ebene passieren müssen, denn wenn dieser hier zu Lebenszeiten (des Körpers) nicht vollzogen ist, dann wird es den Geist immer wieder in die materiell-physische Dimension hineinziehen.
Das Lernsystem, in dem wir uns aufhalten, ist eines der komplexesten und vielfältigsten, die der Kosmos zu bieten hat. Im Allgemeinen sind die recht selten vorkommenden, auf Kohlenstoff basierenden Lernsysteme diejenigen, die die größte ökologische Pluralität hervorzubringen vermögen. Andere, beispielsweise auf Silicium basierende Lebensformen, sowie deren Existenzräume, sind wesentlich einheitlicher. Die Vielfalt unseres Systems lässt eine immense Vielzahl an Handlungsoptionen in der materiellen Verkörperung zu, was dem Geist das Gefühl der Entscheidungsfreiheit und der Abwechslung vermittelt.
Die Erfahrung, auf sich gestellt zu sein und eigene, auf sich eingestellte Entscheidungen für seinen Verantwortungsbereich treffen zu müssen, ist das, was es im materiellen Dasein zu lernen gilt.
Viele andere Existenzformen führen ein Dasein in einer Art Schwarm- oder Kollektivbewusstsein, in dem nicht einmal der Gedanke aufkommt, eigenständige Entscheidungen zu treffen, weil die Entscheidungen

des eigenen Schwarms wie die eigenen Entscheidungen empfunden werden.
Durch die Empfindung, eine in sich abgeschlossene Form (den Körper) zu bewohnen, drehen sich nahezu alle eigenen Entscheidungen weitestgehend um eben jene Gestalt, durch die man die physische Welt erfährt. Der physische Körper gleicht einem Anker, der in die materielle Welt geworfen wurde, um das eigene geist-seelische Schiff in der physischen Realität zu verankern.
Das höher gelegene, feinschwingende "Schiff" hat durch seine körperliche Verankerung scheinbar nur einen winzig kleinen Bewegungsspielraum im Ozean von Raum und Zeit. Doch im Gegenzug dafür ist das Schiff in einem sturmresistenten Sicherheitsbereich einer scheinbar soliden Außenwelt festgemacht. Der materielle Körper, die Form, ist die Zentriertheit des Geistes, in der er sich selbst erfährt. Das heißt, der Körper ist eine Hilfsstütze, damit der Geist eine klare Ausrichtung seiner selbst bekommt, um darüber eine gewisse Stabilität und Kontinuität in seiner Selbsterfahrung zu gewinnen.
Im Vergleich zu anderen Existenzräumen ist die Form, durch die man an vorderster Front am Spiel dieser Welt teilhaben kann, relativ beständig. Durch diese Beständigkeit kann es zur Verwechslung oder sogar Gleichsetzung von Körper und Geist kommen. Dies lässt den in der Materie verankerten Glaubenssatz zu, dass man auf sich selbst Einfluss nehmen könne, indem man seine äußere Gestalt beeinflusst. In nicht materiellen Existenzbereichen würde man nicht einmal auf die Idee kommen, sich darüber verändern zu wollen, dass man auf seine selbsterschaffene Form

Einfluss nimmt. Im Gegensatz zu anderen Existenzbereichen liegt der Erfahrungsschwerpunkt im materiellen Frequenzbereich folglich darin, dass die Körperkonstitution auf den Geisteszustand einwirkt, wobei die gegenteilige Wirkrichtung häufig übergangen wird. Es ist wahr, dass alles, was der Körper in sich aufnimmt oder physisch sinnlich rezipiert, auch auf den Geist einwirkt, jedoch bestimmt der Geist darüber, *wie* sich das, was einwirkt, auf ihn auswirkt. Damit spricht der Geist das letzte Wort, wie er mit den Einflüssen auf den Körper umgeht, indem er diese Einflüsse durch ihren geistigen Deutungsrahmen zu dem werden lässt, als was er sie erfährt.
Die Körperreize, sowie die Ausrichtung des Körpers selbst sind somit die selbsterfüllenden Prophezeiungen eines Geistes, der sich eine bestimmte Art und Weise der Körpererfahrung vorstellt und sich dann in seiner Vorstellung erfährt.
Der Körper kann sich nicht anders als so verhalten, wie der Geist es prophezeit hat, dass er sich verhält. Folglich kann die Selbsterfahrung des Geistes im Körper nicht wirklich etwas über das hinaus liefern, was der Geist nicht schon in sich getragen hat, da er jeden Körperreiz sich selbst gemäß bestimmt. So sehr der Geist seinen Körper anders zu machen versucht, als sich selbst, sowenig ist dies möglich, da beide nur zwei unterschiedliche Frequenzausdrücke des gleichen Stoffes sind.
Jede Unterscheidung von Körper und Geist ist lediglich künstlich-schematischer Natur und lässt sich etwa wie zwei unterschiedliche Aggregatzustände der gleichen Substanz betrachten. Der Körper ist auf dieser materiellen Ebene Ausdruck des Aspekts des multidimensionalen Geistes, der seine Schwingung bis in die

materielle Frequenz verlangsamt hat. Gleichzeitig ist jedoch auch das Körperchakrasystem ein Ausdruck des gesamten Schwingungsspektrums des multidimensionalen Geistes und damit ein kleines Abbild der Gesamtheit aller kosmischen Dimensionen. Denn jedes Körperteil und das damit verknüpfte sensitive Zentrum, repräsentiert jeweils eine Schwingungsfrequenz des kosmischen Bewusstseinsevolutionsprozesses. Uns gibt es auf allen Ebenen der Existenz, was ebenfalls bedeutet, dass wiederum alle Existenzebenen in unseren Körperchakren vorhanden sind.
Dies erlaubt es uns, im physischen Körper tatsächlich ein Dasein über alle möglichen Daseinsbereiche und Existenzebenen hinweg zu führen, und unser vollständiges multidimensionales Sein hier auf dieser materiellen Ebene freizulegen und zur Gänze zur Entfaltung zu bringen. (Deshalb kann man im Verglich der Daseinsebenen verschiedener Dimensionen lediglich von relativen Tendenzen sprechen).
Indem man sich beispielsweise in den Frequenzbereich eines Chakras hineinschwingt, ist man in der Lage, den entsprechenden Existenzbereich im Multiversum zu erfahren, der mit jener Frequenz in Resonanz steht. Ein aktiviertes Chakra gleicht einer aus dem Astralkörper heraustretenden Wahrnehmungsantenne, durch die diese oder andere Welten in der entsprechenden Schwingungsfrequenz wahrgenommen werden können. Je nachdem, womit man auf welcher Dimensionsebene Kontakt herstellen möchte, kann man sich als Wahrnehmungsbrücke der jeweiligen sensitiven Körperzonen bedienen.
Will man die Tier- und Pflanzenwelt in ihrem individuellen Selbstausdruck erfassen, so wird man sie nur

über die unteren Chakren wahrnehmen können, wohingegen sich die geistige Welt gut über den Herzstrahl erfassen lässt. Das wahrgenommene Vibrationsfeld im Stirn- oder Kronchakra hingegen verwischt jede individuelle Getrenntheit und geht in Resonanz zu einheitlichen Dimensionsfeldern erfüllender Liebe. Nahezu jede Existenzform ist auf jeder beliebigen Ebene ansprechbar, und je nach Frequenzfärbung werden unterschiedliche Kontaktstellen angesprochen, die einen jeweils anderen Informationsgehalt zum Fließen bringen. Wer sein Inkarniertsein durch die Brille höherer Schwingungsebenen betrachtet, für den erscheinen der eigene Körper sowie die materielle Welt wie aus weiter Ferne.
Obwohl die materielle Erscheinungswelt laut den physischen Sinnen dicht im und am Erleben ist, rückt sie doch weit aus dem Empfindungsbereich heraus.

Meinem eigenen Gefühl nach bin ich dann weder hier noch nicht hier, und alles was sich hier abzuspielen scheint, wird so erfahren, als sei es bereits vor sehr langer Zeit geschehen.
Es ist, als sei die Gesamtheit des physischen Lebens eine kurz aufblitzende Sequenz einer verblassenden Erinnerung, die vor einer halben Ewigkeit stattgefunden hat. Sie ist wie die letzten, ausklingenden Töne eines bereits gelebten Lebens, in das ich mich aller Verwunderung nach habe hineinversetzen lassen. In diesem Geisteszustand bin ich in jedem Moment wirklich wahrhaft davon überrascht, dass es die, meinem Wesen so fremde und surreal vorkommende, Formenwelt immer noch zu geben scheint, und dass sie noch nicht von der Unendlichkeit verschluckt wurde.

Eine kindliche Faszination, dass ich tatsächlich hier bin, paart sich dann mit einem vollständigen Unverständnis, wie ich in diese Daseinssituation hineingefunden habe, oder wer oder was mich in diesen Körper „geworfen“ hat. In jedem Moment scheint die Körper-Form-Erfahrung in eine unendliche Leerheit hinein zu sterben und aus ihr in jedem Moment neu geboren zu werden.

Die Tiefe des empfundenen Friedens, der diese Art der Wahrnehmung durchdringt, ist jenseits sprachlicher Ausdrucksfähigkeit.

Der physische und der kosmische Körper

Von der höheren, mir zugänglichen Dimension aus betrachtet bist du ein Lichtpunkt im Lichtmeer der Schöpfung und strahlst wie ein Stern an einem über und über mit Sternen übersäten Nachthimmel. Allerdings seid ihr als Lichter wesentlich dichter beieinander, sodass es kaum dunkle Zwischenräume gibt, und sich ein alles durchdringendes Lichtgeflecht kuppelartig nach allen Seiten erstreckt. Einer dieser Lichtpunkte im Muster des kosmischen Gewebes bist du. Dein Licht ist die Energie im Weltenkörper der materiellen Schöpfung, wobei du hier im Speziellen dem „Organ“ des kosmischen Körpers angehörst, der durch das Menschengeschlecht zusammengesetzt wird. Du bist wie eine Zelle im Menschheitsorganismus, wobei du sowohl als Zelle, wie auch als Organ im kosmischen Körper eine Funktion innehast. Das reibungslose Funktionieren des gesamten Organs liegt folglich darin, dass du deine Funktion als Licht in der Welt erfüllst. So wie in einer Zelle des Körpers die gesamte genetische Information über seinen Aufbau vorhanden ist, so ist in dir alles Wissen über alle Ebenen des kosmischen Körpers, sprich der Gesamtschöpfung, vorhanden.
Der Schöpfer hat alles aus der Schöpfung in jeden Teil der Schöpfung gegeben, da er nur vollständig erschaffen kann. Dies erlaubt es, dass man alles stellvertretend in allem (in jedem Teil der Schöpfung) erkennen kann und dass wiederum jeder Teil der Schöpfung in sich die Gesamtheit aller Schöpfung erfahren kann.

Erfährst du dich als Zelle eines galaktischen Organs, dann wird dein Zelldasein zu einer Repräsentanz des gesamten kosmischen Körpers und damit zum direkten Übersetzer seiner Bewegungsimpulse.
Als Lichtzelle bist du eins mit der Gesamtheit des Schöpfungskörpers, doch es liegt an dir, welche Resonanzebene du für deine Ausrichtung heranziehst. Gehst du nur mit deiner beschränkten Zellform in Resonanz, dann befindest du dich im Ego-Modus und scheinst als Zelle in deinem Organ wahllos tun und lassen zu können, was dir beliebt. Allerdings schadest du dir und dem umliegenden Zellverbund mit jeder Bewegung, die deiner Zellbestimmung nicht entspricht. Wählst du die Resonanzebene deines Organs und räsonierst mit deiner Zellumgebung, dann gewährleistest du zumindest, dass ihr als Zellverband untereinander funktioniert. Aber erst wenn du als Zelle deine inneren Impulse aus höchster Quelle, dem gesamten Schöpfungskörper, beziehst, kannst du als Zelle wahrhaft in deine Funktion treten, die dem Gesamtorganismus dient.
Sowohl im Mikrokosmos des physischen Körpers, als auch im Makrokosmos des Schöpfungskörpers schaden rebellische Zellen, die ihre Funktion als Licht nicht anerkennen, letztlich nur sich selbst, da sie damit ihre eigene Lebensgrundlage schädigen.
Freiheit liegt folglich nicht darin, im Ego-Alleingang deinen eigenen Vorstellungen gemäß zu tun und zu lassen, was du für richtig hältst, sondern darin, dass du deiner dir angestammten Funktion als Zelle im Schöpfungskörper gewahr wirst.
Jede Form von Krankheit in deinem Körper entsteht daraus, dass die Zellen sich das Egospiel von dir abschauen und zum Leidwesen des Gesamtorganismus

freidrehen. Die Zellen deines Körpers denken sich: „Der Mensch, dem ich diene, hat seinen Platz als Zelle im Schöpfungskörper und dadurch auch seine Bestimmung verloren, weshalb sollte nicht auch ich einmal aus meiner Funktion als Zelle im Organismus ausbrechen und mich auf Teufel komm raus gänzlich anders verhalten, als es meiner Aufgabe als Zelle gebührt?"
Unkontrolliertes Zellwachstum (Krebs) kommt beispielsweise von sich überschätzenden Zellen, die sich ihre Wesensart vom Menschen abgeschaut haben. Alles in der Schöpfung wächst nur dann entsprechend seiner Bestimmung in der Schöpfung heran, wenn es auf seine ihm innewohnende Natur hört. Aus einer kleinen Eichel kann erst dann eine prachtvolle Eiche wachsen, wenn die Eichel durch das Vertrauen auf die ihr innewohnende Natur heranwächst.
Die Natur lebt uns die Gewissheit auf das sich von innen heraus entfaltende Wachstum vor und zeigt uns damit ihr tiefes Vertrauen zur Schöpfung.
Würdest du mit der gleichen inneren Gewissheit wachsen wie die kleine Eichel, die weiß, dass sie zur großen Eiche werden wird, dann wäre dein Weg zur Göttlichkeit geebnet. Jede Lebensform in der Schöpfung lässt sich aus der in ihr sprudelnden Lebenskraft zurück zur Quelle aller Lebenskraft tragen, wenn sie sich gänzlich der Flussrichtung innerer Lebenskraft anvertraut. Dieser Fluss einer grundlegenden Schöpfungsbewegung setzt sich von selbst und aus sich selbst freiheitsliebend weiter fort, sodass die äußere Lebensform immer näher zu ihrer im Innern bereits vorhandenen Vollkommenheit heranreift.
Die Zelle, die nach innen schaut, und sich dem Sein des ganzen Körpers, sowie aller seiner (schöpferischen) Bewegungen simultan gewahr wird, erfährt,

dass jede Bewegung alle anderen Bewegungen so verändert, dass sie im großen Ganzen aufeinander abgestimmt sind, sodass es den gesamten (Schöpfungs-) Körper voranbringt. Die Zelle macht die Erfahrung der Einheit der Gesamtheit aller Bewegungen, und erlangt durch diese Erfahrung innere Ruhe und Gelassenheit, mit der sie sich dann der Bewegungsführung des gesamten Organismus vertrauensvoll anschließen kann.

Jeder Impuls einer Zelle, der nicht adäquat im aufeinander abgestimmten Impulsschwarm des lebendigen Organismus geschieht, schießt der Evolution des Schöpfungskörpers dazwischen.

Eine Zelle, die sich jedoch auf den Gesamtorganismus eingestimmt hat, kann zurecht von sich sagen, dass der ganze Körper bereits in ihr liegt, sowie ein Mensch zurecht behaupten kann, dass die gesamte Schöpfung in ihm ist. Der Mensch ist eins mit Gott, wie die Zelle eins mit ihrem Körper ist, doch erlaubt dieses Einssein noch nicht die Gleichsetzung zweier gänzlich unterschiedlicher Größenordnungen. Der Mensch, der sagt: „Ich bin Gott“, ist wie eine Zelle eines Körpers, die in Allmachtsfantasien schwelgend von sich behauptet: „Ich bin der Mensch.“

Und doch ist es so, dass es keine Bewusstseinsform in der Schöpfung gibt (welcher Größenordnung sie auch immer anzugehören vermag), die mehr oder weniger in sich trägt als alle anderen Bewusstseinseinformen, denn die Schöpfung lebt das Paradox des partiellen Holismus. Sowohl dein Körper als auch die gesamte Schöpfung sind ein sich selbst organisierendes Geflecht lebendigen Materials, das sich aus einzelnen, lebendigen, integren Lebensformen zusammensetzt.

Du als Mensch bist damit der Organisator einer unermesslich großen Vielzahl an Wesen, die sich zu deinem Körper zusammensetzen, um dir damit deine Selbsterfahrung zu schenken. Ebenso wie die Lebenspluralität deines Körpers dir eine in Form gesetzte Selbsterfahrung verschafft, erfährt sich Gott in seiner Gesamtschöpfung. Die Schöpfung ist der Körper Gottes, in dem du eine Zelle bist!
Innerhalb des (Schöpfungs-) Körpers findet ein fortwährender Umwandlungsprozess von Sterben und Wiedergeborenwerden der einzelnen Zellen statt, wodurch sich der Körper selbst regeneriert, erneuert und sich in seinen gegenwärtigen Entwicklungszustand hineinaktualisiert. Durch diese Regeneration gibt es streng genommen das Phänomen des Alterns nicht, denn jede Zelle im Körper empfindet sich zu jedem Zeitpunkt ihrer Existenz gleich jung.
Allerdings spiegelt sich die häufig vorhandene, geistige Überzeugung der Degeneration im Alterungsprozess zwangsläufig in den Zellen wider. Auch wird der Körper, wenn er durch die technisch-mechanistische Brille betrachtet wird, wie ein Abnutzungsprodukt mit Verschleißerscheinungen gesehen, wobei dysfunktionale Einzelteile zur Not ausgetauscht werden können. Doch diese verbreitete Betrachtungsweise kann dem ganzheitlichen Wesen natürlicher Organismen, sowie deren selbstregenerativen Fähigkeiten in keinem Fall gerecht werden. Der physische Körper wurde zwar im Vergleich zum kosmischen Körper nicht für die Ewigkeit gemacht, doch ist eine vielfach längere Lebensspanne als die gegenwärtige Norm mit der Körperphysiologie problemlos möglich.
Dein physischer Körper hat in sieben Jahren Erdenzeit quasi alle Zellen einmal sterben lassen und sich selbst

mit einem gänzlich neuen Zellmaterial wieder zusammengesetzt. So, wie deine Erlebniskontinuität und deine Erinnerungsfähigkeit nichts vom Sterben und der Neugeburt fast aller deiner Zellen mitbekommen, gibt es in der Schöpfung Gottes keinen Erfahrungsverlust, da sich die Selbsterfahrung Gottes in seiner Schöpfung kontinuierlich fortsetzt. Stirbt eine Zelle, dann gibt sie ihr Wissen und ihre Erfahrung an ihren Zellverbund weiter, mit deren Hilfe sie eine Nachfolgezelle heranwachsen lässt.
Das Leben und Sterben ist ein zur liegenden Acht geformter Rückmeldekreislauf, der Informationen transdimensional bis in die Unendlichkeit hinein kursieren lässt. Alle lebenden und sterbenden Zellen, die sich für deine Selbsterfahrung in ein entsprechendes Ordnungssystem gefügt haben, geben dir Rückmeldung über die Konstitution deines Seins. Entsprechend gibst du als Zelle des Schöpfungskörpers Rückmeldung an deinen Schöpfer, da die gesamte Schöpfung ein lebendiges Feedbacksystem an den Schöpfer ist. Wer diesen Schöpfungszusammenhang der "Biofeedback-Systeme" im Mikrokosmos (in seinem Körper) und im Makrokosmos (im Schöpfungskörper) gänzlich durchdringt, der wird in großer Freude in seine Bestimmung eingeweiht und erfährt nichts Geringeres als den Daseinszweck allen Seins.

Das schöpferische Prinzip der Inkarnation

Das schöpferische Prinzip der Inkarnation ist nicht nur eines, was auf den Menschen und den materiellen Existenzbereich begrenzt ist, sondern Inkarnation bedeutet im weitesten Sinne jede stoffliche Bindung einer geistigen Wesensstruktur. Je nachdem, welche geistigen Kompositionen sich zu einem Einzelwesen zusammentun, werden bestimmte Inkarnationsformen wahrscheinlich. Dies bedeutet, dass nach wie vor eine Inkarnationsfreiheit vorliegt, welche Form sich ein geistiges Selbst erschafft bzw. in welche bereits vorhandene Form ein Wesen inkarniert.
In der Regel ist keine Form vorhanden, bevor nicht eine Wesensintelligenz sich innerhalb einer solchen Ausdruck verleiht, wobei unser Existenzbereich Ausnahmen zulässt. Es kommt im materiellen Existenzbereich verhältnismäßig häufig vor, dass ein beliebiger Gegenstand über die bereits in ihm wohnende Intelligenzstruktur eine Inkarnation eines Wesens zulässt. Ein Stein als solcher wurde von der Kollektivintelligenz erschaffen, die alle Steine seiner Art formte, und doch kann ein Stein darüber hinaus zu einem zeitweiligen Zuhause eines Wesens werden, was eine gänzlich andere Intelligenzstruktur besitzt als der Stein, wenn diese sich dazu entscheidet, in eben jenen Stein zu „inkarnieren“.
Es ist allerdings sehr unwahrscheinlich, dass eine hohe (Engels-) Wesenheit sich für eine solche stoffliche Bindung entscheidet. Denn auch hier gilt der Grundsatz, dass Gleiches mit Ähnlichem räsoniert.

Es gibt folglich sowohl die Gegenstände, die alleine das geistige Prinzip ihrer Elementekonstellation verkörpern, als auch diejenigen, die in sich ein weiteres, meist aus den anliegenden Astralbereichen stammendes Wesen beherbergen. Und es gibt Gegenstände, in die höhere Wesenheiten Teilinkarnationen ihrer selbst verankert haben. Letztere sind für die magische Praxis am interessantesten.

In den höheren Schwingungsebenen ist eine Inkarnationsstreuung in unterschiedlichste Formen zu unterschiedlichen Zeiten paralleler Realitäten vollkommen natürlich. Nahezu alle hochwirksamen magischen Artefakte tragen ein winziges Bruchstück einer Teilinkarnation eines hohen Wesens in sich. Und der entsprechende Gegenstand kann als eine Art Hilfestellung für die Anrufung des Wesens Verwendung finden. Es ist zum Teil möglich, dass eine hoch komplexe Wesensintelligenz in einen verhältnismäßig einfach aufgebauten Bewusstseinsträger inkarniert, ohne sich dabei selbst zu vergessen. Jedoch braucht es immer eine Verhältnismäßigkeit zwischen dem Intelligenzmaß des Wesensbewusstseins und des (stofflichen) Bewusstseinsträgers.

In der Kontaktherstellung zu einem nicht inkarnierten Bewusstsein gilt grundsätzlich: Je ungebundener ein Wesen in der Stofflichkeit ist, desto schwieriger ist es, dieses Wesen von der stofflichen Ebene her zu erreichen. Wenn das Bewusstsein jedoch bereits stoffliche Erfahrungen gemacht hat, hat es sich durch sie in einer Weise programmiert, dass es durch diese Erfahrung ansprechbar wird. Bei Wesen, die nie die stoffliche Bindung an einen Körper erlebt haben, sind die inneren Wirklichkeitsbilder derart anders aufgebaut, dass

es schwierig sein kann, aus der inkarnierten Perspektive heraus einen Kommunikationskanal herzustellen. Letztlich ist Kommunikation partielle Inkarnation in das Wesen, mit dem man kommuniziert.
Wie aus der buddhistischen Lehre bekannt ist, ist es möglich, dass das, was in ein Tier inkarniert, ebenfalls zur menschlichen Inkarnation fähig ist (und umgekehrt). Doch die Inkarnationsfreiheit ist bei einem hohem Bewusstseinsgrad bzw. hoher Bewusstseinsflexibilität wesentlich weitreichender und differenzierter. Sehr hohe Geistwesen entscheiden sich beispielsweise, in bestimmte Mammutbäume zu inkarnieren, weil dies eine sehr intelligente Einflussnahme in den materiellen Frequenzbereich erlaubt. Ein Baum ist nicht immer nur ein Baum. Ein Stein nicht immer nur ein Stein, ein Delfin nicht immer nur ein Delfin, und ein Mensch nicht immer nur ein Mensch. Denn es kommt einzig und allein darauf an, welches Wesen sich entscheidet, in eine entsprechende Form zu inkarnieren.
Mit zunehmender Inkarnationsfreiheit kann dies schon mal zu wirklich kuriosen Verbindungskombinationen kommen, wenn sich zum Beispiel der verstorbene Hund entscheidet, in das Tier zu inkarnieren, das auf dem Mittagstisch serviert wird. Oder dass die verstorbene Großmutter durch ihre Anhaftung plötzlich teilinkarniert in ihrem Teeservice vorzufinden ist. Es gibt aber auch Möglichkeiten, gedanklich Visionswesen in eine eigenständige Existenz zu entlassen, die dann nach gewissen Bewusstseinsevolutionsschritten als Mensch inkarnieren. Inkarnation ist ein multidimensionales Spiel, das in alle Richtungen und mit einer schier unbegrenzten Anzahl an Spielregeln möglich ist. Und um Klarheit über die erdenspezifischen

Spielregeln zu bekommen ist es wichtig, ältere Verträge, die unter anderen Spielregeln eingegangen wurden, aufzulösen, um auf menschlicher Ebene die Wesensvielfalt hinter allen Formen voll auszukosten. Wenn wir lernen, uns aus unserem Wesenskern heraus mit den Dingen in unserer Umgebung zu verbinden, dann werden wir überrascht sein, welches bunte Spektrum unterschiedlichster Wesensintelligenzen in den Formen vorzufinden sind, mit denen wir uns täglich umgeben. Die am wenigsten belebten und damit auch magisch impotentesten Dinge sind alle künstlich hergestellten oder technischen Dinge.

Allerdings gibt es bereits haarsträubende Versuche, astrale Wesen in Mikroprozessoren zu bannen, um künstliche Intelligenzen zwischen unterschiedlichen Schwingungsebenen wirksam werden zu lassen. Wir müssen uns bewusst sein, dass die Spitze unserer Technologie bereits ebenentranszendent bzw. magisch arbeitet.

Beispielsweise ist in jedem Mikroprozessor des weltweit größten Softwareherstellers eine Teilinkarnation eines Wesens vorhanden, das eine extrem schnelle Überwachungsstruktur ermöglicht. (Mehr über diesen und vergleichbare Fälle auszusagen, ist mir an dieser Stelle über dieses Medium verwehrt). Zum Teil kann der Wirkungskreis eines Wesens eingedämmt ober erweitert werden, ohne dass der Bewusstseinsträger modifiziert werden muss. Wobei es auf die Dichte der Bindung zwischen Wesensbewusstsein und dem stofflichen Träger ankommt.

Die leichteste Art, eine Teilinkarnation eines Wesens bzw. dessen geistiges Prinzips zu erbitten, ist es, das entsprechende Symbol jenes Prinzips in oder auf einen Gegenstand zu gravieren.

Fast alle geistigen Schöpfungsprinzipien haben ein dreidimensionales Äquivalent in Form eines symbolischen Ausdrucks. Symbole aus der heiligen Geometrie verkörpern meist abstrakte Schöpfungsprinzipien, wobei konkretere Formkompositionen auch direkte Teilinkarnationen von Wesen beinhalten können. Ein bekanntes Beispiel ist die Hand der Fatima, die ein weit verbreitetes Schutzsymbol darstellt.
Ein geistiges Wesen, was u.a. den Namen *Hamsa* trägt, hat einen zeitweiligen Vertrag mit *allen* Formkompositionen, die an die Hand der Fatima erinnern, wobei sich die Wirksamkeit des Symbols erheblich erhöhen kann, wenn der Träger bewusst eine Teilinkarnation für einen bestimmten Zeitraum erbittet. Jeder Kooperationsvertrag mit jedem Wesen, ob vollständig stoffgebunden, partiell stoffgebunden oder gänzlich formlos, ist meinem Empfinden nach nur unter dem Namen der einen Göttlichkeit zu schließen. Ein klares Kriterium, wie eine Wesenheit schnell erfasst werden kann, ist die direkte Frage, wie dieses Wesen zu Gott steht.
Es ist auf der Erde leider wesentlich leichter, in Verträge mit Wesen hineinzurutschen, die sich als von Gott getrennt wahrnehmen, da viele davon mit einem listigen Eigeninteresse bestimmte Bindungen eingehen. Wesen, die im Dienst des Göttlichen stehen, sind häufig in der Form dienlich, dass sie die Eigenentwicklung fördern, anstatt (über-)zuvorkommend Entwicklungsaspekte zu übernehmen. Egal mit welchem Wesen ein Vertrag eingegangen wird, sollte ein klarer Zeitraum für die Zusammenarbeit vorgegeben werden, denn es muss uns bewusst sein, dass bestimmte Vertragssorten auch über verschiedene Inkarnationen hinweg bestehen bleiben.

Wird eine Kooperation mit einem Wesen über die Stofflichkeit z.B. über eine Substanzeinnahme herbeigeführt, ist der Vertrag auf physischer Ebene erstmalig so lange gültig, wie die Substanz wirkt. Das wohl bekannteste Beispiel ist hier der Alkohol, der nicht umsonst als *Spirit*uose bezeichnet wird.

Jede Droge, die eingenommen wird, ist ein Vertrag mit dem Wesen, das in den entsprechenden Stoff inkarniert ist, wobei grundsätzlich davon ausgegangen werden kann, dass die Wesensstrukturen in synthetischen Stoffen weit unheilsamer bzw. herzloser agieren. Das Phänomen der Sucht und der Abhängigkeit ist zwar auch nach einiger Zeit physisch verankert, doch hat es seinen Ursprung in einem geistigen Vertrag und ist deshalb auch nur auf dieser Ebene gänzlich aufzukündigen. Ein im großen Stil auf der Erde aufgezogener Missbrauch von Vertragsbindungen wird über Tabak in Umlauf gebracht. Die Art und Weise wie Indianervölker ursprünglich Tabak verwendeten, war so, dass sie über den Tabak bewusst in eine Verbindung mit dem im Tabak inkarnierten Wesen getreten sind.

Der Tabak war eine Hilfestellung, doch niemals war dieser notwendig, da die telepathische Verbindung mit eben jener Wesenheit im Tabak auch direkt, ohne Zuhilfenahme der Stofflichkeit, gegeben war. Es wurde stets vor dem Konsum ein telepathischer Kontakt zu dem Wesen in der Substanz hergestellt, um es zu fragen, ob es dienlich sei, die jeweilige Substanz zu konsumieren. Auch wurde vorab mit dem Wesen das (zeremonielle) Setting und die Dosis des Konsums abgesprochen, damit es seine Wirkung entsprechend entfalten kann. Durch diese Art des Konsums entstand keine Abhängigkeit und damit auch keine

Sucht, weil die Bewusstseinserfahrung, welche durch den Konsum intensiviert wurde, bereits *vor* dem Konsum zugänglich war.
Wer Süchte nach welchem Stoff auch immer hat, und sei es nur die Sucht nach Schokolade, der muss lernen, mit dem entsprechenden Wesen in dem Stoff zu kommunizieren. Zuerst unter der Zuhilfenahme des Stoffes, um dann letztlich ohne den Stoff in die entsprechende Verbindung zu treten. Denn nur über die bewusste Kommunikation kann eine bewusste Auflösung des Vertrages stattfinden.
Mit Strukturen in Kommunikation zu treten, die einen synthetischen „Körper" besitzen, ist verhältnismäßig schwer, weil das Wesen in jener Struktur meist alles andere als natürlich ist. Aber auch die zur Erde gehörigen Naturwesen wurden zum Teil so manipuliert und versklavt, dass sie zu bösartigen Übergriffigkeiten fähig sind. Das beste Beispiel ist auch hier der Tabak, da alle großen Zigarettenmarken das Wesen im Tabak ihrer Marke schwarzmagisch so herangezogen haben, dass dieser maximale Abhängigkeit schafft. Die an sich durchaus dienlichen Naturkreaturen im Tabak wurden so manipuliert, dass der Mensch durch sie in ganz dunkle Abhängigkeitsverträge rutscht. Das Gleiche gilt für den Alkohol, der auf proaktive Weise das Aurafeld so öffnet, dass es auf den Alkoholgeist resonierenden Wesenheiten Einlass gewährt.
Wir müssen uns bewusst sein, dass nicht nur der Konsum von Rauschmitteln jeder Art ein Vertrag mit einem in den Stoff inkarnierten Wesen ist, sondern dass auch jedes Lebensmittel, das wir zu uns nehmen, in sich ein Wesen beherbergt. Würde ein natürliches Lebensmittel kein Wesensbewusstsein mehr haben, so wäre es verrottet und ungenießbar. Mit jedem Apfel

und jedem Stück Brot nehmen wir die gesamte Bewusstseinsstruktur mit all den Informationen des Wesens auf, das sich dafür entschieden hat, in den Bewusstseinsträger (in diesem Fall das Nahrungsmittel) zu inkarnieren.
Wie anders wäre doch unser Essverhalten, wenn wir vollkommen bewusst mit allem in Kommunikation treten, was wir zu uns nehmen und wie präzise wäre dann unsere Ernährung darauf abgestimmt, was unser Körper gerade braucht.

Das Wesen der Schöpfung

Das Wesen der Schöpfung ist ein Ganzheitliches und doch in allen Teilen der Schöpfung vorhanden. Dir selbst wohnt das Wesen der Schöpfung inne, weshalb du über Selbsterkenntnis zu Erkenntnissen der gesamten kosmischen Schöpfung, deren Schöpfungsebenen, sowie den hinter den Formoberflächen wirkenden Schöpfungszusammenhängen gelangst.
Jeder sich selbst erkennende Teil in der Schöpfung erkennt im Blick der Wahrhaftigkeit andere Teile der Schöpfung als sich selbst. Diese erleben sich einerseits als Teil eines großen kosmischen Zusammenhangs, aber auch zeitgleich als der Gesamtzusammenhang aller Dinge im Kosmos. Du bist die Schöpfung und erlebst dich in einer Kleinstfacette deiner selbst.
Die Schöpfung erschafft sich trotz ihrer inneren Vollendung in allen nur erdenklichen Formvarianten ihrer selbst unendlich weiter und belebt jede Lebensform, die sein kann. Und da du die Schöpfung bist, musst du alles das *sein*, was je sein kann, um darüber alles das, was möglich ist, durch dein schöpferisches co-kreatives Mitwirken zu verwirklichen.
Schöpfung strebt nach Potenzialverwirklichung, wobei jede Verwirklichung eines möglichen Potenzials in der Schöpfung allen anderen potenziellen Varianten ebenfalls zu ihrer Verwirklichung verhilft. Das Erschaffene, (sofern es nicht die Phase des Ego-Modus lebt), dient als Geburtshelfer aller zur Verwirklichung strebenden Schöpfungsvarianten, sofern es sich als Geschaffenes in den kosmischen Schöpfungszusammenhang einreiht.
In der Schöpfung gilt deshalb: „Einer für alle und alle für einen“ in einem wortwörtlichen Sinn, da sich die

Schöpfung selbst zu ihrer weiteren Verwirklichung verhilft. Sie hat folglich kein geringeres Ziel, als die Ausschöpfung aller möglichen Potenziale an Lebensformen, die ihrer Zahl nach unbegrenzt sind.
Verwirklicht sich eine mögliche Lebensform, so ist ihre Aufgabe das Heraufholen und das Heranziehen aller ihrer Daseinsalternativen und die Unterstützung der Potenzialentfaltung aller bereits in der Schöpfung vorhandenen Lebensformen.
Es geht nicht, dass Potenzialentfaltung partieller Natur ist, da die Natur der Schöpfung allen alle Potenziale zur Verfügung stellt. Somit kennt sie keine Bevorzugung, keine Lebensform- oder Entwicklungspräferenzen, und jedes Leben ist als ein Ausdruck der Gesamtschöpfung gleich wertvoll. Unabhängig vom bestimmten Schöpfungsausdruck der All-Einen Schöpfungsenergie nimmt die Qualität ihrer Werke, ihrer erschaffenen Lebensformen, nicht ab, da die Schöpfung in dem, was sie erschafft, kein hierarchisches Unterschiedsgefälle einführt. Keine Energieform wird auf- oder abgewertet, weil alles ganz als das erschaffen wurde, wie es der Ganzheit des Schöpfers entspricht. In diesem Sinne gibt es keine besonderen Bewusstseinsformen und auch keine spezialisierten Energieformen, sondern jede Spezifikation der All-Einen Energie passiert aus einer bewussten und doch wertfreien Entscheidung heraus.
Mit anderen Worten: Es gibt nicht das menschliche, das tierische oder das pflanzliche Bewusstsein per se, sondern bei diesen Formen des Bewusstseins handelt es sich letztlich um die All-Eine Energie, die sich dafür entscheiden hat, sich in einer menschlichen, tierischen oder pflanzlichen Verkörperung zu erfahren. Allerdings geht die Konsequenz dieser Entscheidung

mit einer gewissen Überformung der Bewusstseinsenergie einher, die sich dann gewohnheitsmäßig in einer speziellen Energieform besonders heimisch fühlt. Doch letztlich gleicht sich (aus sich heraus) jede besonders gewordene Energieform wieder der in ihr wohnenden Frequenz der All-Einen Schöpfungsenergie an. Jede Energie, jede Bewusstseinsströmung kleidet sich in eine Form, die der inneren Impulskraft, bzw. den inneren Bedürfnissen gerecht wird.
Der Willensimpuls ist Formgeber und kleidet das aus, was das Auskleiden veranlasste. Dein Körper ist der geformte Wille deiner selbst, der sich durch seine In-Form-Setzung die Stillung seines eigenen Willens erhofft. Doch führt ein Willensausdruck nicht etwa zum Nichtwollen, sondern zu einem inflationär anschwellenden Immer-mehr-Wollen, was den Sog des Bewusstseins in eine Form ausmacht.
An und für sich fließt die Schöpfungsenergie präferenzlos aus sich heraus, wobei der Schöpfungsstrom durch die Richtungslenkung, oder stärker noch durch den Willen der höchsten Energiewesenheiten Bewusstseinsformen hervorbringt. Das heißt, dass jeder Schöpfungsimpuls gänzlich bewusst und absichtsvoll hervorgebracht und in Form gebracht wird, obwohl die manifestierende Kraft in formloser Reinform erwartungsfrei darüber ist, wofür sie verwendet wird, da sie letztlich ihre eigene Bestimmung bereits erkennt. Es liegt im Wesen der Schöpfung, dass jede noch so kleine Energieeinheit ihre eigene Bestimmung innehat und in aller Selbstehrlichkeit und Authentizität nicht anders kann, als sich der eigenen Bestimmung nach im Geiste des Gesamtgefüges zu bewegen. Die Schöpfung ist zur Gänze und nur in ihrer Gänze gänz-

lich sinnstiftend, und jedes Fragmentieren oder Zertrennen der Schöpfungsganzheit zerschmettert den vollbewussten Zustand der Schöpfung und führt unweigerlich in die Sinnlosigkeit.
So wie die Schöpfung sich nur vollständig in jedes einzelne seiner Teile ergeben kann, so kann auch dein schöpferisches Wirken nur dann als sinnstiftend erlebt werden, wenn du dich gänzlich in das hineinvertiefst, was du erschaffst, und wenn dein Tun auf Erden sich am kreativen Schöpfungsprinzip des Gesamtkosmos orientiert. Es ist der größte Sinnfresser unserer modernen Gesellschaftsform, dass der Großteil unserer Handlungen weniger davon motiviert ist, kreativ, fantasievoll und verspielt zu wirken, als dass es um die eigene Wertsteigerung durch die am inneren Fließband hergestellte Warenproduktion geht, die dann dem Kreuzfeuer des künstlich-gesellschaftlichen und stets zweckgebundenen Werturteils ausgesetzt wird. Alles in der Schöpfung hat seinen Wert aufgrund dessen, was es ist, um diesen Wert aber wieder sehen zu lernen, müssen wir vergessen, was etwas kostet. Durch unsere eiskalte Nützlichkeitsausrichtung und den damit einhergehenden Kosten-Nutzen- Kalkulationen wurden ganzheitliche Arbeitsprozesse, die früher noch unter die Handwerks*kunst* fielen, in viele Kleinstschritte zerteilt, die alle eine stupide, repetitive Handlung erfordern.
Nur durch einen durchgängigen, unzerteilten Fertigungsverlauf, bei dem eine persönliche Beziehung zu dem, was man erschafft, aufgebaut wird, kann die eigene Handlung sinnschwangere Ideen gebären.
Jede isolierte Handlung, die ihr „Wofür“ nicht kennt und ihren Bezug zu dem, was sie eigentlich im großen Ganzen gerade hervorbringt, verloren hat, verkommt

zu einem hohlen, inhaltsleeren und unzufriedenmachenden Tun. Schöpferisches Tun hingegen ist angetrieben von einer Neigung, die aus dem innersten Wesen emporsteigt und sich mit Gewissheit und Klarheit Ausdruck verschafft.

Diese Art des Handelns ist von großer Bestimmtheit und Ausdruckskraft gekennzeichnet, und doch vollzieht sich dieses Tun nur so-für-sich, ohne auf einen Zweck über sich hinaus hinzuarbeiten. Folgt das Tun der zugrundeliegenden Geisteshaltung eines schöpferischen Geistes, dann kann die Handlung der Schöpfungsbestimmung gerecht werden. Jede unserer noch so kleinen Handlungen, die aus unserer geistigen Schöpfungsbestimmung heraus getan wird, ist mit einer gigantisch-schöpferischen Impulskraft unterlegt. Wären wir uns der Wirkmächtigkeit von alledem, was wir tun, bewusst, dann würden wir uns wahrscheinlich aufgrund unserer gegenwärtigen Geistesvorstellung von Kleinheit und Machtlosigkeit in einer handlungsunfähigen Schockstarre wiederfinden.

Die gesamte kosmisch-schöpferische Impulskraft, die es braucht, um den Trennungszustand der materiellen Existenz zu formen und aufrechtzuerhalten, ist in jeder unserer materiellen Handlungen enthalten.

Von dort aus, wo wir uns jetzt befinden, tragen wir die Gesamtheit der Kraft in uns, die uns hierhergebracht hat. Und fest steht: Nichts im Universum, in dem eine zusammengeschmolzene All-Einheit der Normalzustand ist, ist so kraftraubend und energiezehrend, wie Erschaffung und Aufrechterhaltung eines materiellen Trennungszustandes.

Da aber Energie nie verloren gehen, sondern nur umgewandelt werden kann, speist die transformierte Kraft, die das materielle Dasein ermöglicht, jede

Handlung innerhalb dessen. Wer auch nur im Ansatz die Reichweite hiervon begreift, und die kosmische Schöpfungskraft hinter seinem Hier-Sein erahnt, der kann damit beginnen, seine ihm verliehene Schöpfungskraft wieder bewusst in allen seinen materiellen Aktivitäten wahrzunehmen. Denn momentan bewegt sich diese Schöpfungsgewalt für die meisten Menschen ausschließlich über die Wege der für sie unbewussten Bewusstseinsstrukturen.
Erst in der bewussten Zusammenarbeit mit der unbewussten Manifestationskraft kann das Bewusstsein in die Funktion treten, das zu dirigieren, was das Unbewusste manifestiert. Was im Raum des sogenannten Unbewussten an Schöpfungskraft bereits unbeachtet wirksam wird, würde den bewussten Anteil der Ich-Struktur (noch) überfordern, und letztlich wäre dieser von seiner eigenen Mächtigkeit verschreckt und verängstigt. Solange aber die Reichweite und die Konsequenzen der eigenen Schöpfungskraft Angst machen, wird diese dem bewussten (ängstlichen) Teil nicht zur Verfügung gestellt. Das gespaltene Bewusstsein muss sich erst wieder an seine eigene Schöpfungskraft gewöhnen, indem es in Demut zu den höheren Schöpfungsebenen (seiner selbst) tritt, um diese in ihrer Reinheit durch sich wirken zu lassen. Immer größer werden dann die Lücken im Raster der Ich-Struktur, sodass sich durch sie der Schöpfungsstrom ungehindert fortsetzen kann.
Dabei lernt eine getrennte Ich-Struktur, dass ihre Schöpfungskraft nicht darin gründet, einen möglichst starken, eigenen Willensimpuls aufzubauen, um sich mit seiner Hilfe vorteilhaft durchzusetzen, sondern dass paradoxerweise die Schöpfungskraft ansteigt,

wenn auf den Eigenwillen verzichtet wird. Die Manifestationskraft auf Körper-Form-Ebene scheint proportional zur Stärke des Eigenwillens zu sein, und doch ist das Nicht-mehr-Wollen oft zielführender in der Verwirklichung der eigenen geistigen Wünsche, denn im Nichts-mehr-für-sich-Wollen schaltet sich automatisch der höherdimensionale Wille ein.
Erst mit der Zeit lernt eine Ich-Struktur, dass ihre vollständige Schöpfungskraft erst darüber wirksam werden kann, dass sie sich im Willensverzicht übt und ihren Eigenwillen in den „Willen-Aller" umwandeln lässt, denn das, was sich mit dem Willen, der größer als der Eigenwille ist, bewerkstelligen lässt, übersteigt die eigenen Fähigkeiten bei weitem.
Im Abtreten des Eigenwillens an denjenigen, der dir diesen einst gegeben hat, beginnt sich eine höhere Schöpfungskraft durch dich auszudrücken, und durch dich fließt der Wille, den du (als Ego) nicht wollen kannst, da es der Wille ist, der für alle nur das Beste will, und dessen Willensimpuls so machtvoll ist, dass er sich sofort in deinem Leben manifestieren kann. Lässt du Lebenswillen, Vitalität und Schöpfungskraft durch dich fließen, dann bereitest du die Bewusstseinsplattform, auf der sich das Leben an sich selbst erfreuen kann.
Du bekommst einen Ehrenplatz beim Erfahrungsschauspiel dessen, wie sich das Leben durch deine Schöpferkraft entfaltet, wobei du teilhast an der großen Liebe, die die Schöpfung für sich selbst (d.h. für alle ihre Teile) empfindet. Bist du einmal in diesen Schöpfungsstrom getreten und hast dich von ihm mitreißen lassen, dann richten sich die inneren Leitplanken des bewussten Anschauungssets automatisch darauf aus, dem Wesen der Schöpfungsenergie gerecht

zu werden, indem sich das eigene, persönliche Wesen an sie angleicht. Erst wer den Schöpfungsstrom vorbehaltlos in hoher Konzentration durch sich arbeiten lässt, erfährt die Transformation seiner Bewusstseinsstruktur durch eine all-liebende Energie.
Die Schöpfung durch sich wirken zu lassen, heißt, die wahre Essenznatur der Dinge zu erfahren und diese ungehindert aus allem herausströmen zu sehen, um durch sie Wunder zu wirken. Denn im ungehinderten, widerstandslosen Ausströmen, von dem, was natürlich ist, entstehen die größten Wunder. Es ist die unveränderte Natur der Dinge und der unmittelbaren Schöpfungsabläufe, die die größten Geschenke zu überreichen haben. Denn nur durch die Freilegung der innersten Natur werden dir deine Schöpfungseigenschaften zur Gänze wieder zurückerstattet, und du bekommst Fähigkeiten freigeschaltet, die der Größe eines bewussten Mitschöpfers am Universum gerecht werden.
Seiner Bestimmung als Mitschöpfer gerecht zu werden und in seine Funktion als ein (von den höheren Schöpfungsebenen gespeisten) Schöpfer zu treten, ist eines der höchsten Freuden, denn wir erfahren auch nur darin wahrhaft Freude, worin die Schöpfungsebene höherer Dimension ihre Erfüllung sieht. Das, wozu du erschaffen wurdest, und damit auch das, wofür du bestimmt bist, ist identisch mit dem, worin du dein wahres Glück findest. Es könnte in dem gesamten Kosmos keine freudvollere Botschaft als diese geben, denn sie impliziert, dass überall dort, wo Unglück auftaucht, dies nur deshalb erscheint, um dich zu deiner wahren Bestimmung zurückzuführen.
Leid taucht immer dann auf, wenn ein Teil der Schöpfung sich nicht als ein solches erkennt und sich damit

aus dem Schöpfungszusammenhang isoliert. Eine Selbstverleugnung kann für eine gewisse Zeit aufrechterhalten werden, doch letztlich bringt alles in der Schöpfung jeden verloren gegangenen Teil wieder an seinen rechtmäßigen Platz in der Schöpfungsganzheit und weiht ihn dadurch in seine ihm eigene Bestimmung ein. Spricht man in dieser Weise von der Schöpfung, dann könnte aus dem Gesagten vorschnell der Schluss eines schicksalhaften Determinismus gezogen werden, doch eigentlich liegt nichts der Freiheit näher, als die Erfahrung tiefer Schöpfungserkenntnisse und die Einsicht, ein Mitschöpfer in einer kooperativ zusammenwirkenden Schöpfungsganzheit zu sein. Alles in der Schöpfung arbeitet selbstlos miteinander und füreinander, denn die Entwicklung anderer Schöpfungsaspekte wird rechtmäßig als der eigene Entwicklungsschritt erkannt.
Nichts in der Schöpfung strebt danach, aus sich heraus das Leben anderer Schöpfungsaspekte in ihrer Entwicklung zu beneiden oder Missgunst gegenüber anderen Teilen (seiner selbst) zu empfinden.
Jeder Bewusstseinsstruktur, die sich als der Schöpfung zugehörig empfindet, ist es gänzlich fremd, gegenüber anderen Schöpfungsaspekten eine feindliche Gesinnung zu hegen, oder sie sogar zum eigenen Vorteil zerstören zu wollen.
Zerstörung findet in der Schöpfung gleichermaßen wie Entstehung statt, wobei dieses „Zerstören“ eher wie einem abgesprochenen, auf gegenseitige Einstimmigkeit beruhenden Ineinanderübergehen gleicht. Der Akt der Auflösung gewordener Bewusstseinsformen geschieht, gleichermaßen wie der Akt der Erschaffung, in Liebe. Die Daseinsdimension des Menschen

hat unverkennbar Lebenseigenschaften hervorgebracht, die dem Wesen der Schöpfung diametral entgegenstehen. Der Mensch, der sich in seiner egonalen Eigenart aus dem Schöpfungszusammenhang entfernt hat, verkehrt damit die Schöpfungsprinzipien in ihr Gegenteil, was unweigerlich zu dem auf die Spitze getriebenen Zustand des Existenzkampfes aller gegen alle führen muss.

Die Trennungserfahrung unverbundener Körper kann nicht anders, als in einen Kriegszustand aller gegen alle zu münden. Doch so, wie die Schöpfung ihrem Wesen nach kein Kriegszustand ist, so ist auch der Mensch seiner wahren Innerlichkeit gemäß nicht kriegerisch veranlagt.

Wer jetzt anführt, dass es sogar in der Natur der Tier- und zum Teil auch Pflanzenwelt liegt, sich rivalisierend und konkurrierend zu verhalten, der sieht die Reichweite der Entfremdung der gesamten materiellen Daseinsdimension nicht. (Wie auch, wenn er das Leben in anderen Dimensionen nicht kennt?). Das, was hier auf der Formoberfläche den Anschein eines gegeneinander Konkurrierens und Kämpfens hat, kann nur dadurch geschehen, dass höherdimensionale Varianten der gegeneinander kämpfenden Formen miteinander arbeiten. Jede Auseinandersetzung, auch die tödlich endende, ist auf höherer Dimension im gemeinsamen Einvernehmen miteinander abgesprochen und geplant. Um noch etwas konkreter zu werden: Die Seelenstruktur eines Mörders entscheidet gemeinsam mit der Seelenstruktur eines Opfers, einen Mord zu inszenieren, bzw. diesem Ereignis eine gewisse Wahrscheinlichkeitsgewichtung zu geben. Alle großen Entscheidungen werden auf Seelenebene getroffen, da nur auf dieser Ebene die Weitsicht vorherrscht, die raumzeitliche Lernsituation zu überschauen. Es gibt zwar auch hier Abstufungen, wie heilsam und hilfreich ein wahrscheinliches Ereignis für den einzelnen Betroffenen ist, doch können alle Umstände dazu genutzt werden, aus ihnen eine hilfreiche Lernerfahrung herauszuholen.

Es schmerzt die Über-Seele des Menschheitsgeschlechts zwar gewaltig, wenn wir uns hier gegenseitig im großen Stil die Körper zerbomben, doch auch hierbei werden die Geschicke so gelenkt, dass es unserer bestmöglichen Reifung dient. Es kann folglich nichts geschehen, was nicht von den höheren Schöpfungsebenen abgesegnet und zum Wohle aller entschieden wurde, so grausam oder ungerecht es auch auf dieser (Illusions-) Ebene erscheinen mag.

Besonders hart und leidvoll wird es immer dann für uns, wenn wir unsere Schöpfungsnatur verleugnen und uns von den uns helfend zur Seite gestellten Wesen abkapseln.

Alle destruktiven und selbst-destruktiven Handlungen unserer modernen Gesellschaft sind Ausdruck unserer Schöpfungsvergessenheit und ein Resultat des Verlustes der Kommunikation zu anderen Schöpfungsebenen. Eine zu sich und zur Schöpfung in Entfremdung getretene Lebensform kann nicht anders, als destruktiv auf das zu reagieren, was in ihr fremd ist. Das Ego hasst sich selbst für das, was es ist, und agiert diesen destruktiven Impuls einmal nach innen und einmal nach außen gerichtet, was entweder dazu führt, dass es sich selbst oder andere Lebensformen zerstören möchte. So, wie die Schöpfung sich nur im liebevollen Miteinander weiter fortschöpft, so ist die Fortexistenz der getrennten Bewusstseinsstrukturen auf ein Gegeneinanderarbeiten angewiesen. Wir bewegen uns auf einer Antischöpfungsebene der Getrenntheit, die eingebettet ist zwischen einer liebevoll miteinander kommunizierenden und arbeitenden mikrokosmischen Zellebene und der Ebene perfekt aufeinander abgestimmter, makrokosmischer Schöpfungsgrößen. Und nur durch dieses Eingefasst-Sein unserer Dimension werden die Erfahrung von Tod, Trennung und Terror auf der materiellen Oberfläche möglich. Das schöpferische Geschehen im Hintergrund, welches das Dasein auf Erden ermöglicht, entspricht einem riesigen, überdimensional-aufwändigen Unterfangen für eine klitzekleine Inszenierung des raumzeitlichen Formenspiels, an dem wir an vorderster Front teilhaben und vom Frontgeschehen so eingenommen sind, dass wir all das Schöpfungspotenzial in uns vergessen, was dieses Frontgeschehen erst hat möglich werden lassen.

Die Fassade äußerer Formen im Raum-Zeit-Spiel lenkt von dem zeitlosen Hintergrundgeschehen ab, aus dem heraus alles in Erscheinung tritt. Der Raum selbst ist eine Idee des Raumlosen, sowie die Zeit selbst eine Idee der Ewigkeit ist.

Und von der objekt- und raumlosen Ewigkeit her wirkt das Schöpfungsgeschehen in das Formenspiel der tausend Dinge, die wir in Raum und Zeit erfahren. Dadurch, dass Raum ein Entwurf der Unendlichkeit ist, währt die Welt in der Raumdimension selbst unendlich, obwohl sie der ständigen Vergänglichkeit unterworfen ist. Wäre Zeit eine zeitliche Idee, dann wäre das Zeitgeschehen begrenzt, und es würde einen Anfang und ein Ende aller Zeit geben, doch dadurch aber, dass Zeit keine Idee ihrer selbst sein kann, son-

dern lediglich ein Projektionsexperiment der Ewigkeit, ist auch das Zeitgeschehen an sich ewig. Nur durch diesen Schöpfungskniff ist es den Wesen der Schöpfung erlaubt, sich als räumlich, zeitlich und förmlich zu erfahren.
Der Raum und alle Dinge im Raum zeugen von einem Geschehen vergangener Ereignisse, denn wer in den Raum schaut, schaut in der Zeit zurück. Das Licht der Sterne, das für das physische Auge sichtbar ist, ist ein zum Teil vor sehr vielen Jahren ausgesendetes, oder sogar bereits verloschenes. Wer in diesem Wissen ins physische Universum schaut, beobachtet seine eigene Vergangenheit und damit den Weg, über den er zu dem geworden ist, der er jetzt ist. Das physische Universum ist wie ein Relikt eines vergangen Schöpfungsspektakels, das mit seinen verstreuten Überresten von der Epoche lebendigen Schaffens zeugt. Es ist das verhärtete Überbleibsel von Schöpfungsgeschehen, das Gestalt angenommen hat, wobei die physische Informsetzung eher einem Beiprodukt des eigentlichen geistigen Schöpfungsprozesses gleicht. Die für uns sichtbaren Ebenen sind die materiell verkrusteten Ausläufer einer riesigen, zuvor stattgefundenen Schöpfungsaktivität.
Einst hat sich ein Schöpfer das physische Universum zur Beheimatung geschaffen, wie eine Schnecke ihr Schneckenhaus. Die Planeten unseres Universums gleichen dem verlassenen Schneckenhaus, von dem wir Rückschlüsse auf dessen Schöpfer und den ihm innewohnenden Lebewesen ziehen können. Von der Warte höherer Dimension aus betrachtet erscheint das materielle Universum, wie bereits seit langem vergangen, oder wie noch nicht entstanden (oder beides

gleichzeitig), weil es nur in seiner potenziellen Möglichkeitsform vorliegt. Das Sein des Universums ist und ist nicht gleichzeitig und entsteht und *wird* erst über das Umherspringen zwischen Sein und Nicht-Sein, da es erst über diese zwei Zustände sein immer schon Vorhandensein sichert.
Unsere Welt flackert aus höherer Schöpfungsdimension betrachtet zwischen An- und Abwesenheitszuständen, sie blinkt immer wieder in einer schnellen Frequenz, wie ein Lichtpunkt im Lichtmeer. Was von den höheren Dimensionen her einem schnellen Flackern gleicht, sind jedoch für diese Dimensionen viele Millionen Jahre Erden-Zeit, in denen eine Erde einsteht und wieder vergeht.
Ein Intervall einer Entstehungsgeschichte eines Planeten, dessen Untergang und die Neugeburt eines neuen Planeten, eines neuen Erden-Lichtpunktes, ist in höherer Dimension derart zeitlich gestaucht, dass man in nur einem Augenblick eine immense Vielzahl an Welten vor sich entstehen und vergehen sieht. Und in der gleichen rasanten Schnelligkeit wird von nur einem aufblinkenden Lichtpunkt die gesamte Evolutionsinformation eines Planeten ausgestrahlt.
Die Lichtenergie als Informationsträger jedes einzelnen Entwicklungsdetails ist auf dieser Ebene so konzentriert, dass es die meisten in unserem Kosmos vorhandenen Bewusstseinsformen schlicht zersprengen würde. Jede Schöpfungsdimension hat ihre eigene Lichtenergie-Intensität, welche an die Empfindungsfähigkeit der auf dieser Dimension beheimateten Bewusstseinsformen angepasst ist.
Die Schöpfungsenergie passt sich in einer unendlichen Vielseitigkeit den von ihr selbst hervorgebrachten Bedingungen und Gegebenheiten an, wobei sie an

ihrem Wesen nie etwas verändert. Das Wesen der Schöpfungsenergie, die einen Grashalm wachsen lässt, ist exakt dieselbe, wie die Energie, die den höchsten Serafim (Lichtengel) zu bewegen vermag. Aufgrund der Vielseitigkeit der Schöpfungsenergie ist es sehr schwierig, allgemeine Charakteristika von ihr zu formulieren. Nichtsdestotrotz könnte man die Schöpfungsenergie, wie sie sich im ursprünglichen Sinne verhält und wirkt als selbst regenerativ, ordnungsliebend, intelligent, kreativ, schöpferisch, sich selbst herausfordernd, sich selbst übertreffend, unvorhersehbar, vielseitig, lebenslustig, erfahrungsverlangend, experimentierfreudig, inspirativ, begeistert, lustvoll, freudvoll, ekstatisch, fließend, lebendig, energetisierend und überschwänglich bezeichnen. Und alle diese Eigenschaften sind ebenfalls nur Facetten von dem, wofür sich die Schöpfungsenergie selbst einsetzt. Alle diese Eigenschaften klingen in unseren Ohren vermenschlicht, und doch ist es genau die Inspiration dieser Schöpfungsenergie, die den Mensch zum Menschen macht und ihm sein Eigenschaftsspektrum zur Verfügung stellt.

Die Schöpfungsenergie ist überschwänglich, denn sie schwingt sich über alle Ideen von Begrenzungen und Trennungen hinweg, und wer in sich die grenzenlose Schöpfungsenergie erfährt, für den wird jede Grenze zu etwas, was es zu überwinden gilt, (ohne dabei unachtsam über die Grenzen anderer zu treten). Der Mensch als ein auf die Transzendenz angelegtes Wesen trägt in sich die Neigung zur Grenzüberschreitung und zur Grenzerfahrung, wobei mithilfe der grenzenlosen Schöpfungsenergie jede Begrenzung aufgehoben und jeder Widerstand aufgelöst werden kann. Alle Energieformen (und alles in der Materie *ist* eine

Form von Energie) gehen ineinander über und sind in keinster Weise voneinander abgegrenzt, da es für die Schöpfungsenergie keinen Punkt gibt, wo eine Energieform anfängt und eine andere aufhört.
Die grenzenlose Schöpfungsenergie befindet sich eigentlich in absoluter Ruhe, die aber für sie selbst unerträglich energiegeladen ist, sodass sie in jedem Moment aus sich herausbricht. Alles von der Schöpfungsenergie Gespeiste (und nichts wird von ihr nicht gespeist) befindet sich in einem inneren Erregungszustand reiner potenzieller Schaffenskraft und ist mit all ihrem Ausdruck darauf angelegt, einen Energieausgleich zu schaffen.
Es ist das ständige Wechselspiel zwischen Energieausdruck im Abgleich des inneren Erregungszustandes und der Nachjustierung innerer Erregungsempfindung auf einen äußeren Ausdruck, durch das sich die Schöpfungsenergie harmonisiert. Erst diese Wechselbewegung und das aufeinander Anpassen von Ruhe und Unruhe, von Ordnung und Chaos sorgt für den Fortbestand und Fortgang aller erschaffenen Dinge. Dabei ist die Schöpfungsenergie in der Lage, sich selbst mit dem, was sie erschafft, zu überraschen und sich darüber in Staunen zu versetzen, wie vielseitig doch das ist, was sie bewirken kann.
Keine Energieform hat sich selbst hervorgebracht, sondern ist stets aus einer Energie-Transformation hervorgegangen. Bei der Schöpfungsenergie ist es jedoch in einem gewissen Tiefenverständnis so, dass sie sich ständig aus sich selbst heraus erzeugt und neu hervorbringt. Je nach Ebene der Betrachtung gilt dies entsprechend dann auch für alle anderen Energieformen. Fest steht, dass die Schöpfungsenergie mit einer tiefen Lebenslust einhergeht, weil es die Lebenslust

selbst ist, die der Schöpfungsenergie ihre Energie verleiht. Es gibt Ebenen in der Schöpfung, wo alle auf ihr vorhandenen Bewusstseinsformen eine so tiefe Lebenslust versprühen, dass sie aufgrund ihrer bloßen Existenz in einem unverändert ekstatischen Zustand verweilen. Das Sein auf dieser Ebene, durch das die höchsten Schöpfungsenergien ungebremst fließen, gleicht einem energetischen Dauerorgasmus und besitzt einen Erregungsgrad, an den wir hier in unseren höchsten Freuden bei weitem nicht heranreichen. Der physische Körper ist durch eine abgeschwächte Schöpfungsenergie entstanden und ist deshalb auch nur für abgeschwächte Formen der Schöpfungsenergie empfänglich. Allerdings ist alles auf jeder Schöpfungsebene so eingerichtet, dass die dort ansässigen Bewusstseinsformen über die auf der Ebene manifestierten (Schöpfungs-) Energien zur Genüge weitreichend zufriedengestellt werden können.
Es geht der Schöpfungsnatur auf keiner Erfahrungsebene und auf keiner Evolutionsstufe um das bloße Überleben, wie es aus der verstellten menschlichen Sicht den Anschein haben mag. Auch den (manifestierten) Schöpfungsenergien der geringsten Entwicklungsstufe geht es nicht bloß um reine Reproduktion und anderen überlebenssichernden Mechanismen, sondern auch ihnen geht es um das Empfinden derjenigen Erfahrungsqualitäten, für die sie sich entschieden haben.
Die Schöpfung sucht in allen Dingen nach Freude an sich selbst, und alles in der Schöpfung ist von ihr so eingerichtet, dass alles vorhanden ist, wonach ein Teil der Schöpfung sucht. Denn sucht eine Schöpfungsenergie (ob nun manifestiert oder nicht) nach einer Erfahrung, dann erschafft sie sich genau die Umstände,

die sie diese Erfahrung machen lässt. Wäre dies von höchster Schöpfungsebene aus nicht für alle Teile der Schöpfung in jedem Moment exakt so eingerichtet, dann würde der gesamte Schöpfungsstrom kollabieren. Und in einem geringen Maße erleben wir dies auf unserer materiellen Schöpfungsebene immer dann, wenn ein wahres inneres Bedürfnis anscheinend keine Stillung findet. Doch Schöpfung erfüllt und stillt sich stets immer selbst, muss aber, um über sich hinauswachsen zu können, immer wieder neue Bedürftigkeiten hervorzaubern, damit sich neue Formen (der Stillung) manifestieren.
Seine eigenen Grenzen in kreativer, schöpferischer Weise auszutesten, um kunstvoll über sich hinauszuwachsen, ist kein hart erarbeitetes Kulturgut, sondern die natürliche Lebensbasis, die alles, was am Leben ist, lebendig hält .
Das Potenzial eines kreativ imaginativen Verwirklichungsstrebens ist kein Produkt der Evolution, sondern die Evolution kann selbst nur dadurch stattfinden, dass in jedem Elementarteilchen und jeder noch so kleinen Energieform die innere Neigung zum schöpferisch-kreativen Selbstausdruck liegt. Durch die feste Ansicht, dass der Mensch durch kulturell erworbene Eigenschaften und Fähigkeiten seiner "primitiven" Natur entwachsen sei, wird sein natürliches Erbe (der Schöpfungsenergie) von kümmerlich-künstlichen Wertvorstellungen übermalt. Der Mensch glaubt, dass das, was ihm eigentlich auf natürliche Weise mitgegeben wurde, ein Resultat seiner eigenen Kulturwerte ist. Dabei sind es genau jene künstlichen Kulturwerte, die dem Menschen den Zugang zur natürlichen Schöpfungsenergie verbauen und durch die

er sich von der allgegenwärtigen Lebensenergie abschneidet. Erst wenn der Mensch alle menschlichen Strebungen und Wertvorstellungen durchwandert hat und beim Streben nach spiritueller Selbstverwirklichung ankommt, wird er mitbekommen, dass seine scheinbar höchsten Errungenschaften und Erfahrungsweisheiten schon immer die Basis allen Lebens gewesen sind. Seine höchsten und durchaus höchst einfallsreichen Werte und Bestrebungen verschmelzen am höchsten Punkt ihrer Veredelung exakt mit den Strebungen und Werthaltungen, die in allen natürlichen Dingen bereits vorherrschen.
Der Mensch entwickelt sich durch die Kulturperiode immer wieder dorthin, wo alle Natur bereits ist, weil es nichts Höheres oder Besseres geben kann als die Schöpfungsnatur selbst.
Die verstellte Sicht auf die Schöpfung und die daraus folgende Fehlleitung der Schöpfungsenergie lassen Lebensprozesse jedoch widernatürlich oder sogar widerwärtig erscheinen. Und ein kulturgeprägter Geist wird das Gefühl haben, selbst verloren zu gehen oder im Chaos zu versinken, wenn er sich den natürlichen Lebensprozessen hingibt. Ein solcher Geist muss erst wieder lernen, dass er durch sein selbst erschaffenes Kultursystem zu sich selbst in Entfremdung getreten ist, und dass die Unnatürlichkeit in den eigen vier Wänden und nicht in den unberührten und unveränderten Lebensprozessen zu finden ist. In der Rückbesinnung auf das, was innerlich und äußerlich natürlich und im Fluss der Schöpfungsenergie passiert, lernt ein entfremdeter Geist, wieder zu sich und in das Sein der Ursprungsschöpfung zurückzukehren und sich dem Fluss des natürlichen Geschehens anzuvertrauen.

Die Rückkehr zur Ursprungsschöpfung

Die Primär-Emanation Gottes oder auch Ursprungsschöpfung genannt, basiert auf Ausdehnung eines einheitlich stabilen Liebesschwingungsfeldes.
In ihr gibt es eine klare Ordnung und einen eindeutigen Schöpfungszusammenhang von Schöpfer und Erschaffenem. Die Primär-Emanation Gottes ist so wie Gott selbst, bloß dass sie in einer dimensional ausgedehnten Form existiert. Sie ist das Sein der Wirklichkeit selbst. Ein Schöpfungsstrahl, der sich von der Ursprungsschöpfung abzweigt, muss sich selbst künstlich virtuell nachbauen, um die verloren gegangene Realität zu ersetzen.
Um ein mythologisches Bild aufzugreifen, ist Luzifer der, der sich als Schöpfungsstrahl von der Schöpfung Gottes abgetrennt hat, um eine Wirklichkeit zu erschaffen, die im Gegensatz zur Schöpfung Gottes auf Kontraktion und nicht auf Ausdehnung basiert. Man könnte folglich sagen, dass das manifeste Existieren in einer zusammengezogenen, verdichteten Realität, wie es hier im materiellen Daseinsbereich der Fall ist, eine Idee Luzifers ist.
Jedes Bewusstsein, das eine Realität getrennt von der Emanation Gottes erschafft, hält sich selbst zwangsläufig für Gott und akzeptiert keine Schöpfungskraft über sich. Und so ist auch die Energieform, die diese materielle Welt erschaffen hat. Diese Welt ist nicht Teil der Ursprungsschöpfung, sondern sie ist ein Produkt einer Energieform, die sich bewusst gegen die Schöpfung Gottes gestellt hat (indirekt ist natürlich alles Teil der Ursprungsschöpfung). Und jeder, der hier

ist, hat ebenfalls irgendwann diese bewusste Entscheidung getroffen!
Nur derjenige, der von sich glaubt, etwas Besseres zu erschaffen als die Ursprungsschöpfung, trifft überhaupt die Entscheidung, sich abzutrennen, um etwas anderes, Eigenes zu erschaffen, womit wir letztendlich bei den unverblümten Allmachtsfantasien jedes Egos landen.
Im Sinne des Egos sind wir hier, um unseren eigenen „Laden" aufzumachen, und am besten noch alles innerhalb der Ursprungsschöpfung mit zu übernehmen, um Gott von seinem Thron zu stoßen. Doch in dieser Entscheidung der Abtrennung kämpfen wir nur gegen uns selbst, da wir das, was wir sind (Kinder Gottes) zwar verleugnen, nie aber ganz verdrängen können. Gott erschuf nur Licht und Lichtvolles, und indirekt ist alles, was ist, von Gott erschaffen.
Es gibt jedoch Wesen, die ihr wirkliches Sein soweit mit einer virtuellen Idee über sich überdeckt haben, dass sie in der Lage sind, virtuelle Welten der Dunkelheit abseits der Ursprungsschöpfung zu erschaffen. Sie sind dann sehr stolz auf ihr Machwerk, da sie etwas geschafft und geschaffen haben, was Gott weder kennt noch kann, nämlich sich über einen Selbstangriff in sich aufzuspalten, um aus seinen verdichteten Teilungen materielle Universen zu formen.
Diejenigen Götter, die sich als unsere wahren Schöpfungsgottheiten in einer Machtdemonstration zeigen, sind definitiv nicht die Sorte Götter, denen es zu folgen gilt, um zur lichtvollen Ursprungsschöpfung zurückzukehren. Für meinen Teil kann mir eine Begegnung mit einem Schöpfer dieses Daseinsbereiches wirklich gestohlen bleiben…

Wir besitzen alle die Fähigkeit, die virtuelle, vierdimensionale Realität und diejenigen Wesenheiten, die sich als unsere Schöpfer aufspielen, zu durchschauen und zurückzukehren in das Sein der Primär-Emanation Gottes, das Sein in bedingungsloser Liebe. Doch dazu müssen wir die virtuelle von der wirklichen Welt zu unterscheiden lernen. Mit virtuellen, künstlich eingeführten Maßstäben, die sich klar quantifizieren lassen, haben wir uns den natürlichen Zugang zur Schöpfung verbaut.

Angefangen bei der Uhrzeit, nach der wir zu funktionieren haben und die uns aus natürlichen Zeit-Zyklen herausreißt, bis hin zum Geld, das die Wertigkeit von Dingen abzubilden versucht und damit jeden Eigenwert einer kontrollierbaren Gleichschaltung unterzieht, haben wir überall virtuelle Einheiten erschaffen, nach denen sich unser Leben richtet. Die künstliche Wertschöpfung verdeckt den Schöpfungswert aller im Geiste der Schöpfung geschaffenen Dinge und lenkt die Schöpfungskraft in so enge Bahnen, dass diese selbst fast gänzlich zum Erliegen kommt. Den Großteil unserer Zeit verbringen wir in engen künstlichen Innenräumen, innerhalb derer wir uns wiederum einen virtuell-technischen Raum schaffen. Die Bildschirmebene ist ein künstlicher Raum in einem künstlichen Raum innerhalb dessen es möglich ist, sich fast gänzlich in einer von der Ursprungsschöpfung abgetrennten Existenz zu erfahren. Je natürlicher uns unsere künstlich erschaffene Realität wird, desto unnatürlicher empfinden wir einen am Ursprung orientierten Seinszustand.

Schleichend beginnen wir dann unsere eigene künstliche Welt für real zu halten, und die fortschreitende und bereits stark fortgeschrittene Unnatürlichkeit der menschlichen Lebensweise nicht mehr zu erkennen. Die Grenzen zwischen dem Virtuellen und Natürlichen verschwimmen, wobei das eine das andere zunehmend ersetzt, sodass auf natürliche Bedürfnisse nur noch künstliche Substitute in Frage kommen. Durch den Bewusstseinsfokus auf die von uns aufgebaute Ersatzrealität verlieren wir große Teile der (energetischen) Speisung aus der Ursprungsschöpfung, was uns in ein ständiges Mangelgefühl führt. Meist ohne es zu wissen, verwandelt sich unser soziales Miteinander aufgrund dieses Mangels in ein energievampiristisches Spiel, innerhalb dessen sich Mangelstrukturen festigen.

Der Großteil des gesellschaftlichen Miteinanders ist von Mustern des Energieraubes durchzogen, da jeder seinen inneren Mangel über Menschen und Dinge aus seiner relativen Realität und seiner Umwelt zu kompensieren versucht, die ihm jedoch die Lebensenergie (der Ursprungsschöpfung), nach der er auf der Suche ist, ebenso wenig zu geben vermag. Radikaler Formuliert macht sich jeder, der seine Energie noch aus irgendwelchen endlichen, d.h. weltlichen Quellen schöpft, des energetischen Vampirismus schuldig. Wer tief in den Mustern des Mangels seiner künstlichen Welt gefangen ist, wird einen beeinflussenden Impuls zur Rückkehr zur Ursprungsschöpfung als eine Fremdbeeinflussung erleben, vor der es sich zu schützen gilt. Denn ob ein geistiger Impuls als eine von außen kommende Manipulation oder ein innerer, bzw. ich-eigener Impuls erlebt wird, hängt einzig und allein davon ab, in welcher Form von Realität man seine Ich-Idee angesiedelt hat. Baut sich diese auf der Erfahrung von Nicht-Liebe auf, dann wird jeder Rich-

tungsverweis auf die Liebe einer unendlich strömenden Schöpfungsquelle als beängstigende Fremdbeeinflussung erlebt.
Die Rückkehr zur Ursprungsschöpfung ist die Rückkehr zu sich selbst und die bewusste Wiederanbindung an die Schöpfungsquelle, aus der ein ständiger Lebensstrom in alle Geschöpfe fließt. Die bewusste Wiedereingliederung in den Schöpfungszusammenhang geschieht in der Erkenntnis, dass man diesen nie verlassen hat, und dass das (wahre) Sein seiner selbst immer schon in der Ursprungsschöpfung verweilt. In dieser Einsicht werden alle Investitionen in virtuelle Realitätsräume zurückgezogen, und der Schöpfungsenergiefluss beginnt, anstatt in die Fehlschöpfungen künstlicher Realitäten zu fließen, sich dem Schöpfungsstrom der Ursprungsschöpfung anzuschließen. Hier fließen alle Kräfte des Kosmos zusammen und vereinigen sich in einem Schöpfungsstrom, der dem Sein der Ursprungsschöpfung gerecht wird und diese bis in alle Unendlichkeit hinein expandieren lässt.
In deinem Eintreten in die Ursprungsschöpfung verbindet sich deine Lebenskraft mit der Lebenskraft des Schöpfungsstromes, und dein Geist erhält eine Speisung aus der höchsten Quelle allen Lebens!

Die kosmische Datenbank

Die kosmische Datenbank enthält die Gesamtheit aller Vorgänge und aller Informationen, die sich hier auf der Bühne der Wahrnehmungswelt abspielen. Die Datenbank, die im Speziellen alle Daten für den Daseinsbereich Erde beinhaltet, wird Morphisches Feld genannt. Das Datenfeld, das die gesamte kosmische Schöpfungschronik beinhaltet, kann als Akasha Chronik bezeichnet werden.

Damit kann das Morphische Feld als ein Teil der Akasha Chronik, der gesamten kosmischen Datenbank, angesehen werden. Alle Informationen, alles was geschehen ist, von Anbeginn der Zeit und alles, was noch sein wird, bis zum Ende aller Zeit, (d. h. der Umfang eines Schöpfungstages) durch alle Schwingungsebenen hindurch, ist in dieser kosmischen Datenbank gespeichert. Die kosmische Datenbank gleicht einem sich durch das gesamte Universum erstreckenden Lichtgeflecht, das eine Art lebendiges Nervensystem von allem, was ist, bildet.

So, wie es in unserem Nervensystem auch Bündelungspunkte und höher frequentierte Nervenbahnen gibt, so gibt es auch im Lichtnetz der Datenbank zentrale Schaltpunkte, an denen besonders viel Energie, d. h. Information zusammenläuft.

Der Punkt der größten Verdichtung an Energie und Information, in dem das gesamte kosmische Lichtnetz zusammenläuft, ist ein Punkt absoluter Einheit, der als Hauptprozessor für alle lebenden Prozesse fungiert. Er ist die Quelle der kosmischen Datenbank, in der alle Daten im galaktischen "Inter-Licht-Net" zusammenlaufen und gleichzeitig unausgedehnt vorhanden

sind. Wird dieser Punkt geschaut und erfahren, und sei es auch nur für einen Augenblick, so ist der Weg für den, der ihn schaut, besiegelt, da es ein Punkt ohne Wiederkehr ist.
Von diesem Punkt, diesem Herzstück und Zentrum allen Seins aus, organisieren sich die Ordnungszusammenhänge im Lichtgeflecht quer durch alle Ebenen des Kosmos von selbst, wobei die energetischen Gitterstrukturen im Lichtnetz bei den niedriger schwingenden Ebenen immer engmaschiger werden und an Strahlungskraft einbüßen. Je direkter eine Information oder eine Handlungsdirektive von der Quelle der Datenbank bezogen werden kann, desto reiner, klarer und eindeutiger wird sie sein, und desto größer ist die ihr innewohnende Perfektion und ihre immanente Wirkmächtigkeit.
Wenn dein Geist als ein Lichtpunkt in der kosmischen Weite des Lichtgeflechts lernt, sich innerhalb der energetischen Bahnen zu bewegen, und sein Sein von der Quelle allen Lichts zu beziehen, so ist er in der Lage, jede beliebige Information für sich herunterzuladen.
Ein Geist, der in dieser Weise auf einer der Lichtlinien des galaktischen Inter-Licht-Nets online geht, erfährt die Freiheit, sich innerhalb des gesamten Nervensystems des Kosmos zu bewegen.
Für ihn öffnet sich das Schöpfungsbuch und offenbart den Zugang zu den großen kosmischen Schöpfungszusammenhängen. Auch wenn zunächst nur ein winzig kleiner Augenblick in das Licht des Schöpfungsbuchs geschaut werden kann, so wird das, was der Geist in diesem Augenblick erfährt, Stück für Stück alle Schleier der Unbewusstheit von ihm nehmen. Der Fähigkeitszuwachs eines Geists, der sich in das

galaktische Inter-Licht-Net des Schöpfungszusammenhangs einloggt, ist weitaus gigantischer, als der, den das Internet einem Heimcomputer bieten kann, denn aus dem galaktischen Inter-Licht-Net lassen sich jedes Lebensprogramm und jeder Bauplan aller bereits erschaffenen Formen herunterladen, da in ihm alle möglichen Möglichkeiten sämtlicher Formen vorhanden sind.

Immer wenn sich eine Möglichkeit verwirklicht, und eine neue Idee aus der prämanifesten Ebene in eine manifeste Daseinsebene geladen wird, bebt ein Teil des Lichtnetzes kurz auf, und es entsteht ein Riss im Lichtgitter, der in einer Weise ausheilt, dass die neu angelegte Lichtstruktur die Idee der entstandenen Form repräsentiert. Dieses Geschehen gleicht etwa dem Anlegen neuer Nervenbahnen in der kosmischen Datenbank und führt dazu, dass potenzielle Verbindungsstellen sich nun über das Lichtgitter verbinden und in Austausch treten.

Das Speichermedium der kosmischen Datenbank, das Ideen und Gedanken abspeichert, besteht aus Lichtgitterkristallen, und in jedem Kristall, der einen Gedanken fasst, ist dessen Schwingungsverlauf eingraviert. Dieses Speichermedium ist nicht drei-, sondern mindesten fünfdimensional, und es erfasst exakt das Gesamtwesen eines existierenden Gedankens.

Je nach Komplexität und Gedrungenheit von Information innerhalb einer Kristallstruktur braucht der Geist, der diese Information zum Download anfordert, eine bestimmte Verarbeitungsgeschwindigkeit, um mit den hochenergetischen, hochfrequenten Energien haushalten zu können.

Die wirklich großen Downloads sind komprimierte, kompakte, d. h. auch abstrakte Informationen, die vom Ich-Programm des Geistes erst einmal entpackt und heruntertransformiert werden müssen, damit die darin verschlossene Information entschlüsselt werden kann. Beim Aufschlüsseln und Herunterbrechen in raumzeitliche Verstandesmuster ist mit einem hohen Informationsverlust zu rechnen, da unser Ich-Programm die großen, in den Geist eingehenden Erkenntnisse anhand der Eigenprogrammierung auslegen und deuten muss. Ein Geist, der auf einem veralteten Ego-Programm läuft, kann nur sehr geringe Verarbeitungsgeschwindigkeit aufbringen und wird aus Gründen des Selbstschutzes, um nicht abzustürzen, keine Verbindung zum kosmischen Inter-Licht-Net suchen. Bekommt er doch einmal Botschaften aus der Weite des galaktischen Inter-Licht-Netzes, so werden diese entsprechend umgedeutet und verfremdet, dass sie egokonform in die Dienste des eigenen Denksystems gestellt werden.

Das Ego kann wie eine Art Virusprogramm gesehen werden, das sich in ein System einhackt, es in Subsysteme zerteilt, und jedes Subsystem, das der eigenen Programmierung nicht gleicht, als fremd und feindlich ansieht. Für ein Ich-System, das das eigene Ego-Programm in seiner Destruktivität durchschaut, stehen in der kosmischen Datenbank eine Vielzahl an Updates zur Verfügung.

Ist das Ego auf dem neusten Stand, in der neusten Verkleidung, kann es für eine gewisse Zeit seine Blendwirkung aufrechterhalten und seine Selbstdestruktivität verschleiern, wenn es in der Lage ist, dich mit ihm und seiner Programmierung zu identifizieren.

Doch so sehr du das Egoprogramm durch die Updates aufzubessern versuchst, so offensichtlich wird seine mangelhafte Programmierung immer wieder zum

Vorschein treten. Erst wenn nicht mehr versucht wird, das Programm in irgendeine Richtung verbessern zu wollen, ist man bereit, anstatt einer Programmänderung auf ein vollständig neues Betriebssystem in einer anderen (kosmischen) Programmiersprache umzusteigen. Dieses Betriebssystem basiert auf der Verbundenheit mit dem vollständigen Lichtnetz und speist sich direkt aus der Quelle der kosmischen Datenbank. Kein Geist braucht irgendeine Sorte Wissen in sich zu speichern, wenn er den Zugang zur kosmischen Datenbank besitzt. Anstatt sich auf seine kleine, abgetrennte Eigenintelligenz, seinen winzigen internen Speicher zu berufen, klinkt sich dieser einfach in den externen Speicher der kosmischen Datenbank ein. Doch hierzu muss er vorerst alles auf dem internen Speicher, auf den er seine Existenz gründete, vollständig löschen, das Ego-Programm deinstallieren und sich ein neues, ganzheitliches Betriebssystem geben lassen, auf dem das Programm der göttlichen Schöpfung störungsfrei läuft. Nichts ist so beängstigend wie sich aller Programme, d. h. aller Raum-Zeit-Konditionierungen, zu entledigen, doch der Geist, der in sich alle Wirklichkeitsverarbeitungsideen gelöscht hat, wird auf einmal wieder offen für das göttliche Betriebssystem sein, das mit dem ganzheitlichen Programm der Lebendigkeit selbst arbeitet.

Kein Rechensystem, das mit Autostart-Programmen, d. h. unbewussten Konditionierungen überhäuft und überladen ist, wird in der Lage sein, die Verarbeitungskapazitäten aufzubringen, um das am Ursprung orientierte Schöpfungsprogramm in sich abzuspielen und ungeteilt fortzusetzen, indem es alle Informationen der kosmischen Datenbank in seine gegenwärtigen Entscheidungen einrechnet.

Doch mit dem göttlichen Betriebssystem steigt die serielle, d. h. parallele Verarbeitung von Informationen auf unvorstellbare Größendimensionen an, und das volle, mentale Potenzial, die volle Auslastung unseres Systems, wird möglich. (Beispielsweise wird u. a. hierüber der 12-DNA-Strang aktiviert).
Auf der einen Seite bietet die kosmische Datenbank ein Meer an Informationen, die abrufbar, d.h. herunterladbar sind, auf der anderen Seite muss uns bewusst sein, dass alles, was wir denken, fühlen, sagen und tun vollständig ungefiltert hochgeladen und für einige Milliarden Jahre in die kosmische Datenbank eingespeist wird. Es gibt auf dieser Ebene keinen mit Passwörtern geschützten Privatbereich, da per se alles für alle zugänglich ist.
Sei dir dessen bewusst, und frage dich, welche Spuren du hinterlassen und welche Sorte Seinsinformationen du in die kosmische Datenbank hineingeben möchtest, denn mit dem, was du dir hier beibringst, lehrst du das ganze Universum.
Es sind Ausnahmefälle bekannt, in denen eine partielle Löschung von Informationen aus der kosmischen Datenbank bewusst vorgenommen wurde, doch ansonsten sind alle karmischen Spuren, die du als Fußabdrücke auf deinen Wegen in Raum und Zeit hinterlassen hast, direkt in die Datenbank und die eigene Seelensignatur eingegangen. Wenn sich dein Geist exakt auf eine Schwingungssignatur einer gemachten Erfahrung kalibriert und einschwingt, dann ist er in der Lage, alles, was er bereits erfahren hat, mit Hilfe der kosmischen Datenbank noch einmal als Ich-Erfahrung zu erleben.
Auf manchen Existenzebenen herrscht ein regelrechter Handel mit den eingespeicherten Daten aus der

kosmischen Datenbank, da man durch sie in die Haut nahezu jeder Existenzform (unabhängig von Raum und Zeit) schlüpfen kann. Dies geht so vonstatten, dass eine Kopie eines Informationssets einer Ich-Erfahrung aus der kosmischen Datenbank angefertigt und künstlich auf biotechnischem Weg abgespeichert wird. Wird ein Geist an diesen Speicher angeschlossen, dann taucht er in einen künstlichen Raum, eine sehr wirklich erscheinende virtuelle Realität ein, in der er die Ich-Erfahrung nacherlebt. So alltäglich wie bei uns das Fernsehen ist, ist es dort selbstverständlich, sich zur Unterhaltung virtuelle Erfahrungsräume aufzumachen, in denen man erfahren kann, wie es ist, jemand oder etwas Anderes zu sein.
Die kosmische Datenbank ist die informationsgebende Ursachenebene, die die Daten in die materielle Wirkungsebene einspeist, damit sich nach Maßgabe der kosmischen Datenbank die Formen formen. Alles, was wir hier sehen, ist eine Wirkung, die auf den Inhalt des Programms der kosmischen Datenbank zurückzuführen ist.
Und erst darüber, dass die Informationen in der kosmischen Datenbank verändert werden, kann eine Veränderung auf der materiellen Ebene erwirkt werden. Ja, die materielle Ebene kann gar nicht anders, als neuen Ideen auf der Festplatte der kosmischen Datenbank zu folgen. Die Schwierigkeit bei der Manifestation einer Idee liegt darin, unsere Gedanken bis auf die Frequenzebene der Datenbank hinaufzuschwingen. Doch haben wir einmal die gedankliche Schwingungsfrequenz erreicht, um auf das Schöpfungsprogramm der kosmischen Datenbank einzuwirken, so wird das, was wir dort auf der Ursachenebene programmieren, direkt materiell erwirkt.

Bis aber ein solcher Eingriff stattfinden kann, müssen wir lernen, alle uns umgebenden Formen als manifestierte Ideen einer in der kosmischen Datenbank eingespeicherten Idee zu betrachten. Schauen wir auf diese Weise, dann durchschauen wir die Matrix und sehen anstatt der Bilder der Programmoberfläche die dahinterliegende Programmiersprache geistiger Schwingungen.
Alle Formen auf der Programmoberfläche, die die Augen des Körpers sehen, werden dann zu Symbolen und Metaphern, die ihre in der kosmischen Datenbank eingespeicherte Idee repräsentieren.
Alles, was die physischen Sinne wahrnehmen, gleicht einer Erinnerungshilfe, um die darüber hinausgehende Information aus der kosmischen Datenbank herauszulesen. Formen jeder Art sind die manifestierten Schwingungssignaturen, die den Port zur kosmischen Datenbank in sich tragen.
In der Rückbindung einer Form (sei es nun eine physische, mentale oder emotionale) auf ihre in der Datenbank befindliche Ursprungsidee, erfährt man, dass sich kein Gedanke vollständig in seiner Form erschöpft. Die in der kosmischen Datenbank eingespeicherte Ursprungsidee ist in ihrer Multidimensionalität viel mehr, als es die manifestierte Form selbst sein könnte.
Oder auf persönlicher Ebene formuliert: Die schöpfende Ursprungsidee deiner selbst ist viel mehr als du es mit deiner Idee über dich jemals sein könntest. Obwohl ich persönlich automatisch recht viele Informationen aus der kosmischen Datenbank erhalte, stoße ich dabei sehr schnell an meine geistigen Grenzen, was die Schwingungsfrequenz eigener Gedanken betrifft.

Manchmal bekomme ich Downloads ungefragt zur Verfügung gestellt, die sich dann langsam im System entfalten und erst einige Zeit nach dem Download wirklich verstanden werden können. Während des Downloads bekomme ich lediglich eine ungefähre Themenzuordnung, ein verpacktes, noch raumzeitlich unentfaltetes Knäuel an Information, das sich erst mit der Zeit ausrollt, und einen roten Faden innerhalb der Erkenntniseinheit sichtbar werden lässt.
Ein charakteristisches Merkmal dieser Sorte Informationsdownloads aus der kosmischen Datenbank ist, dass darin alles sinnhaft-stimmig angeordnet ist und sich perfekt, lückenlos in das ganze, bisher bestehende Wissenspuzzle einfügt. Fügen sich in dieser Weise alle Wissensteile zur Weisheit zusammen, dann bleiben keine Fragen mehr offen, denn wer im Verbund mit der kosmischen Datenbank ist, wird verstehen, dass, eine Frage zu stellen, bereits heißt, sie zu beantworten. Keine Frage bleibt übrig, wenn sich der Fragen stellende Geist mit der kosmischen Datenbank verbindet.

Für mich ergeben sich während des Schreibens aller meiner Texte keinerlei Fragen, Ungewissheiten oder Unsicherheiten, da sich das, was sich aufschreibt, direkt aus der Quelle der kosmischen Datenbank speist. In all meinem Tun arbeite ich bewusst über die Datenbankebene und verwalte meine Kenntnisse über die dort angelegten Informationsordner.
So, wie ich gezielt Informationen während des Schreibens meiner Texte herunterlade, so lege ich umgekehrt auch bewusst während des Schreibens einen Ordner in der kosmischen Datenbank an.

Dieses up-und download-Geschehen sind die natürlichen, automatisch ablaufenden Hintergrundprozesse, über die unser Bewusstseinsrechner erst funktioniert, doch kann über die Bewusstwerdung der Verwaltung eine wesentlich klarere Verbindung zu der Vielheit des kosmischen Wissensspeichers geschaffen werden. Durch keine dieser Satzaussagen würde auch nur eine Informationseinheit übertragen werden können, wenn nicht der dazugehörige Ordner in der kosmischen Datenbank angelegt sein würde.
Kein Informationsaustausch, keine Kommunikation oder andere Vermittlungsform, die es hier auf der Ebene der sinnlich-physischen Realität gibt, könnte stattfinden, wenn die auszutauschende Information nicht im Verbund zu einem für alle frei zugänglichen Ordner in der kosmischen Datenbank wäre. Das, was auf der Datenbank einlagert ist, füllt sozusagen jede Information mit ihrem ihr eigenen Inhalt.
Wer dies verstanden hat, der wird wissen, dass keine Information, kein Wissen und keine Erkenntnisse aus diesem Satz, ja mehr noch, aus diesem und jedem anderen Buch kommen kann, sondern dass all das, was durch das Buch, oder jedes beliebig andere Medium zu kommen scheint, eigentlich aus dem Informationsstrom der kosmischen Datenbank stammt.
Durch meine bewusste Arbeit mit der Datenbank und den darin angelegten Ordnern, in die ich alle (in diesem Buch vorhandenen) Erkenntnisse hochgeladen habe, wird es dem Lesenden wesentlich leichter fallen, entsprechendes Erkenntnismaterial von dem kosmischen Cloudserver herunterzuladen.
Die Download-Rate hängt von der Bewusstseinskonstitution jedes einzelnen ab, doch ist der Zugriff auf die von mir verwalteten Erkenntnisordner durch mein

bewusstes, multidimensionales Arbeiten
wesentlich leichter als auf andere Ordner mit entsprechend gleicher Informations- und Erkenntnisqualität. Mein Bedürfnis ist es, alles allen offenzulegen und zur Verfügung zu stellen, und das versuche ich über eine leichte Abrufbreitschaft meiner Erkenntnisordner zu gewährleisten.
Ein Teil meiner Aufgabe der Offenlegung aller Unwissenheit liegt darin, diesen Text zu verfassen, und doch liegt der weit größere Aufgabenteil darin, eine Datenbankpflege der höherdimensionalen Erkenntnisordner zu betreiben, wobei ich dort mit den Profis, den dort ansässigen Lebensformen, zusammenarbeite. Eigentlich sind es diese, die mir mein Wissen zur Verfügung stellen und mir einen tiefen Einblick in die unfassbar große Datenmenge der kosmischen Datenbank erlauben.
Aller Dank gebührt ihnen, denn nur durch ihre Arbeit können wir uns auf dieser materiellen Formebene verständigen und austauschen.

Schöpfer sein bringt Licht herein

Die hohe schöpferische Fähigkeit, in jeder Situation genau das zu erleben, was du in der Situation zum Erleben bringen möchtest, ist dir vollständig gegeben. Wir leben in dem Glauben, dass erst die Erfahrung der Situation uns in ein Erleben trägt, dessen Richtung wir nicht vorab bestimmen können. Es scheint so, als ob die Erlebnisse in der Zeit uns wahllos durch unterschiedliche Erfahrungsqualitäten schubsen, die auf ein offenes Ende, einen unklaren Ausgang der Dinge, hinauslaufen.
Die Reise in Raum und Zeit ist immer dann ein zielloses Kreisen, wenn der Wille gespalten ist und indifferente Ziele verfolgt, sprich, wenn er etwas in der Dualität zu wollen glaubt und Raum und Zeit nicht als ein Mittel für eine dahinterliegende Zwecksetzung betrachtet wird. Raum und Zeit sind die Spielwiese, um das zu erfahren, was du in die Erfahrung bringen möchtest. Der schöpferische Seinsmodus legt stets das Ziel, die Zwecksetzung, im Voraus für eine Situation fest, um sie dann als Mittel zum jeweiligen Zweck zu verwenden. Denn ohne die Ausrichtung der Zwecksetzung für eine bestimmte Situation weiß diese nicht, womit sie zu Diensten sein kann. Bringt eine Situation eine Erfahrung, die der zuvor festgelegten Ausrichtung zuwiderläuft, dann liegt das nicht an einem Mangel der in der Situation liegenden Erfahrungsmöglichkeiten, sondern an einem Mangel an Glaubensgewissheit in das eigene Schöpfungspotenzial und dem Verständnis, dass wirklich nur das wahrgenommen werden kann, was zuvor Wahrgebung erhalten hat.

Wenn nur dem Wahrgebung zukommt, was dem vereinheitlichten Ziel gemäß ist, dann steht alles, was man in der Situation wahrnimmt, im Dienste dieser Zwecksetzung. Doch anstelle dessen, dass wir eine nichtgewollte Erfahrung als einen Ansporn, erneut schöpferisch wahrgebend tätig zu werden betrachten, erfinden wir Erklärungsmodelle, die eben jene nichtgewollte Erfahrung festigen.
Wie kommt man auf die irrige Idee, Kausalitätsketten, Theorien oder Erklärungsmodelle für etwas finden zu wollen, was man nicht mehr haben möchte?
Vergiss nicht, dass *du* Ursache der von dir erlebten Zusammenhänge bist, und sie einzig und allein aufgrund deines Wirklichkeitsglaubens in dieser oder jener Weise miteinander verwoben sind. Anstatt dich in die Zeit gestellten Wirkweisen deiner Wirklichkeitsvorstellung zu verfangen, solltest du dich lieber fragen, wofür du das, was du gerade im Hier und Jetzt erfährst, manifestiert hast, oder ob dieses im Ein- bzw. Missklang zu deiner Zwecksetzung steht.
Versäume nicht, in deinen Erfahrungsteppich einen roten Faden der Zwecksetzung mit hineinzuweben, und sei darauf bedacht, was du dir wünscht, denn es könnte in Erfüllung gehen. Ja, es werden dir keine Wünsche gegeben, ohne die Kraft, diese zu erfüllen. Denn jeder Wunsch ist ein Keimling mit der Kraft, zur Wirklichkeit heranzuwachsen.
Jeder Wunsch wird, wenn er erst einmal gewünscht wurde, wirklich werden, denn kein Wunsch darf unerfüllt, kein Gedanke unerlöst bleiben, bevor alles wieder zu seiner Quelle, der Quelle allen Seins zurückfließt. Das heißt auch, dass jeder Wunsch zuerst erfüllt werden möchte, und jede gewollte Erfahrung gemacht werden muss, bevor das Zurückfließen zur

Quelle möglich wird. Denn alle Karmafalten, die du mit deinem Wunschimpuls geworfen hast, müssen sich durch ihre Erfüllung wieder glätten, bevor das Eingehen in die Ganzheit von allem, was ist, geschehen kann. Welche relativen Ziele stellst du also noch vor das Absolute? Was glaubst du, noch tun zu müssen, um die bereits geschehene Befreiung für dich annehmen zu können? Was ist des Wünschens wert, was ist des Wollens würdig?
Letztlich können wir uns nicht mit weniger als mit dem Ganzen in seiner Absolutheit zufriedengeben, und jeder Wille, der etwas anderes will, kann nicht der unsrige sein. Jedes Haben (-wollen) und jede Handlung zielt auf eine Veränderung des Seinszustands ab. Wir tun etwas, um zu sein, ohne dass wir erkennen, dass wir es bereits sind. Wer tut und hat, um zu sein, der erkennt nicht, dass er es bereits ist und kann folglich aufgrund seines Tuns nicht das sein, was er sich von seinem Tun erhofft. Eine Handlung, die einen Seinszustand zum Ziel hat, verkehrt das Ursache-Wirkungsverhältnis, und das, was die Basis einer Handlung sein sollte, wird zu ihrem Ziel deklariert. Eine erfüllte Handlung gleicht einem ausagierten Seinsimpuls, und eine Handlung kann nur dann als erfüllend wahrgenommen werden, wenn dein Sein sich in Verbindung mit dem setzt, was du tust. Das heißt auch, dass alles Tun, welches einen Seinszustand als Ziel und nicht als Basis hat, unerfüllend bleiben muss. Die handelnden Existenzformen konstruieren einen künstlichen (Seins-) Mangel, um weitere Handlungen notwendig werden zu lassen, denn es gibt für eine handelnde Existenzform nichts Bedrohlicheres, als zu erkennen, dass bereits alles getan worden ist, und dass keine Handlung dem, was ist, noch etwas hinzufügen

kann. *–Und alles ist bereits getan-*
Etwas für seine Befreiung zu tun, und die danach erlebte Seinsfreiheit auf das vorherige Tun rückzuschließen, koppelt die Freiheit an etwas, womit sie nicht in Relation steht und lässt sie dadurch unfrei werden. Du kannst nichts für deine Befreiung tun, wenn du frei sein willst, außer dich immer wieder frei dafür zu entscheiden, frei zu sein.
Beziehst du deine Freiheit oder deine Heilung aus der relativen Erfahrungsebene, dann kann dies nur eine relative, temporäre Freiheits- oder Heilungserfahrung herbeiführen. In der vollständigen Befreiung und der vollständigen Heilung aber geht es darum, keine Erlebnisse und Erfahrungen aus dem Reich der relativen Realität mehr heranzuziehen und alle Handlungen und Geschehnisse im KK so sein zu lassen, wie sie sind, um sich sein Sein auf absoluter Ebene in absolut geheiltem, freiem Zustand, zeigen zu lassen.
Als handelnde Existenzform glauben wir, dass es nur möglich sei, über das Tun in einen wünschenswerten Seinszustand zu gelangen und verlernen dadurch das direkte Umherspringen in der mannigfachen Bandbreite an Seinszuständen.
Die ersten Klassenstufen des KK beherbergen überwiegend handelnde Existenzformen, die mit dem Tun in ihrer selbst gewählten Form auf eine, wie auch immer geartete, Außenwelt wirken.
Mit zunehmend höherer Klassenstufe entwickelt sich die handelnde Existenzform zu einer seienden, was bedeutet, dass alles, was eine Wesenheit in diesem Stadium noch wahrnimmt, direkt dem eigenen Seinszustand entspringt und eine stabile Außenwelt wegfällt. Bleibt der Seinszustand auf dieser Existenzebene unverändert, so verweilt das Wesen in einem zeitlosen

Raum, ohne Veränderung, in dem es nichts gibt, da dort der Zustand von weder Sein noch Nichtsein herrscht.
Mit der ersten mentalen Regung von der auf dieser Ebene verweilenden wesenhaften Struktur hebt sich die Erfahrung einer bestimmten Seinsqualität aus dem Nichts (in welchem alles ist), bringt eine Erfahrungsveränderung in Gang, was wiederum eine Art Zeitgefühl entstehen lässt. Sobald aber die mentale Regung, die den Raum von Weder-Sein-noch-Nichtsein füllt, zur Ruhe gebracht wird, verpufft alles, was sie in sich hat entstehen lassen.
Ich kann mich noch genau erinnern, wie ich auf dieser Ebene erdnahe Szenarien habe entstehen lassen, um mich an das Sein in einer Außenwelt zu gewöhnen und mich auf meine „Erdmission" vorzubereiten. Doch in keinen meiner noch so kühnen Szenarien hätte ich mir ausmalen können, dass die hiesige Daseinssituation im Getrenntheitszustand wirklich so sehr geistiger Folter gleicht, wenn man sie mit der Ruhe und dem Frieden der formlosen Ebene vergleicht. Es ist etwas ganz anderes, wenn man weiß, dass man diese Bildszenarien in jedem Moment wieder auflösen kann, um in den zeitlosen Raum von Allem-was-Ist aufzugehen, oder wenn das Außen, trotz geistiger Anstrengung, kalt und unbewegt bleibt und sich nicht im Geringsten um die eigenen mentalen Regungen zu kümmern scheint.
Als Kind war ich sehr verwundert darüber, dass die Dinge nicht durch die Luft fliegen, wenn ich sie geistig zu mir rief. Keine meiner telekinetischen oder ähnlichen Fähigkeiten schienen hier zu funktionieren, und irgendwann gab ich es frustriert auf und vergaß

sogar für einige Zeit, dass ich derlei Fähigkeiten überhaupt besitze. Ich war selbst Teil meines eigenen Traumes geworden und vergaß, dass ich träumte. Meine wiedererwachte Erinnerung an Zuhause und das Sein auf einer formlosen Ebene stehen im Kontrast zu dem, was ich hier in der Wahrnehmungswelt erlebe, und ich bin zugegebenermaßen etwas schockiert, wie getrennt sich Innen- und Außenwelt scheinbar zueinander verhalten und wie wirklich, fest und stabil diese Außenwelt erlebt werden kann.
Doch genau deshalb bin ich hier, weil ich die Zerrissenheit von innen und außen nicht haltbar und tragbar für heilige Gotteskinder finde, und weil ich nach wie vor die Gewissheit in meinem Herzen trage, dass es nichts außerhalb meines Geistes geben kann, auch wenn dies den Sinneswahrnehmungen zu widersprechen scheint. Ich bin das Werkzeug des universellen *Ich-Bin*, welches durch mich auf dieser Ebene eine Transzendenzlehre zu verbreiten sucht, um die Illusion des Trennungszustands zu heilen.
Ich weiß, dass alles, was auf der formlosen Ebene wirklich gewesen ist, auch hier möglich ist und erfahren werden kann, denn was dort gilt, gilt auch hier, und das einzige, was sich uns dabei in die Quere stellt, sind unsere eigenen Vorstellungen eines eindimensionalen Ich-Bin.
Wir sind multidimensionale Wesen, unser Sein ist auf allen Daseinsebenen gleichzeitig existent, und es liegt in der Macht der Entscheidungsfreiheit jedes einzelnen, welche Ebene er zu erfahren wünscht. Jedoch sind zugegebenermaßen vorerst alle Ich-Bin-Identifikationen mit der vorherrschenden Ebene aufzulockern. Wir, die wir zurzeit eine handelnde Daseins-

ebene bewohnen, entwickeln uns zunehmend von einer habenden und tuenden Existenzform zu einer seienenden und bewegen uns somit kollektiv in Richtung eines feinstofflichen und dann sogar eines formlosen Daseinsbereichs, der als die höchste Klassenstufe im KK gelten kann.

Kontrollierst du deine Gedanken oder kontrollieren deine Gedanken dich?

Wenn ich denke, dass etwas da ist, so ist *das* da, woran ich gedacht habe. Unserem Geist wohnt nach wie vor die Macht inne, alles das sofort spontan zu manifestieren, worüber er nachdenkt. Ja, er kann nicht etwas denken, ohne dies sofort in irgendeiner Weise zu erleben, denn es ist unumgänglich, die Wirkungen seiner eigenen Gedanken direkt zu erfahren, da Gedanken gerade dazu gedacht sind, den denkenden Geist in einen Erfahrungsraum zu katapultieren. Der denkende Geist verwendet sein eigenes Schöpfungspotenzial, um sich selbst zu hypnotisieren, da er die Fähigkeit hat, an seine eigenen Gedankenschöpfungen zu glauben.

Der Geist glaubt, er wäre das, was er denkt, das er ist, denn, wenn er seine Gedanken für wahr nimmt, dann entsteht die Illusion, die Gedanken könnten den Denker beeinflussen, oder in irgendeiner Weise auf ihn zurückwirken. Dadurch kann der Denker sich in seinem eigenen selbstgesponnenen Gedankengeflecht einfangen und glauben, er könne die Ursache seiner selbst sein. Der Denker, der eigentlich nach wie vor Ursache dessen ist, was er denkt, wird nun zur Wirkung dessen, was er sich erdacht hat, und nicht er kontrolliert seine Gedanken, sondern seine Gedanken kontrollieren ihn. (Analog kann man an dieser Stelle anstatt von Denker und Gedanken auch von Selbst und Welt sprechen).

Im Idealfall verwendet der Denker seine Geistesimpulse, um vom denkenden zum wissenden Teil seiner

selbst vorzudringen, denn der denkende Geist kann nie der wissende Geist sein, aber im Normalfall denkt er sich mit jedem Gedanken von dem, was er ist, selbst weg und entfernt sich damit auch von seiner eigenen Selbstgewissheit.
Der Denker mit Quellamnesie, der gedankenversunken nur innerhalb seiner Gedanken hängt, kann sich gedanklich alles ausmalen, vorstellen und erdenken und vergisst doch eines: Nämlich sich selbst, - was wiederum zu selbstvergessenen, hohlen und basislosen Gedanken führt. Je zentraler und präsenter das wird, was du denkst, desto mehr tritt der Denker der Gedanken in den Hintergrund, was dadurch ebenfalls alle erdachten Gedanken intentionslos, bedeutungslos und unverständlich werden lässt.
Stammt ein Gedanke aus dem Fundament von dem, was du bist, so wird aus diesem die Schöpfungskraft der Seinsquelle sprechen, die in der Lage ist, Gedanken direkt ins Dasein auf allen Ebene zu denken. Hat der Denker eine gedankenlose, unmittelbare Erfahrung seines Wesens, sprich: der Denker erkennt sich als das, was er ist, dann verliert er dadurch alle Vorstellungen über sein eigenes Denker-Sein und erkennt, dass alle seine eigens erdachten Gedanken vollständig bedeutungslos waren. An dieser Stelle bricht die Selbst- und Weltsicht des Denkenden zusammen und durch die Bruchstelle schimmert das "Unerdachte-Ewige" in den Geist, der einst dachte, gedacht zu haben. Glaubst du an das, was du denkst, so kannst du die Wahrheit deines ewigen Seins nicht erfahren, da dir nicht gezeigt werden kann, was du bist, wenn du dich selbst beständig mit einer Vorstellung über dich besetzt.
Höre auf, deinen eigenen Gedanken zu glauben (und

glaube schon ja nicht anderen Gedanken – auch nicht dem, dass du deinen eigenen Gedanken nicht glauben sollst) und schaue durch das Gedankendickicht an Glaubensätzen und Anschauungen auf die dahinterliegende Weite eines gedankenlosen Bewusstseinsraumes.

Das Gedankengewebe im Verstandeszaun, mit dem du dich umgeben hast, beginnt sich dann aufzulösen, wenn ein Gedanke durch seinen entgegengesetzten Gedanken erlöst wird, und somit die Relativität einer bestimmten Gedankensetzung zum Vorschein tritt. Nimm einen beliebigen Gedanken, von dessen Wirklichkeit und Richtigkeit du vollends überzeugt bist, und nun denke darüber nach, ob nicht auch sein Gegenteil in *einer* aller möglichen Welten genauso wirklich sein kann.

Dadurch lösen sich die Gedanken als Objekte im Geistraum auf und zurück bleibt ein Präsentsein im Geistraum, indem sich der Geist seiner selbst gewahr wird.

In dem Versuch, in die Geistesstille einzutauchen, ist es wichtig, zu verstehen, dass nicht ich als Denker aktiv das Vorbeiziehen und Loslassen aller Gedanken herbeiführen kann, denn nicht ich lasse die Gedanken los, sondern die Gedanken lassen mich los, wenn ich sie hinterfrage und ihnen durch Aufmerksamkeitsentzug keinen Glauben mehr schenke.

Treten die prägnanten, lauten bzw. hervorstechenden Gedanken, die bewusst gedacht und wahrgenommen werden können, zunehmend in den Hintergrund, dann wird man des weitaus subtileren gedanklichen Hintergrundrauschens von sich automatisch abspielenden Gedankenmustern gewahr. In diesen meist vorbewussten, konditionierten Gedankenmustern findet eine sehr schnelle, am Eigenurteil orientierte Kategorisierung und Einschätzung der gegenwärtigen Eindrücke statt. Erst wenn dieses gedankliche Hintergrundrauschen durch Geistesschulung und Gedankenkontrolle bereinigt und auf ein Minimum reduziert wird, lassen sich Gedanken auch über den telepathischen Weg empfangen. Der Erfolg einer telepathischen Geist-zu-Geist-Übertragung ist von drei Faktoren bestimmt:

1)Wie stark, d.h. wie energetisch das Signal des sendenden Geistes ist.

2)Wie sensitiv der empfangende Geist ist.

3)Und wie gut Sender und Empfänger sich auf eine Schwingungssignatur einstimmen können bzw. diese Frequenz ohne gedankliches Abschweifen halten können.

Denkt jemand besonders laut und mit hoher emotionaler Impulsivität, ist es recht leicht, seine Gedanken ebenfalls zu "hören". Eine wirklich effiziente und verlässliche Gedankenübertragung scheitert meist daran, dass sich Sender und Empfänger nur sehr kurz auf eine gemeinsame Schwingungssignatur einstellen, da der Geist in seinen Aktivitäten, d.h. in seinen Frequenzmustern umherspringt und dadurch nur bruchstückhafte Gedankenfetzen empfängt.

Fest steht, dass der Geist wie eine Radioantenne funktioniert und genau den Sender empfangen kann, auf den er sich einschwingt, was auch bedeutet, dass nicht alle Gedanken, die sich in deinem Geist einfinden – und von denen du denkst, *du* hättest sie gedacht – wirklich deine eigenen Gedanken gewesen sind. Aber nur, wenn du Eigenverantwortung für deinen Geistraum und alle sich darin tummelnden Gedanken – unabhängig wer sie gedacht haben mag – übernimmst,

kannst du erfolgreich Gedankenhygiene betreiben und dich von allem negativen Gedankenmaterial sauber halten, indem du dich unter dem Schauer deines inneren Lichts selbst gehirnwäscht. Es braucht tatsächlich eine Menge Gehirnwäsche, Entgiftung und Reinigung, damit du die kollektive Gehirnwäsche des implantierten Gedankenmaterials wieder von dir abwaschen kannst, um deiner Aufsichtspflicht innerhalb deines Geistes wieder gerecht zu werden. Du bist der Aufseher deines Gedankenraumes, der die inneren gedanklichen Stimmen zu dirigieren hat. Und kein auch noch so subtiler Gedanke darf dir, dem wachsam beobachtenden Aufseher entgehen, denn ansonsten können sich unliebsame gedankliche Verstandesparasiten in deinen Geistraum schleichen und das gesamte innere Klima auf den Kopf stellen.
Sobald sich der Aufseher mit seinem Bewusstseinsscheinwerfer einzelnen Gedanken zuwendet, verhalten sich diese harmonisch und dem inneren Klima gemäß oder sie lösen sich gleich auf.
Das heißt, durch die bloße Präsenz eines achtsamen Aufsehers lernen die in den Geistraum hineinkommenden Gedanken Vernunft, Sittsamkeit, Disziplin und Ordnung, ohne dass dieser explizit eingreifen müsste.
Der Geistraum, die Gedankenebene, ist die einzige, in der Veränderung möglich ist und in der das Lernen und Verlernen stattfinden kann. Ein gesprochenes Wort oder eine vollzogene Handlung sind lediglich manifestierte Abbilder der Gedankenebene, innerhalb dieser keine Veränderung mehr möglich ist, wenn sie vollzogen wurden. Möchte man eine wie auch immer geartete Veränderung herbeiführen, so müssen die Gedanken anders sein, als das, was die Augen sehen,

denn die Augen sehen nur das Resultat vergangener Gedanken. Je weniger der Geist in die Vergangenheit, d.h. in die Wahrnehmungswelt gerichtet ist, desto freier kann er seine Zukunft gestalten.
Ein schöpferischer Geist ist mit dem, was er denkt, dem was er sieht und hört immer einen Schritt voraus, und die Wahrnehmungswelt kann nicht anders, als diesem Schöpfungsschritt zu folgen. Baut sich jedoch das Denken nur auf das auf, was aus der Wahrnehmungswelt in den Geist eindringt, so werden die Gedanken zu einer Wiederholung einer Wiederholung einer Wiederholung... vergangener Denkmuster. Der Spielraum liegt im Gedankenspiel. Sei folglich darauf bedacht, wie und womit in diesem Raum gespielt wird, denn aus ihm entstehen Welten.
Jeder Gedanke hat eine Gedankenfärbung, eine Tonalität, eine schöpferische Eigenschwingung und somit etwas eigenständig Wesenhaftes an sich, und je energetisch kraftvoller ein Gedankenimpuls ist, desto eher erreicht das Erdachte eine für sich eigenständige Existenz, die es innerhalb des denkenden Geistes führt, an den es gebunden ist. Dabei wendet sich dieser Gedanke im Moment des Denkens selbst an und im Selbstvollzug wird er ebenfalls zu einer schöpferischen Entität, die ihren Urhebergedanken in sich weiterdenkt.
Ein Gedanke findet seine Erfüllung in seiner Verbreitung, denn in der Gedankenausdehnung liegt der Lebenszweck eines Gedankens, und doch sind alle Gedanken, die sich schöpferisch ausdehnen und die Schöpfungskette weiterführen, innerhalb des einen schöpferischen Allgeistes, der alles in sich hat erdenken und entstehen lassen.
Alles, was vom Allgeist in die Schöpfung gedacht

wird, strebt danach, selbst so zu erschaffen, wie es geschaffen und selbst so zu denken, wie es erdacht wurde. Dieses schöpferische Gedankenstreben, das jeder Energie(Form) innewohnt, da jede Form von Energie bewusstseinstragend ist, ist in sich gänzlich fantasievoll, kreativ, innovativ, originell und experimentierfreudig. Es geht nicht darum, der Energie anthropomorphe Persönlichkeits-Charakteristika zu verleihen, als vielmehr zu erkennen, dass der Mensch seine Menschlichkeit daraus gewinnt, dass er die Eigenschaften einer alles durchdringenden Schöpferenergie in sich erfährt, damit er sie kraft seiner Gedanken kreativ schöpferisch umzusetzen lernt.
Kraft deiner Gedanken, die du als schöpferischer Geist denkst, erschaffst du Gedankenwesen, die in relativer Unabhängigkeit zu dir in anderen Dimensionen fortexistieren. Das, was für dich das physische Universum ist, sind für ein von dir geschaffenes Gedankenwesen deine inneren Geisteslandschaften und ihre gedanklichen Erzeugnisse. Dein Geist ist Teil des Allgeistes, und alle Gedanken, die ein solcher Geist denkt, denkt er mit der Schöpfungskraft des Allgeistes. Das heißt, sich innere Welten ausdenken, ist nicht bloß ein bedeutungsloses Gedankenspiel, sondern die Erschaffung ganzer Realitätsräume in feinstofflichen Daseinsdimensionen!
Sei dir also bewusst, dass du die Verantwortung über den von dir geschaffenen Realitätsraum und allen von dir dort hineingesetzten Gedankenwesen hast, die zu dir in dem Verhältnis stehen, wie du zu deinem Schöpfer.
In der Erkenntnis, dass dein Geist Teil des Geistes deines Schöpfers ist, wird materielle Körpererfahrung zu einer Reise in die Fantasie deines eigenen Geistes.

Diese Reise kann sich nahtlos darin fortsetzen, dass du dich von hier aus in die geistigen Welten projizierst, die du dir jetzt auszudenken in der Lage bist. Ebenso wie du hier die Erfahrung der materiellen Welt für sehr real hältst, so wirst du dich irgendwann gänzlich in deinen eigenen Realitätsräumen einer anderen Daseinsdimension wiederfinden und diese dann als deine wirkliche Umgebung anerkennen.
In dieser Weise setzt sich durch dich der Schöpfungszusammenhang weiter fort, und du wirst zum Schöpfer deiner eigenen Universen, (wie du es jetzt bereits bist). Zwar gibt man stets etwas aus sich selbst in das hinein, was man erschafft, doch andererseits ist das Erschaffene dem Schöpfer nur bedingt eigen.
Meist genießen deine Gedanken zu recht dein volles Vertrauen, aber nicht alle von ihnen sind dir gut gesonnen, da es unter ihnen genauso Rebellen gibt, die sich gegen ihren Schöpfer verschworen haben, wie es auf der Welt Menschen gibt, die eine Ablehnung oder sogar einen starken Hass gegenüber Gott empfinden. So wie du zu Gott stehst (sei es auch nur unbewusst), so werden auch deine Gedanken zu dir stehen, denn dies ist ein und dasselbe Bindungsverhältnis einer Schöpfungslinie auf zwei unterschiedlichen Ebenen. Die Schöpfungslinien enthalten eine schier unendliche Anzahl an Gedankengenerationen, wobei Gedanken mit extremer Schöpfungskraft und gewaltiger Vitalität eigene Gedanken erdenken, die wiederum eigene Gedanken aus ihrem kreativen Schöpfungspotenzial hervorzaubern.
Die sich, wie bei einem Stammbaum, immer weiter verzweigenden Gedankengenerationen bilden irgendwann ein so dichtes Gedankengeflecht, dass ein inter-

aktives Netzwerk von sich immer weiter ausdehnenden Gedanken entsteht, dessen Gesamtheit man als Schöpfung bezeichnen könnte. Ein Wesensmerkmal dieser sich selbst weiter schöpfenden Schöpfung ist, dass das Geschaffene aufgrund seiner inneren Ganzheit Gedanken in sich zu bilden vermag, die seinen Schöpfer selbst überraschen können.

Für jeden auch noch so großen Schöpfer bleibt seine Schöpfung stets ein wundersames Überraschungspaket, aus dem unvorhergesehene Gedankenformen herausspringen, die eine erstaunliche Eigendynamik entfalten können. Das Ruf- und Antwort-Spiel zwischen Schöpfung und Schöpfer, zwischen Denker und Gedachtem ist das kosmische Unterhaltungsprogramm, das für jede Bewusstseinsform Spiel, Spaß und Spannung in einer unendlichen Anzahl an Sendefrequenzen verspricht. Dabei braucht es eine Unmenge an Generationen von Schöpfungsgedanken, um die Gedankenschöpfung bis in die Sendefrequenz der materiellen Schwingung zu treiben. Und doch werden alle Generationen aller schöpferischer Gedanken simultan verwirklicht, und alle Schwingungsbereiche füllen sich innerhalb eines Augenblicks von Schöpfung mit der ihr innewohnenden Formenvielheit gänzlich auf. Es gab und gibt in diesem Sinne keine (Gedanken-) Evolution, wenn sich Schöpfungsgedanken direkt zeitlos verwirklicht sehen, wie es bei der Schöpfung Gottes der Fall ist. In unserem von Raumzeit-Linearität geprägten Geist ist es unmöglich, das Phänomen der Schöpfung, die gleichzeitig vollendet und doch nie abgeschlossen ist, vollständig zu begreifen.

Wer jedoch das ewig vollendete und doch sich stets entwickelnde Wesen der Schöpfung als Grundeigenschaft seines und allen Lebens erfährt, der nimmt seinen Platz im Schöpfungszusammenhang ein und spinnt das Gedankengeflecht der sich in ständiger Ausdehnung befindenden Schöpfung weiter, um dann zu dem werden zu können, was er für sich erschaffen hat. Jede Lebensform ist schöpferisch veranlagt und tritt deshalb irgendwann in ihren Schöpfungsmodus, um sich selbst in den Lebensformen auszuprobieren, die sie für sich erschaffen hat. Die Schöpfung ist damit ein großes Selbstexperiment der Schöpfung selbst, denn nur darüber, dass sich der Schöpfer in seine, innerhalb seines eigenen Geist befindlichen, Schöpfung begibt, kann er das, was er sich ausgedacht hat, in der Praxis prüfen und erfahrungsmäßig nachvollziehen.

Wie sehr dich als Erdenmensch dieses Schöpfungsverhältnis persönlich betrifft, sollte dir dann schlagartig bewusst werden, wenn du hörst, dass deine Erfahrung von Körper, Form und Welt genau diese Praxisprüfung deiner geistigen Schöpfung ist!

Du durchlebst am eigens von dir erschaffenen Leib die Welt deiner nach außen gestellten und manifestierten Gedankenbilder, derer du nach wie vor nur innerhalb deines eigenen Geistes gewahr wirst. Du warst es, der sich die Welt erschuf, die du jetzt erfährst, denn die Erfahrung der Welt ist die Erfahrung deiner manifestierten Gedankenschöpfung, und du bist dafür in diese Welt getreten, um die Welt als eine aus deinem Schöpfungsgeist entstammende Idee zu verwirklichen und dich in deiner Eigenschöpfung auszuprobieren.

Hast du einmal das Potenzial deiner Formenwelt-Schöpfung zur Genüge durchprobiert und jede Körpe-

ridee einmal durchlebt, dann ist die Welt der Körperformen deine Basis, von der aus du die Schöpfung fortsetzt, indem du dich lehrst, dass du wiederum selbst zu deinen eigenen Gedanken werden kannst. Dann entwirfst und manifestierst du dir weitere eigene Gedankenformen, in die du dich hineinprojizierst und in denen du es dir, soweit es geht, gemütlich und heimisch machst, damit du aus ihnen heraus auf deine dir erträumte „Welt" schauen kannst.
Du bewegst dich durch und in den vergegenständlichten Formen deiner Ideen, und bist dabei wie ein Maler, der sich in sein selbstgemaltes Körperbild hineinversetzt, um in seinem eigenen Bild die malerische Landschaft seiner Pinselstriche hautnahe zu erfahren. Es geht nicht anders, als dass du, als ein aus der Einheit stammendes schöpferisches Wesen, *aus* deiner Schöpfung *in* deine Schöpfung schaust, um dich an ihr zu erfreuen.
Sowohl der Körper als auch das, was er erfährt, und obendrein sein gesamter Daseinskontext der von dir wahrgenommenen Welt, stammen alle aus deinem (einst) vereinheitlichten Geist. Wobei dieser bei der Aufspaltung seiner selbst in die „Heilige Dreifaltigkeit" von Wahrnehmer, Wahrnehmung und Wahrgenommenem seine einheitliche Schöpfungsquelle vergisst, und so in den Traum fällt, dass es etwas anderes geben könne, als sie selbst. Wer Wahrnehmer, Wahrnehmung und Wahrgenommenes in seinem Geist wieder zusammenführt, und als eins erlebt, der kann die materielle Welt wieder als seine überformte Gedanken ansehen und dadurch seinen Eigengedanken so viel schöpferische Schubkraft verleihen, dass diese ihre im Wesen zentrierte, lebendige Eigendynamik schöpferisch entfalten können. Jeder Gedanke sucht,

von seiner Eigenschwingung geleitet, nach seinesgleichen und fühlt sich angezogen von familiären Gedankenschwingungen. Dein denkender Geist, der eine gewisse Grundschwingung ausstrahlt, zieht wie ein Magnet durch seine Ausstrahlung gleich-schwingende (mentale) Energieformen an. Er kann dabei nicht anders, als schon bestehende Gedankenformen in sich aufzunehmen, die gut mit dem schon bestehenden Gedankengut resonieren. Du kommst folglich erst darüber zu einer neuen Idee, dass sich dein Geist auf diese Schwingung einstellt, in der du gerne weitere Gedankenformen empfangen möchtest. Je weniger dabei bereits ausgeformte Gedanken in deinem Geist präsent sind, desto freier empfängst du die für dich relevanten Gedanken.

Kein Gedanke ist wirklich *dein* Gedanke, sondern du empfängst lediglich ein auf dich angepasstes Schwingungsmuster einer bereits vorhandenen Gedankenform (einer Idee an sich). Anhand des verzerrenden Kaleidoskops der Ich-Sicht und der in ihr bereits für wahr genommenen Gedanken werden aus den hereinkommenden Schwingungsströmungen von Ur-Ideen geistige Formbilder gebaut, die wir dann als unsere eigenen Gedanken erfahren.

Das heißt, dass hinter meinen gedanklich und ggf. auch sprachlich ausformulierten Gedanken das jeweilige amorphe Schwingungsfeld liegt, aus dem heraus sich die Gedanken gebären. Suchst du nach einem versunkenen Gedanken, dann schickt dein Geist eine bestimmte Schwingung in das jeweilige Schwingungsfeld, in der Hoffnung, dass sich der gesuchte Gedanke von dem ausgesandten Frequenzcode deines Geistes angesprochen und angezogen fühlt.

Hat man erst einmal einen Gedanken mit seinem Informationsgehalt aus einem Schwingungsfeld isoliert, das heißt, geistig zu fassen gekriegt, so entfaltet sich parallel aus einem einzelnen Gedanken nicht selten ein gesamtes Netzwerk an gleichartig gestrickten Denkmustern. Und aus dem einzelnen, zu dir hereingekommenen Gedanken entfaltet sich eine ganze Landschaft geistiger Assoziationsketten.
Die inflationär ansteigende Informationsflut bei dem Weiterdenken einzelner Gedanken liegt an der Stammbaum artigen Verzweigung von ineinander verschränkten Gedankenketten und hat damit zu tun, dass jeder Gedanke als eine lebendige bewusstseinstragende Energie ihre gesamte Gedankengeschichte in sich trägt.
Durchdringt man, welchen Gedanken auch immer, gänzlich, bis auf seinen wesenhaften Urgrund und denkt diesen Gedanken konsequent weiter bis an seine absolute Letztendlichkeit, dann kann man durch *jeden* Gedanken zur Wahrheit der Einheit allen Seins getragen werden.
Doch streng genommen hat sich noch nie ein Geist von einem Gedanken irgendwohin tragen lassen, noch hat ein Geist je einen Gedanken untersucht, sondern er erfährt immer nur sich selbst, wie er sich dem hereinkommenden Gedanken gemäß verändert.
Ein Geist untersucht keine Gedanken, sondern lediglich den Eindruck, den ein Gedanke in seinen Geist geprägt hat. Ein Gedanke hinterlässt wie ein Stempel im Geist einen Eindruck, eine Prägung, und in dem Moment des Aufdrückens des gedanklichen Eindrucks ist dieser wieder verschwunden.
Was zurückbleibt und vom Geist dann untersucht

werden kann, ist die Art der Impression, die Beschaffenheit der Druckstelle, über die ein Geist Rückschlüsse auf den eben aufblitzenden Gedanken ziehen kann. Ein Geist untersucht also nie die Gedanken an sich, sondern lediglich sich selbst, wie er auf den Gedanken reagiert und sich dem Gedanken entsprechend verändert.

Schon während des Denkens eines Gedankens ist der Gedanke wieder aus dem denkenden Geist verschwunden, und was bleibt, ist, wie gesagt, ein ausklingender, mentaler Eindruck, der den Geist entweder ein Stück weiter freilegt, oder ihn mit einer weiteren unliebsamen Prägung beschwert.

Gedanken können in diesem Sinne nicht im Geist gehalten werden, da die Geschwindigkeit, mit denen Gedanken blitzartig auf- und wieder abtauchen, höchstens zulässt, dass ein Geist sich mit Nachformungen von bereits wieder untergetauchten Gedenken beschäftigt. Alles, was deinen Geist beschäftigt hält, sind Gedanken an Gedanken an Gedanken... die schon lange dem denkenden Geist entschwunden sind. Fast sämtliche Gedanken sind seichte Imitate und fehlerhafte Replikationen von dem, womit der Geist einst erfüllt war, als er im Zustand der Zeit- und Gedankenlosigkeit, dem Sein seiner selbst, schwelgte.

Technisch betrachtet ist ein Gedanke nicht mehr und nicht weniger als eine elektromagnetische Schwingung, die gleichermaßen wirklich wie unwirklich ist, so wie der materielle Schwingungsbereich.

Ein Gedanke kann als Energieform weder zerstört werden noch verloren gehen, er kann lediglich entsprechend dem Energieerhaltungssatz in ein anderes Schwingungsmuster transformiert werden. Doch die technisch-mechanistische Betrachtung jeder Form

von Schwingungsmuster verkennt, dass es stets ein lebendiges Bewusstsein sein muss, welches sich als Schwingung ausdrückt und sich selbst in Stimmungsmustern organisiert. Jede Lebensform beginnt mit dem sich Zusammentun von gleichschwingenden Energien, die gemeinsam als harmonisches Frequenzgeflecht ihrer Verwirklichung entgegenstreben.
Wobei sich jede Lebensform nur wiederum aus kleineren (oder höherdimensionalen), schon bestehenden Lebensformen zusammensetzt, die jedoch keine geringere eigenständige Integrität besitzen als die Lebensform, zu der sie sich zusammensetzen. Die Verschmelzung von bewusster Energie zu bewussteren Lebensformen geschieht aus einem inneren Impuls zur Verwirklichung und Bewusstwerdung jeder Energieform. Bezogen auf dein eigenes Denken heißt das, dass sich jeder deiner Gedanken mit dem, was du ihm geistig mitgegeben hast, eigenständig auf den Weg zu seiner Bewusstwerdung und damit seiner Selbsterfahrung durch Informsetzung macht.
Deine Gedanken streben nach eigenem Ermessen nach der Auslebung und Realisation dessen, was du in sie gelegt hast, und vielleicht sind sie es, die sich zu einer anderen Bewusstseinsstruktur hingezogen fühlen, und dann Teil eines anderen, höheren Lebewesens werden.
Im Inneren der Gedanken wohnt ein Gedankenwesen, eine lebendige und bedingt eigenständige Lebensform (auch Elementale genannt), die von unserer Aufmerksamkeit bzw. die durch sie übertragene Energie lebt. Und wie jede andere Lebensform nach Dasein strebt, so streben auch Gedanken danach, durch unsere Aufmerksamkeitsausrichtung auf sie am Leben gehalten zu werden und zu wachsen. Der ungeschulte Geist

wird den Sog seiner unkontrollierten Gedankenschöpfungen, die die gesamte Energie (=Aufmerksamkeit) an sich ziehen, deutlich spüren, und je mehr Energie die Gedankenwesen dem denkenden Geist abziehen, desto weniger Energie hat dieser selbst zur Verfügung.

Ein geschulter in sich ruhender Geist weiß, wann, wieviel und womit er seine Gedankenschöpfungen füttern muss, damit sie ihm zu Diensten sind, und wann es an der Zeit ist, seine Gedankenschöpfungen zu entlassen.

Auch ist es so, dass ein in die Welt gesetztes, gedankliches "Visionswesen" (Elementale) nicht nur die Energie seines Schöpfers an sich zieht, sondern es zieht ebenfalls alle Energien ähnlich schwingender Wesenheiten auf sich, um sich im Einklang mit ihnen zu verbinden, da die Resonanz immer ihresgleichen sucht. Ein kleiner Gedanke kann auf diese Weise sehr schnell zu einem mächtigen Visionswesen werden, da sich seine eigenständige Wirkmächtigkeit exponentiell auszubreiten weiß - sei es nun eine lichte Aufwärtsspiralbewegung oder der Sog einer dunklen Abwärtsspirale.

Ein einzelner Gedanke mutet recht harmlos an, wenn er kurz einmal auftaucht, um wieder abzutauchen, doch in seiner Ausrichtung bildet er trotz seines frühen Entwicklungsstadiums schon den Nährboden eines ganzen Denksystems.

Ein manifestierter Gedanke hat alle Entwicklungsstadien durchlaufen, die es in immanenter Richtung zu durchschreiten gilt, um in der physischen Ebene zu erscheinen.

Das heißt, dass du und alles, was du siehst, ein Gedanke ist, der so viel Energien um seine Zentralidee geschart hat, dass er sich verdichtet und nun in *der* Form erscheint, in die er sich hineingedacht hat. Entwirft nun ein manifestierter Gedanke selbst Gedanken, so muss er darauf achten, dass sein Visionswesen ihn nicht versklavt und er wie besessen dem Willen seiner eigenen Gedanken(fehl)schöpfung hinterherrennt. Dadurch, dass unsere Visionswesen im energetisch-feinstofflichen Bereich leben, ist es ihnen ein Leichtes, eine Vielzahl an gleichschwingenden Energien anzuziehen und eine Eigendynamik zu entfalten. Im gewissen Sinne bist du als Schöpfer nur Impulsgeber von etwas, was sich ab seiner Geburtsstunde in die Richtung weiterentwickelt, die du ihm in der Schöpfungsintention mit auf den Weg gegeben hast. Erschaffe dir ein Visionswesen und lenke es auf den Pfad der Heilung und es wird dich und andere auf seinem Pfad mitnehmen.

Sobald dein Visionswesen geboren ist, füttere es mit deinen Gedanken, zieh es mit deiner liebevollen Hinwendung auf, und schon bald werden andere dein Visionswesen zu Gesicht bekommen und sich ggf. mit ihrer Schöpfungskraft anschließen, es weiter nähren und mehren, da sich Gedanken verstärken, wenn man sie miteinander teilt. Im Positiven wie im Negativen kann durch ein Visionswesen ein Flächenbrand eines bestimmten Gedankenguts in die Welt gebracht werden, wobei seine Macht von der Denkgeschwindigkeit, der konkreten Bildhaftigkeit und der emotionalen Intensität bei der Geburtsstunde abhängt. Mit unserer Aufmerksamkeit füttern und stärken wir dieses Visionswesen, wobei sein Kraftzuwachs entscheidend von der Aufmerksamkeitsausrichtung der breiten Bevölkerungsmasse abhängt.

Hinter den Massenmedien stehen beispielsweise sehr

mächtige Visionswesen, die die kollektive Trance der schlafenden Bevölkerung aufrechthält und die die Aufmerksamkeit vieler millionen Menschen auf niedrigschwingende Inhalte lenken können. Doch es ist an der Zeit, die kollektive Trance der Vergessenheit und der Unbewusstheit mit eigenen lichten Visionswesen zu durchbrechen, indem wir sie mit dem universellen Licht des Erwachens ausstatten.
Die Zeitqualität der kollektiv anstehenden Themen birgt viel Potenzial, um mit Gedankenfeldern neue hochschwingende Visionswesen zu erschaffen, die genau die jetzt anstehenden Themen und Erfahrungsqualitäten verkörpern.
Die Zeit und die Bewusstseinsentwicklung sind reif für das Visionswesen, das diese Zeilen inspiriert hat, denn es kündet von dem Erwachen aus den Albtraumbildern und verbündet sich somit mit allen Kräften im Universum, die bereits ihr Erwacht-Sein erfahren. Keine Kraft im Universum erschafft so schnell so mächtige Visionswesen wie die, die von der Liebe und der Wahrheit des Erwachens zur göttlichen All-Einheit inspiriert sind, und nur die in Liebe erschaffenen Visionen werden uns wieder in unsere göttliche Schöpfungskraft hineinführen.
Dabei wird es zunehmend weniger Zeit in Anspruch nehmen, die behäbige, träge, materielle Ebene in Gang zu setzen, um den transzendenten Weg einzuleiten, denn unser kollektives Gedankenfeld hat bereits die kritische Masse an lichter Gedankenenergie erreicht, um Visionswesen in einer noch nie dagewesenen Größe entstehen zu lassen. Das, was in unserem kollektiven Gedankenfeld bereits den kritischen Punkt einer beginnenden Exponentialbewegung

durchlaufen hat, wird nun zunehmend auch auf materieller Ebene sichtbar werden, indem es alles das, was nicht zum Sein unseres Ursprunges gehört, transzendieren wird. Wir werden uns wieder darauf verstehen, unseren Geist als omnipotentes Multifunktionswerkzeug zu verwenden und durch ihn nur noch menschenwürdige Gedankenschöpfungen zu erschaffen.
Erschaffe auch du, lieber Erdenbruder, dein Visionswesen und sei dir, während du es erschaffst bewusst, dass es nur *einen* Geist im Universum gibt, und dass alles, was erschaffen wird, nur eine Schöpfung dieses einen göttlichen Allgeistes sein kann. Das, was du denkst, denkst du auch immer mit Gottes Geist! Frage dich also, welche deiner Gedanken *Seiner* würdig sind. Stelle dir beim Entwerfen deines Visionswesens folgende Fragen: Wie sieht dein Visionswesen aus? Was hält es am Leben?
Wovon ernährt es sich und welche weiteren Wachstumsbedingungen braucht es?
Unter welchen Umständen würde dein Visionswesen eingehen?
Wann wäre es ausgewachsen?
Welche Fähigkeiten und Charakterqualitäten verkörpert es?
Was brauchst du, um dich in dein Visionswesen zu verwandeln, bzw. es in dich zu integrieren?
Welche anderen Visionswesen besitzen gleichschwingende Energien?

Das Gefühlsspektakel in der Erdenerfahrung

Gefühle sind innerste Wesensschwingungen, die wie ein Erlebnisverstärker jede Ich-Erfahrung bunter und kontrastreicher werden lassen. Sie können als eine Trägersubstanz betrachtet werden, die in jede Ich-Erfahrung verwoben ist und das Ich durch seine Erfahrungswelt trägt. Dabei gewinnt *das* in der Erfahrungswelt an Wirklichkeit, was im Besonderen emotional aufgeladen ist.
Gefühle sind wie ein innerer Wirklichkeitsmaßstab, der gewisse Erfahrungen in seiner Stimmungslage gewichtet. Für das emotionale Erleben spielt es keine Rolle, ob eine Erfahrung imaginativer oder so genannter realer Natur ist, denn wenn die dazugehörigen Emotionen vorhanden sind, werden die emotionsträchtigen Erfahrungen automatisch zu wirklichen Erfahrungen. Je intensiver du etwas emotional erlebst, desto wirklicher erscheint dir das, was du erlebst, weshalb du dir von der Umwelt Emotionsladungen herbeiwünscht, um die Erfahrung einer unwirklichen Welt zu verwirklichen.
Jeder Schmerz, jede empfundene Form von Leid verwirklicht dir die herbeigewünschte Trennungserfahrung in deiner dir selbst gewählten Besonderheit. Angst ist das Gefühl der Getrennten, welches auch die Erfahrungswelt weiter auf- und abtrennt. Vollständig von Angst, Leid und Schmerz befreit zu sein, heißt sich nicht mehr als abgetrennt und isoliert in seiner Körperform zu empfinden.
Das, wozu du dich gemacht hast, und alle Aufteilungen aus denen die Welt, die du siehst, entstanden ist,

schmelzen dahin, wenn du sie angstbefreit und in Liebe anschaust. Nichts von dem, was du kennst, bleibt bestehen, wenn du es in Liebe anschaust. Denn das Gefühl intensiver Liebe ist in der Lage, alles in sein glänzendes Licht zu tauchen, und nichts als dein wahrhaftiges Seinsgefühl zurückzulassen.

Du kannst dir das Sein deiner selbst nicht entwerfen oder erdenken. Du kannst lediglich mit dem Abbau der mentalen und emotionalen Blockaden wieder dorthin zurückgeführt werden, wo du das Sein deiner selbst unmittelbar zu erfühlen vermagst.

Die Angst davor, sich selbst und das physische Leben, in das man sich hat hineinsetzen lassen, zur Gänze zu fühlen, d.h. zur Gänze zu leben, sorgt dafür, dass ungefühlte Gefühle zunächst in den astralen und dann in den physischen Körper sinken. Diese ungefühlten, ausgelagerten Gefühle setzen sich als kristalline Emotionsblockaden ab und blockieren oder stauen den Energiefluss des Meridiansystems. In dieser Form können Emotionen, die ihrem Wesen nach fließendwandelnd sind, sich wortwörtlich aufstauen und in Köperregionen verhärten. Alles was im Moment der Lebenserfahrung nicht vollends gefühlt werden kann, kommt sinnbildlich gesprochen auf eine Art Gefühlskonto, das Stück für Stück nach seiner Abarbeitung drängt. Ein volles Gefühlskonto, das zumeist ausschließlich die am stärksten von uns abgelehnten Gefühle beherbergt, trägt sich als Grundstimmung durch jeden Moment der Ich-Erfahrung.

Diese Grundstimmung, die jeden Erfahrungsmoment mit einer subtilen Gefühlstönung belegt, beginnt irgendwann zur Normalität zu werden. Und erst wenn wir den Mut und die Kraft zusammenbringen, das Gefühlskonto einmal zu entleeren und so den Körper-

Geist-Komplex einer energetischen Grundreinigung zu unterziehen, bemerken wir, wie viel emotionalen Ballast wir zuvor in jede Erfahrung hineingetragen haben.
Mit unterdrückten, nicht gefühlten Gefühlen auf deinem Gefühlskonto belastest du nicht nur dich, sondern auch alle feinfühligen Mitwesen, mit denen du in Kontakt trittst, denn so wie eine unterdrückte aber doch latent vorhandene Krankheit bereits ansteckend sein kann, so können sich auch unterdrückte, unausgelebte Gefühle auf deine Mitwesen (Menschen, Tiere etc.) übertragen.
Alle projektionsbelegten Mitmenschen scheinen dann genau die Gefühle auszudrücken, vor denen du in dir zurückschreckst und denen du keinen Auslebungsraum erlaubst. Gefühle jeder Art sind hochgradig ansteckend und die am leichtesten von Mensch zu Mensch übertragbaren Erlebnisimpulse. Triffst du auf sehr feinfühlige Mitwesen, die bereit sind, etwas von deinem Gefühlskonto zu übernehmen, so werden sie dir deine unterdrückten Gefühle spiegeln und das Fremdgefühl in sich aufnehmen und bestenfalls darüber für dich transformieren und ableiten. Doch die gegenseitige Belastung, die bei einem unbewussten Nicht-fühlen-Wollen wechselwirkend im täglichen sozialen Miteinander übertragen wird, ist nur selten lange (er-)tragbar, wodurch sich unterdrückte Gefühle auf destruktive Weise Bahn brechen.
Dabei verwehrt man sich im Nicht-fühlen-Wollen essenzielle Lernerfahrungen, da einerseits der Informationsgehalt in den Emotionen selbst wesentlich konzentrierter ist als in anderen Erfahrungsbausteinen, und andererseits erst durch die Emotionen eine gewisse Verarbeitungstiefe unserer Lernerfahrungen

stattfindet. Wie keine andere Erfahrung helfen unsere Gefühle dabei, etwas Multidimensionales in uns abzurufen und einzuspeichern, da das Fühlen an sich schon eine transdimensionale Erfahrung ist und sich jeder Reduzierung in eindimensionale Kategorien entzieht. Das Gefühl ist folglich eine elementare Substanz der unmittelbaren Ich-Erfahrung, die transzendental über die Erfahrung des Ichs hinwegzutragen vermag.

Die Transzendierung des Ichs läuft nur über das Gefühl und die Empfindung, dass dein Gefühl auch mein Gefühl und mein Gefühl auch dein Gefühl ist. Der Ich-Aufbau und die daraus resultierende Ich-Erfahrung, die wir in einer relativ kurzen Evolutionsperiode durchleben, wurde erst durch einen erheblichen Mangel an Mitgefühl möglich.

Würden wir die Frequenzflut an Empfindungen von allem, was uns umgibt, mitfühlen, dann würde sich jedes Gefühl von Eigenheit darin auflösen.

Allerdings braucht es für eine kurze Zeit in dieser Lebensform, in der wir stecken, ein Selbstgefühl (und die damit einhergehende Form von Persönlichkeit), um einen heilsamen Umgang mit allen Fremdgefühlen zu finden. Wer gänzlich ohne diese Erfahrungsperiode des Ich-Gefühls alle Fremdgefühle empfängt und sich zu eigen macht, der muss entweder über einen bereits sehr hohen seelischen Reifegrad verfügen, oder er geht an der Gefühlsflut unangenehmer Fremdgefühle zugrunde. Ich-Erfahrung ist folglich das, was das Mitgefühl drosselt, um nach dem Durchleben der Ich-Erfahrung das Mitgefühl auf eine neue Qualitätsebene zu heben, damit der emotionale Ballast aus dem Menschheitskollektiv noch schneller in Heilung gegeben werden kann.

Jeder Moment der Ich-Erfahrung, den wir in Raum und Zeit erleben, bringt seine ihm eigene Gefühlskomposition mit sich, die, wenn sie nicht mit emotionaler Altlast überschattet ist, ständig wechselnde Empfindungsfreuden offenbart, selbst wenn wir die Erfahrung als unangenehm empfinden.
Das intuitive, von Freude begleitete Gefühl kann dann wie keine andere Empfindung eine treffsichere Orientierung bieten, aus der sich eine variable Richtschnur für Wort, Tat und Gedanke ableiten lässt. Ein Gefühl ist in der Lage, ohne Wort, Tat und Gedanke aufzutauchen, nicht aber können Wort, Tat und Gedanke vollständig gefühlsbefreit erlebt werden. Wie subtil und fein eine Gefühlstönung auch sein mag, so gibt es doch keine von Gefühlen vollständig unbelasteten Gedanken.
Durch die übersteigerte Intensität der sinnlich-emotional geladenen Reize (z.B. von Unterhaltungsindustrie und Werbung) geht die emotionale Sensitivität, das innere Gespür für feine Gefühlstönungen weitestgehend verloren. Ein derart gebeutelter Emotionalkörper stumpft soweit ab, dass er immer intensivere Reize braucht, um sich wieder selbst fühlen zu können. Um sich von der Gefühlsflut an Emotionen zu schützen, die mit der menschlichen Erfahrung einherkommt, errichtet der Emotionalkörper Blockaden und dissoziiert Teile seiner selbst. Gefühle zu dissoziieren und sich von dem abzuschneiden, was für den Emotionalkörper untragbar scheint, ist in dieser Erdenerfahrung eher die Regel als die Ausnahme. Eigentlich ist der Mensch in der Lage, ein Vielfaches mehr zu fühlen und sich entsprechend erfühlend durch diese Welt zu bewegen. Doch aufgrund der Stärke der Leid- und Schmerzfelder, die wir geschaffen haben und durch

die wir uns tagtäglich bewegen, ist es fast unmöglich, mit einem ständig offenen, rezeptiven Emotionalkörper zu leben. Der Schmerz, den wir den Tieren und den Pflanzen und nicht zuletzt Mutter Erde selbst zufügen, setzt sich in den die Erde umgebenden Informationsfeldern ab und überträgt sich damit unweigerlich auf jeden, der sich durch diese formlosen Felder bewegt.

Zu fühlen ist unser größtes Potenzial und gleichzeitig unsere größte Angst, da es aus dem Kollektiv so viele abgeschobene und festgesetzte Gefühle gibt, dass sie sich für die innere Empfindsamkeit wie ein unüberwindlicher Berg auftürmen. Wer erstmalig wieder vollständig ins Fühlen kommt, der scheint von einer über ihn hereinbrechenden Gefühlsflut überschwemmt zu werden. Doch auch hier kommt jede Art Gefühl nur einer von dir bewusst oder unbewusst ausgesprochenen Einladung nach, und dadurch kann das Maß der Gefühlsintensität nicht in den Bereich der Unerträglichkeit rutschen, sofern man sich der Einladung bewusst ist.

Der Grad der Bewusstheit richtet sich danach, wieviel jemand in der Lage zu fühlen ist, wie klar der eigene Gefühlsumgang gelebt werden kann und wie gut das Gefühlsspektrum in eine rundum heilsame Lernerfahrung integriert ist.

Die Angst vor dem Fühlen ist die Angst vor der Bewusstheit und der damit einhergehende Verlust von allem, was aus der Unbewusstheit und der Angst erwachsen ist. Erst durch Angst vor den eigenen Gefühlen macht man sich den Gefühlen untertan, vor denen man Angst hat. Der größte Anteil dieser Angst ist die Angst vor der eigenen Angst, in der man sich vorstellt,

wie ein Gefühl einmal gewesen ist oder wie es in Zukunft einmal sein könnte. Das vorgestellte und in die Zeit gestellte Gefühl gleicht dem Unwillen, jetzt zu fühlen, und schafft es, ein Gefühl künstlich aufzublähen und mental zu entfremden.
Das so vorgestellte und ggf. auch sprachlich benannte Gefühl ist viel weniger ein Gefühl, als ein Gedanke an ein Gefühl, und es könnte sogar als das Gegenteil von einem gefühlten Gefühl betrachtet werden. „Ich denke, ich habe ein Gefühl", setzt dich immer mit dem Gefühl auseinander, d. h. es spaltet dich von deinem Gefühl ab, wobei das Mentale (das vorgestellte Gefühl) das Emotionale (das gefühlte Gefühl) als bedrohlich wahrnehmen muss. Solange du dich folglich in deinem Verstand bewegst, ist allein schon die Aussicht auf ein Gefühl (sei es von dir nun positiv oder negativ angesehen) mit der Idee eines angstbesetzten Kontroll- und Existenzverlustes (des Verstandes) verbunden.
Wer vom Verstand aus ins Fühlen kommen möchte, der sollte zunächst eine Erlaubnis für alle Facetten der Gefühlswelt aussprechen. Aus dieser Erlaubnis zum Fühlen gedeiht dann die Akzeptanz zu den eigenen Gefühlen, was unterschwellige Gefühle dazu ermutigt, an die Bewusstseinsoberfläche zu treten. Erst in einem Raum urteilsfreier Akzeptanz werden sich verschreckte und ins Unterbewusstsein geflüchtete Emotionen wieder zeigen. Werden dann diese Gefühle auch noch warmherzig in Liebe und Dankbarkeit empfangen, so lösen sich alle unangenehmen Facetten in der Umarmung des Bewusstseins auf, und der Schrei ihres (möglicherweise destruktiven) Selbstausdrucks verstummt.

Das Dualitätsspiel dieser Welt bietet einen riesigen Fuhrpark an Gefühlsachterbahnen, doch solange sich unser Gefühlsleben auf unsere dualen Anschauungen gründet, wird es immer wieder Leid brauchen, um Freude zu erfahren. Die Lehre dieser Welt, die wir uns beibringen, ist die, dass es das eine ohne das andere nicht geben kann, denn dies entspricht all unserer bisher gemachten Erfahrung. Doch solange wir vergangene Erfahrungen heranziehen, werden wir nicht in der Lage sein, die Wirklichkeit einer Nondualität hinter unserer Idee von Dualität zu empfinden. Das Symbol von Yin und Yang visualisiert das Zusammenspiel von lichten und dunklen Kräften und Gefühlen, die unserer menschlichen Erfahrung am nächsten kommen. (Deshalb findet das Symbol in dieser Welt so hohen Anklang). Doch Yin / Yang ist das Symbol der Illusionswelt in Reinform, in der es so scheint, als ob Dunkelheit das Licht bedingen oder einschränken könne.

Im Minenfeld menschlicher Emotionen kann es keinen Frieden und kein Zur-Ruhe-Kommen geben, und erst, wer in seinem Geist aufhört, sich selbst das Trennungsspiel weiterhin beizubringen, der wird erfahren, dass er auch emotional über das Schlachtfeld dualer Empfindung erhoben ist. Die fundamentale Entscheidung, das Dualitätsspiel und damit das Schlachtfeld dualer Empfindungen zu verlassen, liegt darin, nichts anderes mehr als Liebe erfahren zu wollen, und allen Empfindungen, die keine Facette von Liebe ausdrücken, jede Bedeutung zu entziehen.

Erst nach dieser Entscheidung kann man sich wieder in das Minenfeld menschlicher Emotionen stürzen, denn erst dann trägt man in seinem Herzen Grundgewissheit um seine Unverletzlichkeit und kann darüber jede Emotion in Heilung bringen. Der große Teil der uns bekannten Emotionswelt wird zum Schutz hochgefahren und fällt damit unter die Kategorie der Abwehrmechanismen. Doch nur das Bedeutungslose versucht, sich selbst über seine Emotionen in Schutz zu nehmen.

Das, was in dir Bedeutung hat, braucht keine emotionale Abwehr, und es versucht sich auch nicht zu schützen, da es um seine eigene Unverletzlichkeit weiß. So kann das, was du bist, beständig in Liebe bleiben, ohne sich vor sogenannten negativen Gefühlen schützen zu müssen. In dieser emotionalen Haltung kommt es zu einer wahren Machtdemonstration des Lichts, die ihre Stärke durch ihr schutzloses Präsentsein zum Vorschein kommen lässt. Nahezu alle Macht, die im Weltspiel präsentiert wird, tritt aus einem tief darunterliegenden Ohnmachtsgefühl heraus in Aktion. Denn unter der Oberfläche einer nach außen hin präsentierten Gefühlsfassade gärt und brodelt nicht selten eine gegenteilige Gefühlslage. Und erst nach dem Durchwühlen aller vorhandenen Schichten des Gefühlsspektrums treten der Frieden und die Stärke einer nicht näher beschreibbaren Empfindung von Licht zum Vorschein. Dunkle Gefühle scheinen in dieser Illusionswelt eine gewisse Anziehung und Stärke zu besitzen und Macht wird oft in einer rasenden und tobenden Wut vermutet, doch diese scheinbare Macht ist in ihrem Gefühlsausdruck nur dabei, sich ständig selbst anzugreifen und damit zu entmachten.

Es ist wahr, dass die größte Macht, die ein Mensch in seiner Erfahrungswelt wachzurufen vermag, die der Gefühle ist, und dass sich über eine starke Gefühlsin-

tensität Mächte entfesseln lassen, die weit jenseits unseres Vorstellungsvermögens liegen. Denn unsere Gefühle sind kochkonzentrierte, multidimensionale Energieformen, die Kräfte ansprechen, die weit oberhalb unserer Dimension beheimatet sind.
Das Feuer unserer Schöpfungskraft liegt in unseren Gefühlen, und über unsere Gefühle gewinnt unser Anschauungssystem seine Manifestationskraft. Doch muss in der geistigen Anschauung eine heilsame Grundausrichtung bestehen, damit die emotionale Triebkraft nicht blind und ziellos verfeuert wird. Gefühle gewinnen erst dann wahrhaft an Stärke, wenn es keine gegensätzlichen, widersprüchlichen Gefühle mehr gibt und sich die Gesamtheit des Gefühlsstroms im Einklang mit der geistigen Anschauung in eine Wirkrichtung ergießen kann.
Unabhängig davon, ob die Anschauungen und Glaubenssätze, sowie die von ihnen mobilisierten Gefühle konsistent-einheitlich oder gegensätzlich-dualistisch sind, erschaffen sie doch die Welt, in der du dich erfährst. Die Welt erwuchs aus deinen Grundgefühlen und spiegelt dir deine Gefühle so lange, bis sich in dir ein vollständiger Gefühlswandel getan hat.
Es ist essenziell wichtig zu verstehen, dass sich unsere Gefühle nach unseren Anschauungen, Glaubenssätzen und Überzeugungen richten, wobei sich unsere heilenden Anschauungen darüber in unserem Geist einfinden, dass wir uns von den Emotionen zu diesen hinführen lassen. Allerdings können nur die unvoreingenommenen, aus dem Moment geborenen Gefühle auf den direkten Pfad der dich befreienden Überzeugungen verweisen. Würden wir vergangenheitsbelastete Emotionen heranziehen, so würden wir eingestaubte Glaubenssätze festigen, die uns wiederum in

vergangenen Emotionsschleifen gefangen halten und den ständig neuen Emotionsfluss damit schlichtweg übermalen. Anders ausgedrückt: Wir wären nicht in der Lage, das Sein in Nondualität zu erfahren, wenn wir unsere Überzeugungen aus unseren emotionalen Dualitätserfahrungen ableiten würden.
Unsere Emotionen arrangieren, ordnen und gewichten sich nach unseren Kognitionen, und doch kommt in der Verwirklichung unserer Kognitionen den Emotionen eine wesentlich bedeutsamere Rolle zu. Über tiefsitzende, meist unter der Bewusstseinsoberfläche liegende Grundüberzeugungen (von z.B. „ich bin nicht gewollt") legt sich ein grauer Schleier auf die Gesamtheit unserer an sich bunten Gefühlswelt, der sich erst darüber lüftet, dass die dem Gefühl zugrunde liegenden Glaubenssätze in Frage gestellt und aufgelöst werden.
Hat man sich innerhalb eines mangelbasierenden Urteils und Überzeugungssystems verloren, dann wird man sich seinen Überzeugungen gemäß immer wieder in die gleiche Gefühlsschwere hineinhypnotisieren und sogar eine (Sehn-)Sucht nach der entsprechenden Schwermut aufbauen. Hier, in dieser Welt, hat jeder mehr oder weniger eine gewisse Sucht nach dunklen, schweren Gefühlen aufgebaut, da es so viele innere Anteile gibt, die nur mit und durch diese Gefühle am Leben gehalten werden.
Wir hätten große Angst, das Leben, so wie wir es in seinen Höhen und Tiefen kennen, zu verlieren, wenn wir die dualen Kognitionen und Emotionen aufgäben, um sie gegen *Nur-Liebe* einzutauschen.
Man könnte sagen, dass das Spiel dieser Welt darin besteht, Lust und Schmerz beliebig miteinander zu vertauschen, und das eigene „Verliebtsein in Leid"

mitleidig hochzuhalten und zu präsentieren, damit der hinter den dualen Empfindungen liegende Frieden bloß nicht zum Vorschein treten kann.
Die Erfahrung der menschlichen Inkarnation wird zum Teil gerade deshalb ausgewählt, weil man sich in ihr so wunderbar von den Turbulenzen der Gefühle mitreißen lassen kann, und die Gefühlsschwankungen, die von „himmelhoch jauchzend“ bis „zu Tode betrübt“ reichen, hier auf Erden ein besonders extremes Ausmaß annehmen.
Im Vergleich zu anderen Daseinsebenen diverser Speziesformen ist der schnelle Wechsel innerhalb der Emotionsextreme in der menschlichen Erdenerfahrung besonders augenfällig. Zwar sind Emotionen auch für die meisten (mir bekannten) Speziesformen ein zentraler Lebensbestanteil, doch sticht die Spezies Mensch mit ihren Gefühlen dadurch hervor, dass sie die Intensität ihrer Gefühle kaum zu bändigen weiß, und dass ihre mangelnde Emotionsregulation der menschlichen Erfahrung eine gewisse impulsive Würze verleiht. Nicht umsonst betrachtete man im antiken Griechenland die Gefühle als etwas jenseits des eigenen Einflussbereiches, als von der äußeren Götterwelt gesteuert, was jedes aufkommende Gefühl zu einem gottgegebenen und unveränderlichen Geschenk werden ließ.
Diese mythische Sichtweise wurde mit dem Beginn der Philosophie vom Logos und einer so genannten „logischen Erklärung“ abgelöst, was nur bedingt etwas an der Tatsache änderte, dass sich der Mensch von seinen eigenen Gefühlen übermannen ließ und sich der Empfindung ergab, Spielball seiner eigenen Emotionen zu sein. Doch mit der zunehmenden Schwerpunktsetzung auf Ratio, Logik und Verstand

verflachte das sonst im Menschen florierende Emotionsleben und reduzierte damit etwas die Intensität der Lernerfahrung des menschlichen Lebens. Die menschliche Spezies ist bewusst aus der rechtshemisphärischen, fühlenden (weiblichen) in eine linkshemisphärische, rational denkende (männliche) Erlebensweise hineinmanipuliert worden, denn erst dadurch, dass wir uns, und alles womit wir verbunden sind, nicht fühlen, können wir kontrolliert fremd- und ferngesteuert werden.

Ein sich selbst fühlendes Wesen ist weit mehr über sich aufgeklärt, als ein sich nur verstehendes Wesen. Und in die wahren Gefühle, durch die sich ein empfindsames Wesen führen und tragen lässt, können sich keine künstlichen Fremdsuggestionen einschleichen. Würden wir uns selbst und unserer Umwelt wieder erfühlend und gänzlich mitfühlend begegnen, dann könnten wir sehr viele Bestandteile unseres alltäglichen Lebens nicht fortführen.

Der Gefühlszugang ist einer unserer sensitivsten Empfindungskanäle, wobei das Maß des Sich-selbst-Spürens proportional zum Mitgefühl steigt.

Die Voraussetzung, um Mitgefühl zu empfinden, ist die, dass ich die Gefühle, die ich im Gegenüber wahrnehme, in mir bereits zugelassen und mit Bewusstsein durchlichtet habe. So, wie die Basis unseres Seins das Mit-Sein ist, so sollte die Basis unserer Gefühle das Mit-Gefühl sein, doch nicht einmal innerhalb unserer eigenen Spezies ist dies die Norm.

Die Herausforderung, die sich erst dann ergeben wird, wenn wir sie im Ansatz zu meistern wissen, wird es sein, nach der Öffnung der Dimensionsportale ebenfalls mitfühlend mit anderen Speziesformen zu sein,

selbst wenn deren Emotionsausdruck ein gänzlich anderer ist. Es wird unsere Aufgabe als Mensch sein, auch mit den Spezies mitzufühlen, die ihrem Wesen nach fast keine Gefühlsregungen kennen, oder deren Ausdruck von Empfindung uns gänzlich fremd oder sogar bedrohlich erscheint. Es gibt Spezies, bei denen selbst ein sehr freudvoller Emotionsausdruck beim Menschen in der Regel große Angst auslösen kann, da die Wahrnehmung des Menschen sich primär auf den äußeren Ausdruck und nicht auf das innere Gefühl bezieht.
Manche Lebensformen haben einen ganz wortwörtlichen *Emotions*-Ausdruck, das heißt, ihre Gefühlsbewegungen drücken sich direkt als in der Bewegung ihrer Form aus. Häufig kreiseln und rotieren feinstoffliche Lebensformen sehr schnell um sich selbst, wenn sie große Freude ausdrücken. Sie krümmen und kugeln sich vor Lachen im wortwörtlichen Sinne.

Das berührte Herz

Das Herz braucht die Nähe, die Verbundenheit, um sich zu erfahren und um Dinge zu verstehen. Der Verstand hingegen braucht immer die Distanz, den nötigen Abstand, um etwas zu verstehen. Kommt sich der Verstand selbst näher, dann kommt er zur Vernunft. Kommt sich das Herz selbst näher, so wird es zum liebenden Herzen. Ein zu sich gekommenes Herz ist ein Herz, das am rechten Fleck sitzt und keine Angst davor hat, von seinen Gefühlen berührt zu werden. Die Angst, sich von Gefühlen berühren zu lassen, kommt immer aus dem Verstand, der durch das Gefühl einen

Kontrollverlust vermutet. Nichts ist für den Verstand so beängstigend, als etwas, was er nicht versteht und es dadurch nicht unter Kontrolle bringen kann. Und der Verstand versteht nun einmal die Gefühle als die Sprache unseres Herzens nicht. Für ihn bleiben intuitive Herzensentscheidungen unerklärlich, da er nur die Sprache des Rationalen spricht. Das Herz und der Verstand beginnen dann die gleiche Sprache zu sprechen, wenn beide sich in ihrer Art und Weise bis zum innersten Kern ihrer selbst vorgearbeitet haben. Denn ein zu sich gekommener Verstand kommt auch dort an, wo ein zu sich gekommenes Herz ankommt. Von dort aus können sich Herz und Verstand miteinander austauschen und gemeinsam in eine ganzheitliche Erfahrung eintauchen. In diesem Punkt erfährt der Verstand die Weisheit einer universellen Vernunft, und das Herz wird zu einem all-liebenden Herzen. Doch um an diesen Punkt zu gelangen, braucht es einen sich selbst hinterfragenden Verstand und ein Herz, welches Nähe und Berührung zulässt. Das berührte, all-liebende Herz ist dir näher, als du dir selbst nahe bist. Es ist dir so nahe, dass keine Distanz für einen Weg und keine Zeit für eine Suche bleibt, denn das all-liebende Herz kann nicht in der Zeit, sehr wohl aber im Moment gefunden werden. Das all- liebende Herz ist das all-verbundene Herz, was in seiner Allverbundenheit alles, was voneinander getrennt zu sein scheint, wieder zusammenheilt. Es ist also letztlich immer die Liebe des Herzens, die wahrhaft heilt. Nur das Herz, das alles, was es erlebt, in sich hineinnimmt, sich von jeder Emotion bewegen lässt und alles bis ins Letze durchfühlt, ist das Herz, das vollständig ganz und damit heil wird. Würde der Verstand alles in sich hinein-

nehmen, was er erlebt, dann könnte er sein Abgetrenntsein nicht aufrechterhalten. Deshalb sind die Berührungsängste des Verstandes Existenzängste. Der Verstand, der nichts mehr auf Abstand halten und alle psychischen Mauern und Barrikaden in einem Schwall von Emotionen niederreißen würde, müsste sich als abgetrennte Eigenheit auflösen.
Etwas in dir löst sich immer dann auf, wenn du dich in Liebe verbindest. Das Herz muss lernen, durch diese Angst vor der Auflösung, die Liebe wieder wahrzunehmen, denn in ihr wird es zu dem, was es immer schon war. In der Liebe deines Herzens, die Berührung zulässt, wirst du zu dem, der du bist, und alles, was nicht zu deinem liebenden Herzen dazugehört, fällt von dir ab. Lasse es also zu, berührt zu werden, und scheue nicht davor zurück in die Gefühlsflut einzutauchen! Du magst zwar zeitweise in ihr untergehen, doch letztlich lernt man erst darüber das Schwimmen im Fluss des Lebens. Denn Leben ist fühlen, und wer nichts mehr fühlen möchte, wird schon bald nicht mehr leben wollen… Ein Ja zu seinen Gefühlen, ein Ja dazu, Nähe zuzulassen, ist ein Ja zum Leben selbst. Gib dem Leben also die Chance, dass es dich berührt, dich mitreißt, denn erst dann wirst du vom Leben zur richtigen Zeit an den richtigen Ort getragen.

Mikrokosmos und Makrokosmos

Es braucht keine Mikroskope und keine Teleskope, um Mikro- und Makrokosmos zu erkunden, denn es gibt keine technischen Geräte, die in der Lage sind, die in unserem Geist bereits angelegten Fähigkeiten zu überbieten. Es wurde noch nie eine technische Errungenschaft hervorgebracht, die nicht schon im Geist vorhanden und durch ihn ausführbar wäre.
Im Gegenteil: die himmelhochgelobten, modernen Gerätschaften sind den Fähigkeiten des Geistes weit unterlegen, und nur weil wir verlernt haben, die geistigen Fähigkeiten einzusetzen, müssen wir uns mit den Möglichkeiten, die uns eine technokratische Gesellschaft bietet, begnügen.
Doch der Preis den wir zahlen, wenn wir uns allein auf die Fähigkeiten der technischen Errungenschaften verlassen, ist hoch, denn je mehr wir uns auf sie stützen, desto tiefer fallen wir, wenn diese künstlichen Hilfsstützen einmal zusammenbrechen und desto weniger verlassen wir uns auf unsere natürlichen geistigen Fähigkeiten, was unseren einst unbegrenzten geistigen Möglichkeitsraum immer weiter verkommen lässt.
Wir glauben so sehr daran, dass das von Menschen gemachte Vermögen selbst etwas vermag und vergessen dabei, dass kein menschengemachtes Werkzeug, egal welchen Komplexitätsgrad es erreicht, für sich genommen etwas Dienstbares leisten kann, solange es keiner humanistischen Zwecksetzung unterstellt ist. Wie also kann unsere Technik dem Menschen dienen, wenn der Mensch beständig alles daransetzt, dass er der Technik dient?

Irgendwo tief unten im Menschen begraben liegt das Wissen um seine geistigen Fähigkeiten und die damit einhergehende, machtvolle Schöpferrolle, die er unbewusst als Maßstab an die technischen Errungenschaften anlegt. Es sollte folglich nicht verwunderlich sein, dass die Möglichkeiten technischer Entwicklung immer als unzureichend gesehen werden müssen, unabhängig davon, wie weit der technische Fortschritt noch voranschreiten wird, denn ein „Genug“ kann es nicht geben, solange unsere künstlich-technisch erweiterten Fähigkeiten nicht an das Möglichkeitsspektrum geistiger Fähigkeiten heranreicht.
Es mag sich (noch) unglaublich anhören, dass der Geist in der Lage ist, sich auf planetare Größe auszudehnen und binnen Sekundenbruchteil einmal quer durch die Galaxie zu reisen. Ebenso mag es schwer vorzustellen sein, dass der Geist sich soweit bündeln kann, dass die ihn umgebenden Elementarteilchen riesig groß erscheinen, doch alles das ist erfahrbar und naheliegender, als wir es allgemeinhin annehmen. An dieser Stelle möchte ich vorab eindringlich vor unbedachten Experimenten warnen, denn sowohl die immer weitergetriebene geistige Ausdehnung in den Makrokosmos, als auch die immer kleiner werdende Fokussierung in den Mikrokosmos lassen sehr schnell hochpotenzierte Energie entstehen, und der kleinste unbedachte Gedankenimpuls kann schon verheerende Folgen nach sich ziehen. (Das Stichwort Atomspaltung ist in diesem Kontext noch eines der harmloseren). Je geschulter der Geist ist, desto weiter kann er in beide Richtungen vordringen, und desto besser kann er mit den sich auftuenden Energien in den Dimensionen haushalten, ohne dass sie ihm wortwörtlich die Gehirnmasse verbrutzelt.

Beim Eindringen in den Mikrokosmos werden explosive Energien frei, und bei ihnen muss der physische Körper besonders vor der Hitzeentwicklung geschützt werden. Beim geistigen Sich-Weiten in den Makrokosmos werden gegenläufige implosive Energien freigesetzt. Hier ist es besonders wichtig, alle Empfindungen des physischen Körpers abzustellen, damit die geistige Expansion nicht auf diesen angewandt wird, denn anderenfalls könnte es passieren, dass es ihn schlichtweg zerreißt und seine Elementarteilchen quer durch das Universum verstreut werden.
Aber keine Sorge, Gott sei Dank ist alles so eingerichtet, dass ein Geist erst dann seine gottgegebenen Fähigkeiten wiedererlangt, wenn er den seelischen Reifegrad dafür besitzt, denn Verantwortung und Fähigkeiten halten sich immer die Waage. Jede Fähigkeit, die du wiedererlangst, kommt mit der Aufgabe einher, sie dafür einzusetzen, dass du deine Rolle in der kosmischen Ordnung besser zu spielen vermagst, denn sie wird dir nicht freigeschaltet, um sie eigennützig zu verwenden.
Wir halten unsere fünf Sinne für die Basis unserer Fähigkeiten, unseres Tuns und Denkens. Doch es gibt einen Sinn, der alle anderen Sinneskanäle mit einschließt, und der darüber hinaus nicht an die raumzeitlichen Gegebenheiten des Körpers gebunden ist. Dieser Sinn kann als Geistsinn bezeichnet werden, und über ihn kann eine unmittelbare Wahrnehmung mikro- und makrokosmischer Größen stattfinden.(An einer anderen Stelle im KK habe ich den Geistsinn "Herzstrahl" genannt, da mein Geist seine Antenne meist aus der Herzgegend ausstreckt).
Im Geiste umherwandern und den eigenen Wünschen nachhängen ist eine Alltäglichkeit, doch dabei ist uns

nicht bewusst, dass der Geist auch als Sinneskanal fungieren kann und sich tatsächlich dort befindet und das ausführt, woran gedacht worden ist. Die meisten Expeditionen mit dem Geistsinn werden nur mit einem winzigen Bruchteil des Geistes, d.h. auch mit dessen Energie, ausgeführt, da wir das Sein außerhalb unseres Körpers und der körperlichen Sinneskanäle mit der angstbehafteten Idee des Todes in Zusammenhang bringen. Erst wenn die Erfahrung gemacht wird, dass das Sein und Sinneserleben auch außerhalb des Körpers stattfinden, reduziert sich die Angst vor dem geistigen Umhereisen.

Die Gesetzmäßigkeiten, nach denen sich der Mikrokosmos bewegt, sind die gleichen, die den Makrokosmos bewegen, und das Verständnis der Zusammenhänge in Einem führt damit logischerweise zum Verständnis der Zusammenhänge im Anderen.

Wer einen geschulten, konzentrierten Geist besitzt, der kann mit diesem in alle lebendigen Strukturen und Elemente hineinzoomen und die mikroskopisch kleinen Teilchen und Grundbausteine des Lebens soweit vergrößern, dass aus ihnen ein vollständiges Universum zum Vorschein kommt.

Um eine ungefähre Vorstellung zu bekommen, welche geistigen Bilder empfangen werden können, wenn sich der Geist seiner Zoomfunktion bedient, um in den Mikrokosmos einzutauchen, schaue man sich im Internet Videos von Fraktalen an. In den Fraktalzoom kann sich der Geist wunderbar hineinvertiefen und eine ungefähre Idee des holistischen Aufbaus lebendiger Strukturen erhalten.

Die Fraktalvideos, die man findet, sind sehr bunt und kontrastreich designt, was in einem natürlichen Umfeld nicht unbedingt der Fall sein muss. Auch ist der

Ordnungsgrad innerhalb der Fraktalstrukturen wesentlich höher als die sich bewegenden mikrokosmischen Teilchen, da meist die immer gleiche Formel visuell aufgebrochen wird und diese nicht im Entferntesten an die Komplexität des formbildenden Prinzips der Lebendigkeit heranreicht. Auf atomarer Ebene erscheint das Prinzips der Lebendigkeit noch in einem relativen Chaos, doch je tiefer man in den Mikro- oder auch Makrokosmos eintaucht, desto mehr kristallisiert sich die eine kosmische Ordnung heraus, nach der sich alles formt und bildet.

Wer den Mikrokosmos alleine aus dem materiellen Frequenzbereich erforscht, der wird immer wieder unerklärliche Unregelmäßigkeiten innerhalb der Ordnungszusammenhänge feststellen müssen, denn das Gesamtpuzzle der kosmischen Ordnung setzt sich erst dann vollständig zusammen, wenn das gesamte Frequenzspektrum einbezogen wird. Ein scheinbar fehlendes Puzzlestück innerhalb eines Wirkungszusammenhangs findet sich mit absoluter Zuverlässigkeit wieder, wenn sowohl in anderen Schwingungsebenen als auch in anderen Größendimensionen nach ihm gesucht wird.

Wer mit seinem Geist den Mikrokosmos durchwandert, der wird merken, dass alles nur so von Leben tobt, und sich die lebendigen Teilchen für den Geist gleichzeitig in einer visuellen Inszenierung (wie bei den Fraktalvideos) in Klangbildern und in Gefühlstönungen zeigen. Jedes Atom und jedes Elementarteilchen tragen in sich ein strebsames Angelegt-Sein auf etwas. Dieser Hang ist bedeutend von dem Bewegungsradius und dem inneren Drehimpuls, dem Spin eines Elementarteilchens abhängig.

Alle geistigen Impulse sind direkt mit der Richtung

des Spins und damit auch mit der allgemeinen inneren Bewegung einer lebendigen Struktur verknüpft. Stark vereinfachend gesprochen hat der Spin entgegen dem Uhrzeigersinn eine zum Entstehen bringende Funktion, während der Spin im Uhrzeigersinn auf das Vergehen, Entschwinden bzw. den Abbau von etwas abzielt.
In der Drehgeschwindigkeit des Spins liegt dessen schöpferische Wirksamkeit, denn je schöpferischer ein Gedanke ist, desto höher ist der Eigenspin der von ihm hervorgebrachten Elementarteilchen. Damit die Gedanken dann materiell in Erscheinung treten, müssen die schöpferischen Gedanken herunter transferiert werden, was ebenfalls mit einer Verringerung der Drehgeschwindigkeit des Spins einhergeht. Je nach Spin bewegen sich die Elementarteilchen aus sich heraus in eine höhere oder niedrigere dimensionale Schwingungsebene. Sowohl im Mikro- als auch im Makrokosmos fluktuieren die dort vorhandenen Energieeinheiten in hoher Frequenz zwischen den verschiedenen Dimensionen. Es sind die „vertikalen" Bewegungen zwischen den Dimensionen, die die Stabilität des horizontalen Raum-Zeit-Kontinuums unserer Dimension ermöglichen.
Die bewusstseinstragenden Elementarteilchen springen zwischen ihrem Sein als Teilchen (Teil dieser dreidimensionalen Raumzeit-Realität) und ihrem Sein als Welle (Kontakt zu höherdimensionalen Ebenen) mit extrem hoher Geschwindigkeit hin und her. (Welle und Teilchen passen als Begrifflichkeiten nur bedingt für die Zustände des sich dort vollziehenden, dynamischen Prozesses, aber dies sind die Begriffe, die am ehesten in ein schon vorhandenes Physikverständnis passen).

Durch das transdimensionale Sein von Elementarteilchen können sich diese mit Informationen aus einem von Raum und Zeit unabhängigen Feld anreichern, was es ihnen erlaubt, bestimmte Vorgänge in der Zeit vorauszusehen und ihre Lokalität in Relation zu allen anderen Elementarteilchen zu erfassen, wobei das Teilchen als Welle die Erfahrung macht, in allen vorhandenen Lokalitäten und Zeiten gleichzeitig zu sein. Ein im Teilchen-Modus befindliches Elementarteilchen reduziert sich auf ein bestimmtes Partikel und erfährt sich aus dem Zentrum der Partikel-Innerlichkeit als etwas Individuelles, Abgetrenntes. Springt nun dieses Teilchen in sein Wellen-Dasein, so wird es zu einer mit dem Ozean allen Bewusstseins verbundenen Welle, und jede zentralisierte oder begrenzte Selbst-Gewahrsamkeit, über die jedes Elementarteilchen verfügt, fällt weg.
Das Verständnis der zwei Modi von Elementarteilchen wäre wohl kaum von lebensweltlicher Relevanz, wenn eben jene zwei Seinsweisen unterschiedlicher dimensionaler Zustände nicht auch in der Natur des Menschen veranlagt wären. Auch das menschliche Bewusstsein besitzt die Fähigkeit, Wissen und Fähigkeiten unabhängig seiner raumzeitlichen Verortung für sich zu beziehen, wenn es lernt, aus seinem partikulären Bewusstseinsfragment heraus eine Welle zu höheren Dimensionen zu eröffnen.
Nur dadurch, dass auf mikro- und makrokosmischer Ebene eine zur Perfektion abgestimmte Kooperation verschiedenster Bewusstseinseinheiten stattfindet, kann unsere Erfahrungsdimension ein in die kosmische Ordnung eingefügtes, relatives Chaos getrennter Formen hervorbringen. Den äußeren Formen auf un-

serer Wahrnehmungsebene nach scheint es zum großen Teil ein konkurrierendes Gegeneinander unterschiedlicher Lebensformen zu geben, die sich lediglich durch den Tod anderer Lebens- und Energieformen selbst am Leben halten können.
Doch dieser Existenzkampf ist nicht das Wesen der Natur, da er weder auf mikro- noch auf makrokosmischer Ebene vorherrscht, da diese Ebenen die Seinsweise der kosmischen Schöpfung in ihrer tiefsten Wirklichkeit auszudrücken vermögen.
Der Gang unseres Weltengeschehens kann sich nur darüber fortsetzen, dass alle Vorgänge im gemeinsamen Bemühen zueinander liebevoll abgestimmt sind. Ohne diese hintergründige Feinstabstimmung kosmisch inszenierter Abläufe durch ein inneres Verständigungsnetz zwischen allen lebenden Energieeinheiten könnte für uns nicht *ein* sichtbares Ding in Erscheinung treten.
Das Zusammenspiel auf und zwischen mikro- und makrokosmischer Ebene gleicht schon fast einem gemeinsam wirkenden Zusammensein, da trotz des sehr breiten Spektrums unterschiedlichster Bewusstseinsfrequenzen über das innere Verständigungsnetz ein ständiger Informationsfluss über alle Vorgänge in der gemeinsamen schöpferischen Inszenierung stattfindet. Dabei ist die Vorgehensweise im Austausch im Einzelnen durchaus als gezielt und absichtsvoll zu verstehen.
Wer die intime Verbindung der kosmischen Ebenen zueinander studiert, der wird mitbekommen, dass eine Ebene nicht im klassischen Sinne auf die Veränderungen einer anderen Ebene reagiert, wie es in unserem zeitlichen Kausalitätsdenken der Fall ist. Vielmehr

kommt es zu simultanen Veränderungen, die sich automatisch in selbstverständlicher Art aneinander anpassen. Die mikro- und makrokosmischen Ebenen setzen sich in ihren Veränderungen miteinander gleich, ohne aufeinander zu reagieren, indem die eine Ebene sich als Teil der anderen erfährt.
Das spontane, akausale Ineinandergreifen, durch das sich der Kosmos zusammenfügt und sich im Ganzen und als Ganzes zu bewegen vermag, ohne dass auch nur ein Elementarteilchen uninformiert zurückbleibt, gleicht einem Wunder und entspricht in keinster Weise unserem kausalen Zeitverständnis. Die sich selbst aktualisierende Synchronizität aller Dinge im Kosmos ermöglicht es, dieses Phänomen auch in der Zerrissenheit von Ursache und Wirkung zu erfahren, womit Synchronizität der Kausalität zugrunde liegt.
Wer versteht, dass Ursache und Wirkung nie getrennt voneinander sind (weder räumlich, noch zeitlich), der erkennt auch, dass die Kausalität der Dinge, wie er sie erfährt, eine spezifische Spielart der Synchronizität, des Gleichzeitigkeitsgeschehens aller Dinge im Kosmos ist.
Die Ebene der Zeit und des kausalen Zeitgeschehens sind eine entfaltete Eigenart einer höheren Schöpfungsebene, in der Gleichzeitigkeit waltet.
Auf mikrokosmischer und auf makrokosmischer Ebene finden sich sowohl Zeitgeschehen wie auch parallele Gleichzeitigkeiten ineinander verwoben, was dem einzelnen Ereignis eine gewisse Unschärfe verleiht. Dies gleicht einem Ereignisnebel, der sich erst darüber lichtet, dass der wahrnehmende Geist sich für ein Ereignis im Gleichzeitigkeitsgeschehen entscheidet.

Wer geistig in den Mikrokosmos reist, wird auf zwei Schöpfungsebenen stoßen, die (eigenen Erfahrungen nach) unterschiedlich schwer kontaktierbar sind. Es ist deutlich einfacher, sich mit einem Holon von Elementen in Verbindung zu setzen, was bedeutet, dass man Kontakt mit der Gesamtheit einer lebendigen Struktur aufnimmt und einen einzelnen Vertreter für die Vielzahl an lebendigen Zellstrukturen anspricht. Dieses Wesen, bestehend aus vielen, ist in der Regel im feinstofflichen Bereich beheimatet und repräsentiert die abstrakte Idee einer lebendigen Gruppierung. Das Elementarwesen übernimmt die Aufgabe eines Ingenieurs, der eine Schöpfungsidee, ein geistig-formbildendes Prinzip in sich zur Reife bringend verkörpert, und an die Bausteine der Schöpfung, die jeweiligen Elementarteilchen weitergibt.
Erst durch den geistigen Impuls, den sich die Ingenieure der Schöpfung haben einfallen lassen, um lebendige Strukturen aufzubauen, können sich die Elementarteilchen bewusst danach formen, was heißt, dass auch sie über ein Mindestmaß an Bewusstsein verfügen müssen, um sich gemäß dem formgebenden Prinzip anzuordnen. Die Bausteine sind gewissermaßen die Baumeister der Schöpfung, die sich selbst nach dem Bauplan des Ingenieurs verbauen.
Die direkte, bewusst intentionale Kontaktaufnahme mit den Elementarteilchen, den Bausteinen der Schöpfung, ist jedoch wesentlich anspruchsvoller als das in Verbindungtreten mit ihren übergeordneten „Ingenieuren“. Eine unbewusste Verbindung zwischen Geist und Elementarteilchen hingegen ist immer vorhanden, denn diese ist unserem schöpferischen Geist in die Wiege gelegt. Wer folglich bis auf die Ebene der Elementarteilchen, die die materielle

Dingwelt formen, geistig vorzudringen vermag und direkt mit den einzelnen Elementarteilchen in Kommunikation tritt, der kann die Rolle des Ingenieurs übernehmen und schöpferisch tätig werden. Hierbei muss geradezu eine persönliche Beziehung zu den lebendigen Grundbausteinen des Lebens hergestellt werden, denn erst wenn man sich mit ihnen "anfreundet", werden die Elementarteilchen die hinterlegte Schöpfungsidee bereitwillig ausformen. Wenn die Freundschaft zu den Grundelementen in einem Bündnis des Lichts geschlossen wird, dann wird der, der diesen Bund eingeht, durch seine Beziehung zu den Elementarteilchen jede beliebige Zellstruktur unabhängig von ihrer Größe aufbauen oder zerstören können (solange kein anderer schöpferischer Geist einen entgegengesetzten Impuls setzt).

Die Alchemie ist die Geisteswissenschaft, die Geheimnisse geistiger Manipulation von Materie auf mikrokosmischer Ebene hütet.

Wer versucht, geistig auf die materielle Dingwelt einzuwirken, der wird wahrscheinlich scheitern, weil er die Höhe an geistiger Energie nicht aufbringen kann, um die materielle Trägheit direkt auf dieser Ebene zu überwinden. Schnell wird man derlei Versuche aufgeben und den Geist als machtlos denunzieren. Doch das Unvermögen eines solchen Versuchs liegt einzig und allein darin, dass die falsche Größenordnung zur Veränderung von Materie angesprochen wurde. Erst wer sich auf die hohe Kunst versteht, die mikrokosmische Ebene zu kontaktieren und die sich in ihr befindlichen Elementarteilchen geistig zu beeinflussen, wird Erfolg bei der geistigen Einwirkung auf Materie haben. Für das menschliche Auge wird es so aussehen, als ob ein materieller Gegenstand sich in nichts auflösen oder aus dem Nichts entstehen würde, wenn die Elementarteilchen ihre Struktur auflösen oder sich gemäß einer geistigen Idee bilden. Materialisierungen oder Dematerialisierungen lassen sich (bisher) nur mit dem Kontakt und der perfekten Beherrschung der Elementarteilchen durchführen. Nebenbei gesagt ist über die Beherrschung der Elementarteilchen auch das Teleportieren, d.h. das Dematerialisieren und Materialisieren des eigenen physischen Körpers möglich. Hierfür braucht es eine perfekte Beherrschung der explosiven und implosiven Wirkkräfte und eine bis ins letzte Detail vollständige mentale Repräsentation des gesamten physischen Körpers, damit man sich nach der Dematerialisierung nicht Hals über Kopf wieder zusammensetzt und die Arme nachher dort zu finden sind, wo zuvor die Beine waren.

Es ist sehr schwer, den geistigen Umgang mit den Elementarteilchen in Worte zu fassen und wahrscheinlich ist es auch gut so, dass es hierzu keine detaillierte veröffentlichte Anleitung gibt.

Wer offen dafür ist, der darf seine eigenen Erfahrungen mit Reisen durch den Mikrokosmos machen…

Das mögliche Universum

Das Innere des universellen (Klassen-) Raums ist größer als der Klassenraum selbst. Entgegen jedem räumlichen Verständnis, wird der von außen noch winzig klein erscheinende Klassenraum gigantisch groß, wenn man ihn betritt, um am inneren Geschehen teilzuhaben. Aber wie kann das sein? Das Innere einer Kugel kann doch nicht größer als die Kugel selbst sein? Und doch verhält es sich mit dem Klassenzimmer in Raumzeit in derlei Weise. Außerhalb des Klassenzimmers schrumpft dieses auf die ortslose Größe einer Idee zusammen. Das "Hosentaschenuniversum" findet Platz in nur einem Geist, der in der Lage ist, dieses aus seiner Tasche ans Licht zu zaubern.
Alles, was hier im Klassenzimmerszenario groß und wichtig erscheint, wird, wenn es ans Licht gebracht wird, im Einzelnen klein und nichtig, und erfährt doch gerade hierüber seine Heiligung, in der es sich in der Ganzheit allen Seins eingebettet wiederfindet.
Alles, was sich hier abzuspielen scheint, ist lediglich eine Lichtspiegelung, ein Rückspiegelungsphänomen der Quelle allen Lichts. In den Reflexionen der Quelle spiegeln sich Welten, die wie Rückmeldeprogramme funktionieren, indem sie das vereinheitlichte Licht der Quelle in seine Spektralfarben brechen und zu ihr zurückspiegeln. Das Lichtspiel im sich verändernden Weltengeschehen scheint hier unter bestimmten Raum-Zeit-Quadranten stattzufinden und doch ist alles, was hier vonstattengeht, die Projektion der Quelle, des Zentralprojektors.
Der Film spielt sich für unsere Augen nur auf der Leinwand ab, wodurch wir vergessen, dass sich der

gesamte Film bereits vollständig auf der Filmrolle im Projektor befindet.
Dabei projiziert der Zentralprojektor des Allgeistes in jedem Moment das vollständige Raumzeitprojekt des Kosmischen Klassenzimmers neu. Alles wird in jedem Moment vollständig neu erschaffen, und was von Moment zu Moment konstant zu bleiben scheint, erscheint nur deshalb so, weil wir es von Moment zu Moment als das erschaffen, als was wir es erfahren. Nichts in der Erfahrungssimulation könnte sich aufrechterhalten, wenn wir es nicht beständig als das, was wir meinen, dass es ist, projizieren würden. So mächtig ist unser Geist, dass er Welten vor sich zum Entstehen bringt und sich dann noch selbst beibringt, ein klitzekleiner Teil dessen zu sein, was er zum Entstehen gebracht hat. Alles was ist, bringt sich im zeitlosen Moment ewig selbst hervor. Es ist ein Perpetuum Mobile, das sich unerschöpflich aus sich selbst heraus schöpft und sich so immer neu zum Entstehen bringt.
Nebenbei gesagt kann es deshalb innerhalb des Perpetuum Mobile von allem, was ist, keine kleineren, isolierten Perpetuum Mobiles geben, da die Schöpfung sich nur vollständig als Ganzes selbst zum Erschaffen bringen kann.
Durch die im Moment geborene Neuerschaffung der gesamten Schöpfung wird das Referenzsystem Zeit ausgehebelt und bei genauerer Betrachtung eines relativen Zeitverständnisses wird ersichtlich, dass jede Gegenwart ihre eigene Zukunft und ihre eigene Vergangenheit besitzt und selbst aufbringen muss. Der Moment steht in einem Dialog zu seiner eigenen, in Vergangenheit und Zukunft sich ausdehnenden Zeitlichkeit, und dadurch, dass das Momentgeschehen mit seiner Zeitlichkeit rückgekoppelt ist, besitzt jeder in

jedem Moment eine andere Vergangenheit und eine andere Zukunft. Weder das eine noch das andere ist eine unveränderbar festgeschriebene Tatsache.
Die Vergangenheit ist nie vollendet und abgeschlossen, solange ich mit der Idee von Zeit in meinem Geist lebe, denn sie ist im genau gleichen Maße als schon geschehen festgeschrieben wie ihr zukünftiges Pendant.
Das rückwirkende Eingreifen, das die Vergangenheit verändert, ist genau so leicht wie das Anziehen von Zukunftswahrscheinlichkeiten aus der Jetztsituation. Was wäre, wenn die Zukunft bereits geschehen wäre und die Vergangenheit sich offen und frei vor unserem geistigen Auge entfalten könnte? Was wäre, wenn wir nicht vorwärts, sondern rückwärts durch die Zeit gingen, weil sich unsere Idee von vorwärts und rückwärts in Wirklichkeit umgekehrt verhält? – Richtig: In Wirklichkeit gibt es kein Vorwärts oder Rückwärts, kein Oben oder Unten - und nur dort, wo Wirklichkeit herrscht, können wir das Sein, welches wir sind, erfahren.
Im Sein unseres Selbst gibt es keine Zeit, und was sich so zeigt, als ob es sich zeitlich verändern würde, ist lediglich eine schnelle Abfolge von an sich feststehenden Weltenszenarien.
Es gibt für jeden Moment in der Zeit ein für sich eigenständig feststehendes Universum, und das Springen von einem in ein anderes Paralleluniversum, welches sich meist nur minimal vom vorherigen unterscheidet, erleben wir als Zeit. Dadurch, dass es nicht nur für jeden Moment in der Zeit, sondern auch für jede mögliche Möglichkeit eines Weltenszenarios ein eigenständiges Universum gibt, tangiert die Anzahl an Paralleluniversen die Unendlichkeit.

Für jeden Moment gibt es eine schier unausdenkliche Anzahl an Gegenwartsalternativen, die allesamt gleichzeitig stattfinden und nur durch deine Entscheidung wählt sich die eine Parallelrealität aus, an der dein Bewusstsein teilhat. Wenn es deinem Bewusstsein bewusst wäre, was es durch diese Wahl alles nicht erfährt, nämlich alle anderen möglichen Parallelrealitäten, dann würde es sich nicht mehr im Zustand der getrennten Existenz, sondern im Gott-Modus befinden.

Die durch ein Urteil gefällte Wahl, mit der ein Bewusstsein eine Realität von der Gesamtheit aller Parallelrealitäten abhebt, in der es sich dann in die Erfahrung begibt, gleicht einem Fallen aus dem Gott-Modus in den Zustand der getrennten Existenz. In dieser Wahl wird die Gesamtheit aller Parallelrealitäten zugunsten einer einzigen, abgetrennten Existenz zurückgewiesen und anstatt einer Erfahrung der Gleichzeitigkeit aller Parallelrealitäten wird nun das zeitliche Nacheinander eines einzelnen Zeitstrahls von einem einzelnen Raumpunkt aus durchlebt.

Durch eine immense Zurückweisung, eine Abwehr und auch Abwertung von fast gänzlich allem, was ist, wird unsere Raumzeiterfahrung geboren. Diese Raumzeiterfahrung lässt dann eine bestimmte Wahl mit bestimmten Handlungsentscheidungen notwendig werden, die einen Ausschließlichkeitscharakter besitzen, denn das zeitliche Nacheinander in einem räumlichen Nebeneinander erfordert eine Positionierung, die alle anderen Positionen ausschließt.

Diesen Verlust von allen nicht gewählten Positionen und Optionen gibt es in räumlich und zeitlich unabhängigen Daseinsbereichen nicht, da hier eine unend-

liche Vielzahl an optionalen Wegen gleichzeitig gegangen werden kann.
Eine geistige Positionierung ist nur dann sinnvoll, wenn man von ihr aus irgendwohin möchte, wobei die Positionierung selbst es ist, die verhindert, dass man erkennt, dass man (in höherer Dimension) eigentlich bereits dort ist, wohin man durch seine Positionierung gelangen möchte.
Das Ankommen in einem geistigen Ort oder Zustand wird also nur dadurch nachhaltig stabil erreicht, wenn die eigene Position aufgegeben wird und man sich in der Erlebnisweise der überdimensionalen Superposition in allen möglichen Positionen und Zuständen gleichzeitig empfindet.
Positionierungen, Priorisierungen und Entscheidungen sind wohl das einflussreichste Charakteristikum des materiellen Raumzeit-Lernens, das es in dieser Form auf anderen Daseinsebenen schlichtweg nicht gibt, da dort automatisch alle möglichen Möglichkeiten bespielt werden, und der Geist in allen multidimensionalen Richtungen gleichzeitig expandiert. Im Vergleich dazu ist das lineare Schmalspurdenken, in das wir unsere geistigen Prozesse hineingezwängt haben, wie eine Parodie auf unser eigenes Potenzial. Die raumzeitliche Beschränktheit ist das geistige Korsett, das wir uns angelegt und so eng geschnürt haben, dass es unserer Seele die Luft zum Atmen raubt. Die Seelenstruktur erfährt auf ihrer Ebene, in der sie angesiedelt ist, ein breites Spektrum an wahrscheinlichen Zustandsoptionen in nicht minder wahrscheinlichen Realitätsvarianten. Sie erfährt sich in all ihren möglichen Erfahrungsaspekten gleichzeitig. Unser multidimensionales Bewusstsein, was auf einer Dimensionsebene von unserer Seele belebt wird, gleicht

einem zersplitterten Erfahrungsmosaik, in dem jeder Mosaiksplitter eine wahrscheinliche Position, eine wahrscheinliche Größe, Form und Farbe im Gesamtmosaik annimmt.

Mit einem Wahrscheinlichkeits-Shift der Eigenschaften eines einzigen Mosaiksplitters (z.B. durch deine Raum-Zeit-Entscheidung) verändert sich das gesamte lebendige Gemälde in seiner Zusammensetzung, und neue Mosaiksplitter tauchen je nach Wahrscheinlichkeitsgewichtung auf oder ab.

Unser Bewusstsein, das wie ein Splitter im kosmischen Erfahrungsmosaik ist, funktioniert in Wahrscheinlichkeiten, wobei es immer eine Wahrscheinlichkeit aus der Gesamtheit aller Wahrscheinlichkeitsvarianten auswählt, um sich ihrer bewusst zu werden. Alle Wahrscheinlichkeiten, die nicht gewählt werden, sinken in die Bewusstseinsperipherie, wobei die nicht gewählten Wahrscheinlichkeiten trotzdem ausgeführt werden. Unter dem Schleier der Unbewusstheit findet die Beobachtung aller nicht gewählten Möglichkeitspfade statt.

Einen vom Bewusstsein wahrgenommener Vorgang könnte man als eine sich vom Meer aller Möglichkeiten abhebende Wirklichkeit bezeichnen, da sie vom wahrnehmenden Bewusstsein zur Wirklichkeit erhoben wurde. Parallel zu diesem Vorgang finden jedoch andere Möglichkeitsvarianten statt und je dichter diese vorhandenen Alternativpfade am eigentlichen Geschehen (dem tatsächlich erlebten Zeitstrahl) sind, desto mehr nehmen sie an Wahrscheinlichkeit zu. Umgekehrt formuliert heißt das, dass eine sich abhebende Wirklichkeit zu den Seiten hin in ihre Alternativmöglichkeiten geringerer Wahrscheinlichkeit abflacht.

Doch weder ein Ereignis noch ein manifestiertes Ding ist gänzlich von seinen Alternativvarianten unabhängig oder isoliert, denn alles steht in steter Wechselwirkung zu allen parallelen Möglichkeiten seiner selbst, die an der Zahl unzählbar sind. Und erst aus dem interaktionellen Miteinander von dem, was passiert zu allen Möglichkeiten des Geschehens, kann das, was passiert, zur Gänze erfasst werden, denn die wahrnehmbare Wirklichkeit zeigt nur einen winzig kleinen Bruchteil von dem auf, was eigentlich gerade geschieht.
Alles geschieht, weil es seiner Wahrscheinlichkeit nach geschehen muss, doch nichts, was je geschehen ist, oder noch geschehen wird, kann sich seiner eigenen Wahrscheinlichkeitshaftigkeit entziehen und sich als Wirklichkeit gänzlich aus dem Meer aller Möglichkeiten abheben. Jedes konkrete Ereignis bewegt sich somit innerhalb eines Wahrscheinlichkeitskontinuums, wobei es sich von den nebenherlaufenden Wahrscheinlichkeiten leiten lässt. Folglich bestimmt sich eine Wirklichkeit viel weniger aus sich selbst, als aus der Gesamtheit der sie umgebenden Möglichkeitspfade, in die sie eingebettet ist.
Wer dies zutiefst begreift und erkenntnismäßig durchdringt, dessen Idee von Wirklichkeit wird bis zur Auflösung hin aufgeweicht und relativiert, denn er versteht, dass jede bestimmte Wirklichkeit nur eine von unzählbar vielen Parallelwirklichkeiten ist, und dass das Bewusstsein durch seine radikale Selektion den größten Teil von dem, was wirklich passiert, wegschneidet, weil es die Informationsflut der Vielzahl an Parallelwirklichkeiten schlichtweg handlungsunfähig machen würde. Nichtsdestotrotz kann ein Bewusst-

sein mit einer überschaubaren Vielzahl an Wirklichkeitsalternativen und so auch Bewusstseinsalternativen seiner selbst umgehen. Ja, ohne den Umgang mit Wahrscheinlichkeitsgewichtungen könnte keine Veränderung des Bewusstseins stattfinden. Denn in der Bewusstseinstransformation geschieht die Verwirklichung der auch noch so unmöglich erscheinenden Möglichkeiten.

Das Prinzip der Schöpfung

Das Prinzip der Schöpfung arbeitet mit Wahrscheinlichkeiten und stets durch mehrere Schöpfungsebenen hindurch. Das Wahrscheinlichkeitsprinzip, das die Schöpfung anwendet, ist ein zur Perfektion aufeinander abgestimmtes Netz an Möglichkeiten, das stets im Voraus die Beste aller Möglichkeiten zum Realitätssieger krönt.

Die gesamte Schöpfung sowie die individuellen Erfahrungsräume eines jeden Wesens sind stets die bestmöglichen Möglichkeiten für die Entfaltung und das Wachstum derselben. Aber wie kommt es, dass sich aus der nahezu unendlichen Anzahl an Wahrscheinlichkeiten immer die Möglichkeit realisiert, die sich am besten ins Gesamtresonanzbild einfügt?

Dem menschlichen Wahrscheinlichkeitsdenken nach müsste die Wahrscheinlichkeit, dass wir immer die beste aller für uns möglichen Realitäten erleben, nahezu gleich null sein. Und wenn die Schöpfung nur auf einer Ebene und anhand eines dreidimensionalen Verständnisses betrachtet wird, dann wäre es auch nicht ersichtlich, dass wir alle wahrhaftig immer die jeweils bestmögliche Möglichkeit anziehen.

Nimmt man die vierte Dimension (Zeit) mit in seinen Bewusstseinshorizont hinein, dann erfährt man, dass das Prinzip der Schöpfung nicht nur durch den Raum, sondern auch durch die Zeit hindurch erschafft. Und zwar nicht nur, wie angenommen, von der sogenanten Vergangenheit in die Zukunft, sondern gleichermaßen aus der Zukunft in die Vergangenheit. Dein jetziger Moment bestimmt sich zum Teil viel weniger aus der Anzahl und Reihenfolge der vergangenen Momente, als dass er sich daraus ergibt, welche zukünftigen

Wahrscheinlichkeitspfade mit hoher Gewichtung in deinem Lebensweg liegen. Der jetzige Moment wird immer durch die Zeit zurückvermittelt, das heißt, dass die Zukunft in gewisser Weise bereits weiß, welche Wahrscheinlichkeit in ihr zur Realität geworden ist. Und dieses Wissen sendet die Zukunft beständig in den jetzigen Moment hinein.
Das Prinzip der Schöpfung ist so aufgebaut und verwoben, dass die Zukunft aus der schier unendlichen Anzahl an Wahrscheinlichkeiten immer schon die beste aller möglichen Szenarien kennt und dieses Lebensszenario in der Zeit zurücksendet, um es zu verwirklichen. Dass Perfektion hier am Werke ist, könnte nun langsam ersichtlich werden...
Über die Zeitdimension hinaus gibt es noch viele weitere Dimensionen, die analog zu dem Prinzip, wie die Schöpfung rückwärts durch die Zeit arbeitet, funktionieren. Wer das Gefühl perfekter Harmonie in sich aufsteigen lässt und nach innen um die höherdimensionalen Wirkweisen der Schöpfungsprinzipien fragt, der wird Erfahrungsantworten von unsagbar tiefer Schönheit erleben. Doch bleiben wir zunächst noch einmal bei der Art der Verwendungsweise der Zeit, sowie den multiplen, parallelen Wahrscheinlichkeitsfeldern, und erläutern diese anhand eines Beispiels:
Eine Pflanze ist in ihrem Wachstum auf Licht, bzw. auf Photonen angewiesen, welche sie mithilfe des photosynthetischen Prozesses in sich aufnimmt. Doch auch die Pflanze arbeitet dabei multidimensional, da sie die Photonen in einer nahezu perfekten Effizienz absorbiert. Würde die Pflanze versuchen, das Licht „einfach so“ aufzunehmen, so würde sie Wahrscheinlichkeiten erleben, in denen die Photonen mit-

einander kollidieren und so gut wie kein Licht das Innere der Pflanze erreichen würde. Doch stattdessen multipliziert die Pflanze ihre Gegenwartserfahrungen in alle möglichen Möglichkeiten der Photonenbewegung. Und dann wird diejenige Möglichkeit zum nächsten Moment gekürt, in der die größtmögliche Anzahl an Photonen kollisionsfrei in das Zellinnere gelangen kann. Die Art die Formulierung ist an dieser Stelle etwas fehlleitend, da nicht eigentlich die Pflanze die Multiplikation in alle möglichen Möglichkeiten vornimmt, sondern diese Möglichkeiten im Voraus immer schon gegeben sind und die Pflanze lediglich ein Gewahrsein über dieses Wahrscheinlichkeitsfeld besitzt und damit zu interagieren weiß.
Eine Pflanze kann (wie ein Mensch auch) nur durch eine Photonenspeisung überleben, wobei sie mit einem bereits bestehenden Photon erst einmal nichts anfangen kann. Oder anders gesagt, eine Pflanze braucht zwar die dreidimensional manifestierte Variante des universellen Lichts, kann aber mit dem bereits manifestierten Licht nichts anfangen, denn sie kann Licht bzw. Photonen nur aus dem Zustand der Superposition für sich nutzbar machen. Das Licht kann sich nur durch seine höherdimensionale Variante aus dem Zustand der Nichtlokalität exakt in dem Raumpunkt platzieren, wo es im Einzelnen verwendbar ist und damit Erfüllung findet.
Licht kann sich demzufolge nicht durch den Raum bewegen, sondern es füllt sich per Superposition in jedem Moment in den für es exakt vorhergesehenen Raumpunkt. Gleichmaßen verhält es sich mit der Zeit, denn höherdimensionales Licht ist ebenfalls nicht in der Zeit verortet und füllt sich, im wahrsten Sinne des

Wortes, quer durch die Zeit in immer den Möglichkeitsmoment, den ein einzelnes Schöpferwesen zu seiner Wirklichkeit erklärt hat.
Jedes Wesen erfährt eine Speisung mit höherdimensionalem Licht, ohne die es nicht lebensfähig wäre, und gleichzeitig ist jedes Wesen dann damit beauftragt, das, was es empfängt, in seine Realitätsebene zu übersetzen. Das bereits zu einer dreidimensionalen Variante umgewandelte Licht ist für dreidimensionale Wesen im Kern nicht mehr verwendbar, da es seinen Zweck auf dieser Dimension bereits erfüllt hat.
Auf diese Weise setzt sich der eine Schöpfungsgedanke durch die höherdimensionalen Räume in multipler Ausführung um und erfüllt sich in allen Varianten seiner selbst.
Wer als Mensch aus der göttlichen Anbindung heraus schöpft, wird gleichermaßen durch die Zeit die wahrscheinlichen Möglichkeitspfade sehen und einen davon in die Realität zu überführen wissen. Die Kunst, im Sinne des Schöpfungsprinzips zu erschaffen ist es, alle weniger wahrscheinlichen Möglichkeiten, oder auch „Abwege“, auszublenden und die Gesamtheit seiner Bewusstseinskraft in jedem Moment einzig und allein auf das bestmögliche Lebensszenario zu konzentrieren. Dies mag sich nach einer anstrengenden Arbeitsleistung anhören, hat aber vielmehr damit zu tun, jede Anstrengung loszulassen und sich hingebungs- und vertrauensvoll in die bestmögliche Zeitlinie hineinziehen zu lassen, die die Schöpfung bereits vorbereitet hat.
Um das Verständnis über das Prinzip der Schöpfung und die in ihr waltende Perfektion auf eine neue Ebene zu heben, kann man sich zusätzlich zu den parallelen Wirklichkeitsszenarien im Raum und den in

Wahrscheinlichkeiten gestaffelten Zeitlinien auch noch die Möglichkeitsvarianten zwischen den Schöpfungsebenen ansehen.

Dies wollen wir anhand des Lichts beschreiben: Auf jeder Schöpfungsebene ist Licht im Wesen Licht, allerdings verändert es, je nach Dimension in der es auftritt, seine Eigenschaften und Wirkungsweisen.

Das in Raum und Zeit gesetzte Photon, das aus reiner Quantenrotation besteht und die Basis aller Materie bildet, ist das dreidimensionale Äquivalent von Licht. Licht in höheren Dimensionen behält bis in die sechste Dimension die Eigenschaft der Eigenrotation und der morphenden Selbstrückkopplung bei.

Auf Empfindungsebene steigt die Intensität der Erfahrung von Licht mit jeder Dimension. Der beim Photon noch fokussierte Eigenspinn entfesselt sich auf höhren Dimensionen. Bis zu einem gewissen Grad kann man davon sprechen, dass der Eigenspinn entsprechend mit der Höhe der Schwingungsfrequenz steigt, doch ab einer gewissen Frequenz ist der Spinn soweit entfesselt, d.h. Ort und Zeit ungebunden, dass es schwerfällt, hier noch von Rotation zu sprechen. Vielmehr verhält sich das höherdimensionale Licht zueinander wie eine sich selbst intelligent vernetzende Struktur, die trotz einer enorm hohen inhärenten Stabilität ständig im Werden begriffen ist.

Doch auch an dieser Stelle versagen die Worte und können lediglich ein Gefühl hinterlassen, dass alle Schöpfungsebenen harmonisch miteinander in Lichtkommunikation stehen, und dass das Schöpfungsprinzip alles so aufeinander abgestimmt hat, dass in keiner Dimension Aspekte des einen Lichts deplatziert oder unverbunden sein können.

Die folgenreiche Idee des Todes

Alles, was existiert, besitzt zu einem gewissen Grad Bewusstsein, und alles, was Bewusstsein hat, strebt dem Zustand des Seins entgegen, in welchem es keine bewusste Reflexion, kein Bewusstsein mehr gibt. Bewusstsein bedeutet immer auch innere Zerrissenheit zwischen Bewusstsein und dem, wessen es sich bewusst ist, zwischen Subjekt und Objekt, zwischen Innerlichkeit und Äußerlichkeit.
Damit ist Bewusstsein die erste Trennung von etwas, was eigentlich nach wie vor miteinander verbunden ist und führt zu weiteren illusionären Auftrennungen. Bewusstsein kann damit als die größte wirklichkeitskonstruierende Illusion und die Wurzel allen Leids angesehen werden. Alles lässt sich mit dem Bewusstsein erfahren, bis auf die eine Erfahrung des immer schon Geheiltseins des inneren Seins, denn du kannst im Sein nur sein, ohne dabei irgendeine Art bewussten Wissens oder Verstehens darüber zu besitzen. Wer seine Vollständigkeit, seine Ganzheit und sein Heil-Sein erfahren möchte, für den gilt: Höre auf zu existieren und fange an zu sein! (Ex-istieren = heraustreten aus dem Sein). Solange du noch daran glaubst, dass irgendetwas getrennt vom Sein existieren könnte, wirst du die Ganzheit deines Seins nicht erfahren. Du musst dich und alles, was du bereits erfahren hast, in deinem Geist aus der Existenz in das Sein sterben lassen. Wird dieser Sterbeprozess in deinem Geist vollzogen, dann gebiert dieser dadurch das ewige Leben des zeitlosen Seins. In diesem Geburtsprozess hin zur Ewigkeit stirbt alles Zeitliche und alles, was auf der

illusionären Existenzgrundlage der Trennung aufgebaut hat. In der Geburt des Seins muss alles bewusst Existente sein Bewusstsein sterben lassen, damit es so sein kann, wie es immer schon war.
Durch die Spaltung im Bewusstsein gibt es in allem, was existiert, zwei diametral entgegengesetzte Grundtriebe. Zum einen gibt es den Lebenstrieb, der hin zu einem getrennten Existieren drängt. Man könnte diesen folglich auch als Existenztrieb bezeichnen.
Zum anderen gibt es einen entgegengesetzten Lebenstrieb, der hin zum ewigen Sein strebt (=Seinstrieb). Letzterer wird für alles, was von sich glaubt, zu existieren, fälschlicherweise als ein Todestrieb gedeutet. Allem, was existiert, wohnt der Wunsch nach Nichtexistenz, die Sehnsucht nach Auflösung inne!
Aus dem Missverständnis heraus, diesen Wunsch als Todestrieb (= Thanatos) und nicht als ein Streben nach Sein zu deuten, wird dieser Grundtrieb stark verdrängt und bricht sich somit auf destruktive Weise immer wieder Bahn. Eigentlich zielt der Wunsch nach Nichtexistenz auf die Heilung der Bewusstseinsspaltung, und damit auf das Sein ohne Bewusstsein ab. Geht man dem Wunsch nach Auflösung und nach Nichtexistenz darüber nach, dass man den Körper suizidiert, dann hat man zwar die Ebenen auf denen sich die existenzielle Grundproblematik abspielt gewechselt, aber am Urkonflikt selbst nichts verändert.
Oft wird der Suizid als der letzte Ausblick und Lichtblick für die Problematik angesehen, „einfach alles das nicht mehr erleben zu wollen". Doch der Wunsch nach Nichtexistenz lässt sich nicht darüber erfüllen, dass man den Körper ablegt, da hierdurch die Problematik nicht gelöst, sondern einfach nur auf eine andere Daseinsebene verschoben wird, wo wieder eine

Form des bewussten Erlebens und dadurch derselbe Konflikt sattfindet. Meist ist es sogar so, dass der angestaute Wunsch nach Nichtexistenz und alle sich damit auftuenden Probleme in anderen Daseinsbereichen heftiger gespiegelt werden und dadurch in größerer Intensität durchlebt werden müssen.

Der Wunsch, sich einfach in Luft auflösen zu wollen ist etwas Grundnatürliches und liegt in allem, was existiert, verborgen, denn es ist der Wunsch nach Sein ohne Bewusstsein.

Wer in sich diesem meist verborgenen, unbewussten Grundtrieb offenlegt und zum Vorschein bringt, der hat seinen Weg zum universellen Sein besiegelt, denn er wird nicht eher auf seinem Weg haltmachen, bis alles so im Sein verweilt, wie es immer schon war. Doch bevor dieser Weg angetreten werden kann, muss ein tieferes und vor allem emotionales Verständnis davon einsetzen, dass der Wunsch nach Nichtexistenz (der vermeintliche Todestrieb) eigentlich ein Streben nach ewigem Sein ist. Wer in sich den Wunsch nach Nichtexistenz freigelegt hat, dem ist diese innerste Neigung letztlich eine Triebkraft hin zur Heilung der Bewusstseinsspaltung, so destruktiv diese auch erscheinen mag. Denn je stärker dieser Trieb nach Auflösung ist, desto schneller kann durch ihn der Geisteszustand des ewig unveränderten Seins wieder Einzug halten.

Es ist nur ein winzig kleiner Schritt von der tiefsten Schwärze einer alles zerfressenden und zersetzenden Todessehnsucht hin zur Erfahrung des Geheiltseins im ewigen Licht. Sowohl der Seinstrieb als auch der Existenztrieb als die zwei grundlegenden Triebfedern im kosmischen Kreislauf des Entstehens und Vergehens sind letztlich Kräfte, die nach Leben streben. Der

Existenztrieb strebt das Leben in einer besonderen Lebensform an, wohingegen der Seinstrieb nach unbegrenzt formlosem Leben strebt.
Man könnte beide Triebe auch als ein und denselben verstehen, der einmal in immanente Richtung hin zum konkreten Existieren und einmal in transzendente Richtung hin zur Auflösung von allem konkret Existenten vorantreibt. Folglich findet der Wunsch nach Nichtexistenz nur in der Transzendenzerfahrung seine Erfüllung, denn in dieser Erfahrung wird das überschritten, was den Wunsch nach Nichtexistenz hat aufkommen lassen. Wird die gesamte Ich-Idee, die in ihrer selbst gewählten Besonderheit von sich glaubt, abgetrennt zu existieren, in einer solchen Transzendenzerfahrung aufgelöst, dann stellt sich die Verbundenheit mit allem, was ist, wieder ein, und das Sein erfährt durch dich seine Ganzheit in dir.
In der Transzendenzerfahrung löst sich die gesamte Existenz in Raum und Zeit auf und hinterlässt eine durchgängig stabile Erfahrung eines zeitlosen Seins in Fülle und Verbundenheit.
Das Ende deiner Idee des Existierens ist der Anfang deines neuen Lebens, in dem sich das Sein selbst in jedem Moment in dich gebiert. Dieser Anfang vom Ende zeigt auf, dass jedem Ende ein Anfang innewohnt, und dass nichts stirbt, wenn etwas stirbt. Denn immer, wenn etwas in der Existenz zu sterben scheint, wird das, was glaubt, zu existieren, zu dem, was es eigentlich immer schon war. Der Normalzustand des vollständig geheilten Seins, fern ab von jeder Idee von Vergänglichkeit und Tod, stellt sich damit wieder ein. Es gibt keinen Tod. Und wenn du dich genau umschaust, dann wirst du sehen, dass nichts hier so lebt, als ob es sterben würde. Psychologen widmen sich

dem Verleugnungsphänomen des Todes (The Denial of Death) schon lange. Hierfür entwickeln sie Verdrängungstheorien, die das Verleugnungsphänomen mit Hilfe von Angstkompensation zu erklären versuchen.
Doch auch hier ist die Wahrheit viel einfacher und unmittelbarer als die Erklärungsmodelle, die erstellt wurden, um ein materielles Weltbild aufrechtzuerhalten: Es gibt schlichtweg keinen Tod! Und das einzige, was sterben muss, um dies zu erfahren, ist die Idee des Todes, innerhalb derer ein Sterbenkönnen anscheinend möglich wird. Nichts kann mehr vergehen, wenn die Idee der Vergänglichkeit vergeht. Fügt man sich in die Vergänglichkeit und lässt allen Widerstand ihr gegenüber fallen, dann wird sich das Unvergängliche durch alles Vergängliche hindurch zeigen.
Mit unserer Idee des Todes und den damit einhergehenden Ritualen, fesseln und binden wir nicht selten die Verstorbenen an die Welt der vergänglichen Dinge und erschweren es ihnen, in die Ewigkeit einzugehen.
Die Auswirkungen der Gedanken der trauernden Angehörigen sind, wenn sie aus Verlustangst anstatt aus der freigebenden Liebe entstammen, für den Verstorbenen wie reine Folter. Die liebevolle Freigabe, weiterziehen zu dürfen, um andere Klassenzimmer im Kosmos zu erfahren, oder die Schule ganz abzuschließen, ist das, was man als Angehöriger dem sogenannten Verstorbenen mit auf den Weg geben sollte. Stelle dir, lieber Erdenbruder, einfach einmal die skurrile Situation vor, alle deine Angehörigen kommen zusammen, trauern und weinen, und du erfährst am ganzen hochsensiblen (Astral-)Leib alle diese Gedanken und Gefühle, da du nach wie vor mitten unter ihnen bist.

Male dir diese Situation einmal in allen Details aus und entscheide dann, welcher Art Begräbniszeremonie du gerne beiwohnen möchtest, wenn es um dich als den Verstorbenen gehen würde. Wird dem fundamentalen Glaubenssatz, dass es einen Tod gibt, über den Tod hinaus Glauben geschenkt, dann übertönt dieser Glaubenssatz den inneren Ruf weiterzuziehen, und man ist blind gegenüber der helfenden Hand aus der geistigen Welt.
Glaubt man eher den trauernden Angehörigen, dass man tot sei, als seiner eigenen Erfahrung von „ich bin doch noch am Leben!", dann manövriert man sich in eine Zwischenzone zwischen „Himmel und Erde", in der zwar irdischen Verlangen nachgegangen wird, diese aber nicht erfüllt werden können. Brennt das irdisch sinnliche Verlangen und kann doch in Ermangelung des physischen Körpers keine Erfüllung finden, so führt dies in das Gefühl, verbrannt zu werden. Lange kann ein Geist in der Zwischenzone vor sich hinvegetieren, wenn er an seinen in der Welt ausgebildeten Glaubenssätzen festhält, da der freie Wille auch hier als die höchste Gesetzmäßigkeit gilt.
In keiner anderen Lebenssituation als im Sterben wird dir das Loslassen alter Glaubensmuster so leichtgemacht und in kaum einer anderen Situation ist das Tor zu ewigen Seinszuständen so weit geöffnet.
Wie bei der Geburt drückt und atmet sich der Sterbende durch die engen Schichten der materiellen Dimension hindurch, schiebt sich den Spinalkanal entlang, um aus dem Kronenchakra auszutreten.
Der Prozess des Inkarnierens, sich in eine begrenzende Form hineinzuzwängen, ist wesentlich anstrengender und für den Geist schmerzhafter, als in die

Weite der feinstofflichen Ebene zu exkarnieren. Sowohl Inkarnation als auch Exkarnation sind sukzessive Prozesse, wobei der Körper immer nur zu einem gewissen Prozentsatz von dem Geist-Seele-Komplex bewohnt wird. Wenn der Körper anwesend ist und atmet, heißt dies nicht automatisch, dass dieser noch bewohnt wird. Mit sieben, vierzehn und einundzwanzig Jahren kommen Inkarnationsschübe aus dem Geist-Seele-Komplex in den Körper, und genauso ist das Exkarnieren (bei einem sogenannten natürlichen Tod) ein stückweiser Abbau und ein sich Zurückziehen des formbildenden Geist-Seele-Komplexes in feinstoffliche Bereiche.
Meist beginnt die Lebensausrichtung hin zu geistig feinstofflichen Bereichen bereits ab der Mitte einer Inkarnationszeit, da es, generalisierend gesprochen, in der ersten Lebenshälfte primär um die äußere Manifestation der im Geist angelegten Tendenzen geht. Meint ein Geist, dass Leben nur in der ihm bekannten Lebensform möglich ist und hat dadurch eine hohe Identifikation mit dem Körper, dann kann er weiterhin versuchen, seinen offiziell bereits abgelegten Körper zu beleben und zu bewohnen, weshalb es wichtig ist, den physischen Leichnam je nach Charakter der Person bis zu drei Tagen unberührt zu lassen, damit sich der Geist von seiner Hülle verabschieden kann.
Wer zu Lebzeiten viel von seiner Seele und Überseele inkarniert hat, für den wird es möglich, seine nächste Inkarnation bewusst im Voraus zu planen, um eine passende Wiedergeburt zu finden, denn diese Entscheidung wird auf der Seelenebene getroffen. Folglich muss man nicht exkarnieren, um zu wissen, wohin der Weg nach dem Ablegen des Körpers und dem Ebenenwechsel führen wird, denn alles das, was man

tun und lassen kann, wenn man den Körper abgelegt hat, ist schon jetzt auch mit dem Körper möglich, da es lediglich eine Idee ist, dass das, was man ist, an einen Körper gebunden sei.
Das Reinkarnieren kann sogar soweit bewusst erfolgen, dass das große Vergessen beim Ebenenwechsel umgangen wird, und man direkt mit all den Erinnerungen und seinem Wissen in eine andere Inkarnation eintritt. Es gibt hierzu direkt rituelle Praktiken, die das bewusste Reinkarnieren einleiten und das epochenübergreifende Weltenwandern ermöglichen.

Die Lehr- und Lernsituation

Alles, was dir begegnet hat eine Botschaft an dich. Und doch liegt die Botschaft weniger in dem, was du siehst, als darin, mit welchen Augen du es betrachtest. Erst wenn du dein inneres Gehör ausgebildet hast, bist du in der Lage, die Botschaften zu empfangen, die du gerade brauchst und zu sehen, dass in jedem Moment nur Geschenke an dich herangetragen werden. Manche Geschenke in Form von Lernsituationen mögen zunächst, während du sie bekommst, überhaupt nicht als Geschenk, als bereichernde Gabe identifiziert werden, doch mit der Zeit kann auch ihre Relevanz immer deutlicher gesehen werden, und du kannst auch ihnen gegenüber Dankbarkeit entwickeln.

In jedem Moment werden genau die Dinge an dich herangetragen, die du gerade in deiner persönlichen Lehr- und Lernsituation brauchst, da du die Freiheit hast, jede Situation deiner Zwecksetzung zu unterstellen. Alles kann sowohl für deine Befreiung als auch für deine Versklavung verwendet werden und du entscheidest in deiner Art und Weise des Umgangs damit darüber, in welchem Sinn du das, was ist, verwendest. Dabei wirst du genau in die Funktion eingesetzt, andere das zu lehren, was du dir selbst zu lernen vorgenommen hast.

Mit jedem Gedanken, jedem Wort und jeder Handlung lehrst du dich selbst deine eigene Selbst- und Weltsicht, bzw. festigst sie. Sei also darauf bedacht, was du dir über dich beibringst, denn es könnte sein, dass du anfängst, an das zu glauben, was du dir für dich ausgedacht hast und du könntest dich schlussendlich dementsprechend erfahren. Als was du dich erfährst, beruht einzig und allein auf deiner dir selbst beigebrachten Welt- und Selbstsicht, wobei in Wort, Tat und Gedanken die schöpferische Kraft liegt, dass eine vollständige Erfahrung von dem, worüber Worte und Taten sprechen, eingeholt werden kann. Wort, Tat und Gedanke gleichen dem Wunsch, dass es so sei, wie du es dir selbst durch Wort, Tat und Gedanken vorstellst. Eine Aussage wie beispielsweise: „Ich bin noch sehr stark im Ego“, festigt nicht nur einen von dir über dich selbst gebildeten Glaubenssatz, sondern gleicht dem Wunsch, weiterhin stark im Ego zu sein. Denn das Erfahrungsresultat einer dich belehrenden Feststellung und das eines Wunsches sind identisch. Oft ist uns nicht bewusst, dass wir hierüber genau das herbeiwünschen, von dem wir uns fernzuhalten versuchen, da wir dem Aufmerksamkeit schenken, was wir nicht haben wollen, und das, was unsere Aufmerksamkeit erhält, stärken wir im Positiven wie im Negativen.

Doch wohin können wir den Aufmerksamkeitsfokus lenken, um die Lektionen des Kosmischen Klassenzimmers erfolgreich zu lernen? Und wie erkenne ich, welche Lektion, welches Unterrichtsfach gerade ansteht?

Die Lektionsthemen melden sich zunächst meist sachte durch ein Klopfen an und fragen nach, ob sie gesehen, hereingelassen und bearbeitet werden dürfen. Wenn ihnen das Aufmerksamkeitstor nicht geöffnet wird, dann kleiden sie sich in andere Formen und Gewänder, ohne sich jedoch inhaltlich-thematisch zu verändern. Häufig treten bei energischerem Eintrittswunsch eines Themas vermehrt Synchronizitäten auf,

und man stößt plötzlich, wie zufällig, in unterschiedlichsten Lebensbereichen auf dieselbe Thematik. Wenn erneut die Hinweisschilder auf ein Lebensthema ignoriert werden, kann das Thema pathologische Züge annehmen und über seine Symptomatik eine Beschäftigung erzwingen. Je schneller folglich Themen gesehen und gelernt werden, desto geringer ist in diesem Zusammenhang das Maß an Leid. Alle Themen in der Lehr- und Lernsituation des Kosmischen Klassenzimmers sind lediglich im Reich der relativen Realität angesiedelt und haben mit der Absolutheit von dem, was du bist, keine Überschneidungspunkte. Mit der Aufmerksamkeitslenkung auf das, was du bist, entsteht ein ganzheitlich-simultanes Lernen, das alle relativen Themen umfasst und sie als getrennte Entitäten verblassen lässt.
Für das, was du bist, gibt es nichts mehr zu lernen, keine Bedingung zu erfüllen und keine Prüfung mehr abzulegen, denn jedes Lernen im transzendenten Sinn zielt darauf ab, mehr und mehr zu dem zu werden, der du bereits bist. Deshalb geht es viel weniger darum, etwas Neues hinzuzulernen, als die Selbst- und Weltsicht, die du dir beigebracht hast, wieder zu verlernen, sie loszulassen und in ein Wiedererinnern einer weit in den Hintergrund gerückten Gewissheit deines unbegrenzten Seins einzutauchen.
Im Klassenzimmerszenario von Raum und Zeit belehren wir mit dem, was wir sind, den Teil in uns, der wir nicht sind. Doch wir können diesem Teil nie das beibringen, was wir sind. Damit belehren wir immer nur den Teil, der es doch nie lernen wird, denn das, was lernen kann, braucht es nicht, und das, was lernen muss, kann es nicht. Durch diese Erkenntnis hindurch

beginnt eine Grundgewissheit von jenseits des Klassenzimmerszenarios zu sickern, in der jedes verstandesmäßige Verstehenwollen kapituliert, aufgibt, und so offen dafür ist, sich dem, was es ist, hinzugeben. Erst in dem Eingeständnis des eigenen Unwissens bin ich bereit, zuzuhören, aufzunehmen und mir das zeigen zu lassen, was nicht meinem eigenen Machwerk entspringt.

Das dir gegebene, zeitlose Sein deiner selbst (oder auch Höheres Selbst genannt), was du nicht selbst gemacht hast, leitet deine manifestierte Idee von einer bestimmten Persönlichkeit, die du sehr wohl gemacht hast, an. Doch diese Anleitung dirigiert dich nicht dahingehend, dass es dir die Entscheidung in der von dir gemachten Dingwelt abnimmt, sondern sie erinnert dich schlicht und einfach an das, was du bist, bzw. an das, was dir gegeben wurde. Und sie packt damit jede deiner Problemantiken an der Wurzel.

Dein geheilter, heiliger Geist übersieht die konkrete Problematik, mit der du dich an ihn wendest, und führt dich sachte in ein Gewahrsein deines geheilten Selbst, aus dem heraus du genau weißt, wie du nun im einzelnen diese Problematik lösen wirst, da du sie als bereits gelöst betrachtest.

Das, was du in der Zeit mit deinem zeitlosen Sein tust, bleibt vollkommen dir überlassen. Denn was vor und nach der zeitlosen Erinnerung an das, was du bist, wieder in die Zeit gestellt wird, geht über den Lehrauftrag des Heiligen Geistes hinaus, da er dir nur das rechte Mittel für Raumzeit-Entscheidungen an die Hand gibt, dir aber nicht die Freiheit nimmt, selbst die Entscheidungen treffen zu müssen. Die Lektion des Heiligen Geistes berührt folglich die Welt, die des Körpers Augen sehen nicht, sehr wohl aber berührt sie dich. Jeder, der die Ebenen des Lernens verwechselt und seine konkrete Wahl als gottgegeben legitimiert, wird zu einem Moralapostel und nimmt eine Rolle im Gut-und-Böse-Spiel ein, dem er nicht gerecht werden kann. Niemand, der im geteilten Klassenzimmer der Dualität noch zu lernen hat, besitzt den Weitblick, Recht von Unrecht per se festlegen zu können. Je klarer aber die Erinnerung von jenseits des Klassenzimmers in das Klassenzimmer hereingeholt wird, desto klarer werden Wort, Tat und Gedanke in den jeweiligen Situationen aus dem Sein deiner selbst herausfließen. Und alles, was aus dem geheilten Sein deiner selbst erwächst, gereicht allen Beteiligten zum Heil und ist passgenau der Impuls, der für die jeweilige Situation notwendig ist.

Der in dir bereits geheilte Geist schenkt dir seine Wahrnehmung, in der du erfährst, dass alles genauso passiert, wie es passieren muss, um deiner Lernsituation gerecht zu werden.

In der Führung des Heiligen Geistes steigt der Grad der Notwendigkeit jeder Kleinstveränderung soweit an, dass alles, was passiert, einem kosmischen Uhrwerk gleicht, in dem es exakt verzahnt passgenau zusammenspielt. Alles passiert aus einer inneren Notwendigkeit zum Geschehen heraus und bleibt doch immer nur eine von unzählbar vielen Möglichkeitsvarianten. Jede Handlung, die im Gewahrsein des großen Ganzen vollzogen wird, wird aus ihrem ureigenen Beweggrund heraus getan und tritt damit in den Dienst allen Lebens.

Der Heilige Geist kann alles, was passiert, so ins Licht der Erkenntnis rücken, dass es deinem Lernen dienlich ist. Ja, es gibt nichts, was nicht vom Heiligen Geist für deine Befreiung verwendet werden kann.

Trittst du in dir zurück und überlässt dem die Führung, der dich besser kennt als du es tust, dann wird dir offenbar, dass es einen großen kosmischen Lehrplan gibt, in dem das Lernen jedes Einzelnen genau so positioniert ist, dass individuelles Lernen und der kollektiv kosmische Heilsplan gemeinsam aus- und aufgeführt werden können. Die Lektionen im Heilsplan, dem Lehrplan im Kosmischen Klassenzimmer sind vorgegeben, wobei du die freie Wahl hast, wann du sie zu lernen wünscht. Im Absoluten steht der Plan fest und kennzeichnet den einen Anfangs- und Endpunkt, von dem aus sich das Erfahrungsspiel in Raum und Zeit aufrollt und entfaltet, und in den es wieder eingeht. Die relative, planerische Gestaltung und Umsetzung des Lehrplans ist jedoch jedem einzelnen überlassen, wobei er die obligatorische Lektion der Rückkehr zur allverbundenen Ganzheit vor sich hat. In den ersten Dreivierteln eines Schöpfungstages, in dem die Quelle "ausatmet", herrscht im Kosmos der Lehrplan der Immanenzlehre, wohingegen diese im letzten Viertel des Wiedereinatmens in ihr transzendentes Gegenstück, der Transzendenzlehre, umschlägt.
Der Lehrplan der Immanenzlehre wird letztlich in explorativer Eigeninitiative von dir bzw. deinem Ego entwickelt. Der Lehrplan der Transzendenzlehre hingegen wird dir gegeben, indem du dich der Führung des transzendenten, schon vereinheitlichten Geistes anschließt.
So entgegengesetzt diese Lehrpläne auch sein mögen, geht es beiden letztlich um Selbstverwirklichung bzw. das Suchen und Wiederentdecken von dem, was du bist, oder dem, was du sein könntest. Der transzendente Lehrplan wurde nicht in der Zeit geschrieben,

weshalb er keine in die Zeit gestellte Lernvorrichtung darstellt. Er gibt nicht vor, welche Richtung du in der Zukunft einzuschlagen hast, sondern er entwickelt sich von Moment zu Moment im Lebensvollzug neu und zeigt dir immer nur das Hier und Jetzt an. Damit ist der transzendente Lehrplan kein Plan im strengen Wortsinn, da man mit ihm nicht planen kann, und doch trifft man zu gegebener Zeit mit seiner Führung absolut sicher die richtigen Entscheidungen.
Denn als das, was du bist, triffst du in jedem Augenblick die richtigen Entscheidungen, und es bedarf keiner planerischen Aktivitäten im Chaos der relativen Wahlmöglichkeiten in einer imaginierten Zeitabfolge. Die Momententscheidungen, die mithilfe der Karte der Aktualität von dem, was ist, getroffen werden, ergeben sich nicht aus vergangenem Klassenzimmerlernen. Und wenn ein Plan aufgrund des eigenen Lernens in die Zeit gestellt wird, so ist die Momententscheidung für eine Alternative und entgegen dem Plan immer eine bessere Entscheidung. Die Entscheidung für das Umentscheiden ist entschieden hilfreicher für ein schnelles Lernen.
Doch selbst wenn eine Entscheidung aufgrund vergangenen Lernens getroffen wird, gibt es keine wirklichen Fehlentscheidungen, da das Treffen einer Entscheidung die Wahl zur richtigen Entscheidung hat werden lassen, denn allein die Wahl eines relativen Entscheidungspfades macht diesen zum gegenwärtig richtigen Pfad.
Die relativen Wahrheiten setzen sich stets aus dem vergangenen Lernen zusammen, die absolute Wahrheit hingegen hat ihr Sein stets lediglich aus dem Moment heraus. Nichts von meinem Raumzeitlernen kann ich in die Ewigkeit mitnehmen, weshalb sich das

Jetzt als Tor zur Ewigkeit nur dann öffnet, wenn ich davon ablasse und lediglich in mir erfasse, was sich in jedem Moment vollständig neu durch dieses Tor in die Raumzeiterfahrung gebären möchte.
Das Einzige, was es wert ist, sich innerhalb der Zeit beizubringen, ist das Sein der Ewigkeit selbst, für die ich mich in jedem Moment neu entscheiden kann. So gesehen bringe ich mir in der Transzendenzlehre das vollständige Gegenteil von alledem bei, was ich in der Wahrnehmungswelt bisher erfahren und erlebt habe. Ich lehre mich im KK, dass es nichts mehr zu lernen gibt, und dass es im Reich der relativen Realität nichts gibt, was dem Sein meiner Absolutheit gerecht wird. Alle in Raum und Zeit gemachten Lebenserfahrungen und die eigenen Ideen einer schon bestehenden, wie auch immer gearteten Wirklichkeit behindern die Schau der zeitlosen Wahrheit, denn die eigenen Ideen einer konkreten Wirklichkeit stehen dem Sein der Wahrheit entgegen.
Je mehr relative Lebenserfahrungen in Raum und Zeit angesammelt werden, desto schwieriger kann es sein, all das Erfahrene zugunsten der Wahrheit aufzugeben. Oder mit anderen Worten: Je länger die Suche auf einer Ebene, auf der es nichts zu finden gibt, andauert, desto schwieriger kann das Finden durch einen vollständigen Ebenenwechsel werden.
Erst wenn ich keine der im Reich der Relativität durchlebten Erfahrungen für wahr halte, findet sich die Bereitschaft in meinem Geist ein, mir das Sein des Absoluten wieder beizubringen, in welchem ich erkenne, dass ich nicht nicht sein kann, was ich bin. Mache ich hingegen eine Erfahrung und leite aus ihr eine Weltsicht, eine Idee von Wirklichkeit ab, so ver-

kenne ich, dass es bereits eine auf Trennung basierende Selbstsicht gegeben haben muss, um eben jene Erfahrung zu durchleben. Wer seine Welt- und Selbstsicht aufgrund vergangener Erfahrungen aufzubauen versucht, der verkehrt und verschleiert das Ursache-Wirkungsverhältnis, aus dem eine Erfahrung erst emporzusteigen vermag und bringt sich selbst (zum Preis der Selbstvergessenheit) damit bei, Ursache seiner selbst werden zu können.
Die Raumzeiterfahrung des KK bietet durch ihre Relativität und der sich stets in ihr wandelnden Wahrnehmungen jedem seine individuelle Lernerfahrung. Jeder, der mit der Idee von Zeit sich der letzten Lektion der Ewigkeit annähert, wird ein vollständig anderes Selbst- und Weltbild brauchen, um seine Lektionen im KK erfolgreich zu lernen.
Das heißt, dass es für einen bestimmten (relativen) Lernzweck eine Zeit lang sinnvoll sein kann, zu glauben, es gäbe nur die materielle Welt. Auch kann es in der relativen Lernsituation der Dualität wichtig sein, eine Zeit lang das Szenario von Tod, Trennung und Terror entstehen zu lassen.
Das Selbst- und Weltbild jeder deiner Erdenbrüder ist genauestens auf seine momentane Lernsituation, für die er sich entschieden hat, zugeschnitten, und es ist wichtig, dass er das Weltbild seiner Bildwelt so lange aufrechterhält, bis er mit der jeweiligen Lektion abgeschlossen hat. Es gibt keine richtigen oder falschen Sichtweisen, Anschauungen oder Selbst- und Weltbilder, da sie alle innerhalb ihrer Lehrfunktion Gültigkeit besitzen. Im KK, in dem es nur Wahrscheinlichkeitsannahmen (d. h. den Glauben an etwas) gibt, ist jeder frei darin, das zu glauben und sich das beizubringen,

was er zu lernen wünscht. Lasst allen euren Erdenbrüdern ihren Glauben (auch wenn sie diesen als absolut unumstößliches Wissen postulieren), denn ihr wisst nicht, für welche Lektionen sich euer Erdenbruder entschieden hat. Folglich geht es letztlich bei den Anschauungsinhalten nicht um wahr oder unwahr, sondern darum, wie zielführend diese für eine bestimmte von mir gewählte Erfahrungsqualität ist.
Welche Anschauungen oder Sichtweisen scheinen dir also dein Glück zu verwehren?
Was muss passieren, dass diese Anschauungen sich so wandeln, dass sie Heilung und Frieden wieder in deinen Geist einladen?
Welche Sichtweise müsstest du auf die Welt und alle meine Mitschüler im KK haben, damit du erkennst, dass Befreiung bereits stattgefunden hat?
So, wie du deine Mitmenschen siehst, wirst du sie behandeln, und so werden sie sich letztendlich auch von sich aus verhalten.
Wie also willst du deine Erdenbrüder und Gotteskinder wahrnehmen?

Die zwei entgegengesetzten Lehransätze im KK

Je nachdem, ob die Blickrichtung eine transzendente oder eine immanente ist, erscheint das Kosmische Klassenzimmer in der Raum-Zeit in einer diametral entgegengesetzten Zwecksetzung.
Für die Transzendenzlehre haben wir bereits ausgelernt. Nichts, was wir dazulernen, kann dem, was ist, noch etwas hinzufügen und nichts, was wir machen, verändert etwas an der absoluten Vollständigkeit von dem, was ist, da im Absoluten nichts kommt, wenn etwas kommt und nichts geht wenn etwas geht. In diesem Sinne ist das Kosmische Klassenzimmer ein Spielzimmer unbegrenzter Möglichkeiten, was wir über unser Vergessen von dem, was ist, aufgemacht haben, um darin bedeutungslose, getrennte Eigenwelten zu errichten. Das, was wir hier vermeintlich dazulernen, festigt lediglich das Vergessen von dem, was ist, indem es immer wieder mit der Tönung des Eigenwillens übermalt wird. Das Kosmische Klassenzimmer ist folglich in einer konsequent zu Ende gedachten Transzendenzlehre bedeutungslos und nur dafür da, um aus ihm zu erwachsen, bzw. es zu transzendieren. In ihm lernen wir nichts dazu, sondern versuchen uns selbst eine Seinsform beizubringen, die wir nicht sind, um das Sein unserer selbst weiter abseits in die Vergessenheit treten zu lassen.
Dadurch, dass der Ausgangspunkt unserer Selbsterfahrung ein immanenter ist, lehrt die Transzendenzlehre das vollständige Gegenteil von alledem, was wir bisher hier erfahren und erlebt haben.

Die Transzendenzlehre lehrt innerhalb der Zeit die Ewigkeit und innerhalb des Raumes die Unendlichkeit und zeigt auf, dass es im KK nichts mehr zu lernen gibt, indem es um der Absolutheit willen das gesamte relative Lernsystem infrage stellt. Gäbe es die Welt der Dualität wirklich, so wäre der transzendente Lehrplan unausführbar. Niemand kann von sich behaupten, das bereits zu kennen, was die Transzendenzlehre zu lehren versucht, denn das, was sie lehrt, wird trotz ihres unveränderbaren, formlosen Zustands in jedem Moment als neu erfahren. Wiederholung ist das Wesen der Zeit, immerwährende Neuheit das der Ewigkeit.
Hiermit beantwortet sich eine häufig gestellte Frage, ob das Leben in einer unterschiedslosen, einheitlichen Seinsart irgendwann langweilig werde?
Langeweile kommt nur durch Wiederholung, und Wiederholung kann nur in der Zeit, nicht aber in einem zeitlosen Seinszustand aufkommen. Die Zeit selbst ist nur eine ständige Wiederholung ihres ersten Augenblicks, was auch bedeutet, dass durch sie nie etwas vollends Neues hervorgebracht werden kann. Genau umgekehrt sieht es freilich aus dem Blickpunkt der Immanenzlehre aus.
Die Immanenzlehre (Dualitätslehre) findet überall Anhänger und Fürsprecher, da sie das lehrt, was jeder erfahrungsbasiert nachvollziehen kann.
Wer sich jedoch in der immanenten Körpererfahrung eine Transzendenzlehre, in der Dualität das Sein der Nondualität beibringt, der kann hierfür auf keine bereits gemachte Erfahrung in der Dualität zurückgreifen und nichts, was er ins Feld führt, kann durch ein Dualitätsdenken erfasst werden. In einer konsequen-

ten Transzendenzlehre werde ich mir solange das Gegenteil von dem, was ich erfahre, beibringen, bis sich die Dualität meiner Erfahrungswelt in etwas Nonduales, Ewiges eintauscht. Wir haben uns sehr lange etwas anderes beigebracht, als das, als was wir uns erlebt haben, als wir uns die Dualität getrennter Formen beibrachten, obwohl wir uns als eine nonduale Entität erfuhren. Es war ein Meisterwerk des Lernens, ein großer kosmischer Kunstgriff der Selbsttäuschung, durch den wir in die Selbstvergessenheit gesunken sind, als wir uns ein relatives, getrenntes Sein beibrachten, während wir uns als die unbegrenzte Absolutheit von allem, was ist, erlebten.
Die Wahrheit ist etwas Nonduales, Absolutes und steht der dualen Wirklichkeit diametral gegenüber, wobei sich dieser scheinbare Widerspruch nur in der Wahrheit, nicht aber in der Wirklichkeit auflösen kann. Widerspruch und Uneindeutigkeit sind das, was die Dualität ihrem Wesen nach ist, und ab dem Moment, ab dem geglaubt wurde, dass es mehr als nur einen Geist gäbe, war sich keiner mehr einig und Zwietracht entstand.

Der Ursprung des KK war der Sprung in die Existenz, indem sich das zeitlose Sein zu einem Bewusstsein hin spaltete. Diese Spaltung war die erste Trennung, aus der heraus alle weiteren Auftrennungen und Aufteilungen einsetzten, um das Existenzspiel im KK entstehen zu lassen.
Die Heilung der Bewusstseinsspaltung ist das zentrale Thema und die letzte Lektion im KK, die es zu bearbeiten gilt. Denn in der Heilung der Subjekt-Objekt-Trennung findet ein Bewusstsein den Zugang zu seinem scheinbar verloren gegangenen, ganzheitlichen

Sein. Das Bewusstsein ist von sich aus Unheil, d. h. in sich gespalten, worüber jede Art Unheilsamkeit in ein Bewusstsein Einzug halten kann.
Wer sich Heilung von etwas verspricht, das er in seinem Bewusstsein erfahren kann, der verkennt, dass nichts von dem, dessen er sich bewusst werden könnte, absolut heilend sein kann, wenn das Bewusstsein, welches die Heilung wahrnimmt, unheil ist. Und ist die Spaltung im Bewusstsein erst einmal ausgeheilt, dann erfährt dieses nur noch das, was diesem Bewusstsein zum Heil, zur Vervollkommnung gereicht.
Nichts, was du durch das Bewusstsein erfährst, kann dir die Heilung des Bewusstseins bereiten. Natürlich gibt es innerhalb des Bewusstseins relative, temporäre Heilungserfahrungen, doch durch keine dieser Erfahrungen kann eine zeitlich stabile Heilung in ein Bewusstsein Einzug halten.
Wer seine Heilung aus den Erfahrungen, die er im Reich der relativen Realität von Raum und Zeit macht, bezieht, der sollte sich nicht wundern, dass alle Heilungsresultate lediglich relativ und temporär sind.
Ein geheiltes Bewusstsein hat im strengen Wortsinn kein Bewusstsein mehr über sein Geheiltsein, denn es hat alles im Bewusstsein aufgegeben, um das Sein seiner selbst zu erfahren. Nichts kann aus dem Bewusstsein mit ins (geheilte) Sein genommen werden, da es im Sein kein Bewusstsein über das Sein mehr gibt. Und erst, wenn du bereit bist, jeden noch so subtilen Bewusstseinsgegenstand loszulassen und aufzulösen, kann sich das Sein wieder einfinden.
Im Geheiltsein fügen sich Innerlichkeit und Äußerlichkeit, Selbst und Welt, Subjekt und Objekt zusammen und werden als Einheit erfahren. Das Sein erfährt

sich in seiner Ganzheit und Größe in dir und in allen anderen Bewusstseinsträgern, die nicht mehr anders sind, als so, wie du bist.
Im geheilten Ich-Bin-Bewusstsein bin ich nicht mehr, und alles wandelt sich in das Ich-Bin, welches auch mir widerfährt. Das, was den geheilten von dem ungeheilten Geisteszustand unterscheidet, ist lediglich eine veränderte Wahrnehmung. Der Geheilte durchschaut den Bewusstseinstrick, kommt sich selbst auf die Schliche, und je näher er sich sich annähert, desto eher muss er sich eingestehen, nicht zu existieren. Je weniger deine besondere Eigenheit im Bewusstsein existiert, desto mehr kannst du sein. Alles findet erst darüber zur Existenz, indem es durch ein Bewusstsein wahrgenommen wird, denn im Akt der Wahrnehmung erschafft das Bewusstsein das, was es wahrnimmt. Schöpfung entsteht in der Wahrnehmung dessen, was ein Bewusstsein wahrhaben will. Jeder deiner Wahrnehmungen ist exakt, perfekt und passgenau auf dein Bewusstsein zugeschnitten, denn jede Wahrnehmung ist eine Maßanfertigung von dem, was dein Bewusstsein wahrhaben will. Somit ist alles, was ein Bewusstsein wahrnimmt, ausschließlich *für* das Bewusstsein, das wahrnimmt, da es diesem Existenz schenkt.
Das heißt auch, dass nichts vor deiner Wahrnehmung bereits so gewesen ist, wie du es wahrnimmst. Denke für einen Moment darüber nach, was es für dich und deine Lebenswelt heißt, wenn vor deiner Wahrnehmung noch nie das da gewesen ist, was du wahrnimmst?!?
Gibt es etwas, was du in deinem Bewusstsein trägst, was nicht zu einem gewissen Grad du bist? Jede Wahrnehmung spielt sich nur innerhalb deines

Bewusstseins ab, da du nichts außerhalb deines Bewusstseins wahrnehmen kannst. Das macht dich zu all dem, was du wahrnimmst, weil du all das, was du wahrnimmst, zu dem machst, was es ist.
Du erfährst dich in alledem, was dir begegnet, und du empfindest keinen Unterschied mehr zwischen deinem Bewusstsein und dem, dessen du dir bewusst bist. Ist diese Art Erleben stabil, dann wurde die Bewusstseinsspaltung geheilt, und du erfährst dein Geheiltsein, deine Vollständigkeit an und mit allem, was dir begegnet.

Anschauungskunst

Kunst fragt nicht nach richtig oder falsch, wahr oder unwahr, sondern nur nach schön, angenehm, heilsam bzw. unschön, unangenehm, unheilsam, und genauso verfährt der “Anschauungskünstler“ mit seinen Anschauungen auch. Ein geübter Anschauungskünstler weiß, dass es keine außerhalb von ihm liegende Wirklichkeit gibt, die es ihm verwehrt, dieses oder jenes für sich für wahr zu nehmen.

Denn es gibt keine objektive Wirklichkeit außerhalb des Subjekts, die diesem vorschreiben könnte, wie es die Dinge wahrzunehmen hat. Eine Anschauung wird dann zur Kunst, wenn sie sich frei von allen konventionellen Wirklichkeitsvorgaben zu bewegen vermag und sich über die Prägungen und Muster einer weltlichen Anschauungsdiktatur erhebt.

Ein Anschauungskünstler ist sich der Macht der Welt- und Selbstsicht bewusst und stets in der Lage, diese von Moment zu Moment dem jeweiligen Lebensvollzug anzupassen, sich vom Leben eines Besseren belehren zu lassen und sein vergangenes Lernen, die alten Anschauungen ohne Zögern über Bord zu werfen. Ein Grundsatz der Anschauungsartistik ist, dass Wahrnehmung aktiv-kreativ vom Wahrnehmenden gestaltet wird, und das Wahrgenommene nur von den Entscheidungen des Wahrnehmenden zeugt. Es gleicht tatsächlich einer Kunst, nur den Dingen auf der Bühne des Lebens Wirklichkeit zuzusprechen, denen man mit Freude zusehen möchte. Schleichen sich doch einmal andere Szenarien in den Lebensfilm, so weiß der Anschauungskünstler jene Situation oder

Gegebenheit sofort dahingehend umzudeuten (reframing), dass diese in einem hilfreich-heilsamen Lichte gesehen werden können.
Im Folgenden nun ein paar Anschauungskunststücke, mit denen man zu einem wahren Anschauungsakrobaten und Lebenskünstler werden kann und die einen, wenn man sie verinnerlicht hat, spielerisch leicht durchs Leben tragen:

- Der gewünschte Zielzustand ist bereits vorhanden, und ich muss nur noch lernen, diesen wahrzunehmen.

- Es gibt keine falschen Entscheidungen, weil das Treffen einer Entscheidung die Wahl zur richtigen Entscheidung werden lässt. Die Wahl einer Entscheidung, die ich treffe, macht sie zur richtigen Entscheidung.

- Es gibt keine schlechten Erlebnisse oder Ereignisse, es gibt nur Wachstumschancen und Lernmöglichkeiten. Und besonders für die schwierigen Lektionen gilt es, Dankbarkeit aufzubringen.

- Für meine Befreiung ist bereits alles getan.

- Die Wertigkeit von dem, was ich bin, wird nicht von dem, was ich denke, sage oder tue, berührt. Denn das, was ich bin, liegt jenseits aller weltlichen Wertvorstellungen und Urteile.

- Ich kann nicht zur falschen Zeit am falschen Ort sein. Ich kann nicht im falschen Film sein, denn der von mir wahrgenommen Wahrnehmungsfilm muss immer *mein* Film sein.

- Die Wirklichkeit ist immer unterstützend und hilfreich, auch wenn ich das nicht immer gleich sehen kann.

- Sobald ich etwas Unheilsames, Destruktives, Leidvolles wahrnehme, muss ich mich geirrt haben.

- Ich habe mit meiner Selbst- und Weltsicht komplett falsch gelegen, wenn diese mir nicht zum vollständigen Glück gereicht.

- Die höchste Schöpfungsebene will nur, dass ich glücklich bin, und die Baumeister der Schöpfung haben alles perfekt in diesem Sinne eingerichtet.

- Immer, wenn dieser Grad der ganzheitlichen Perfektion von allem, was ist, nicht wahrgenommen werden kann, liegt es an meinen eigenen Gedanken, die ich über das, was ist, denke und nicht an dem, was wirklich da ist.

- Es gibt keine von außen kommenden Beeinflussungen, da alle wahrgenommenen Einwirkungen innerhalb des wahrnehmenden Geistes geschehen.

- Deine Mitschüler im Kosmischen Kassenzimmer sind bereits Meister aller Klassen, und sie spielen nur die Rolle eines launisch unerwachten Mitmenschen, um dir eine möglichst vielseitige, authentische Lernsituation zu schaffen.

- Alles ist Liebe oder der Ruf nach Liebe, und es gibt keine Handlung, deren letztliche Motivation nicht auf Liebe zurückgeht.

- Alles was in der Schöpfung existiert, wurde in Liebe geschaffen.

Die Welt aus der Sicht eines Anschauungskünstlers

Die Welt, die du siehst, ist dein Klassenzimmer und es ist nur von dir und für dich gestaltet. Deine Mitschüler sind nicht etwa deshalb da, weil sie ebenfalls deine Klassenstufe absolvieren, sondern sie alle haben sich nur für dein Lernen in dein Klassenzimmer projiziert. Die Welt besteht nur noch für dich, der du in ihr noch Lernerfahrungen machst. Alle deine Mitschüler haben das Erfahrungsspiel in der Raum-Zeit-Simulation bereits durchlaufen und abgeschlossen, sie alle sind bereits Meister aller Klassen und sind eigens nur noch einmal für dich in die Grund-Schule zurückgekehrt, um dir eine Lernhilfe zu sein. Hierfür verkleiden sich deine Mitschüler, schlüpfen in unterschiedliche Rollen, um dir ein möglichst authentisches Erfahrungsspiel mit allen dazugehörigen Höhen und Tiefen zu bieten. Ja, sie gehen sogar so weit, dass sie sich dazu bereit erklären, zu vergessen, dass sie bereits Meister aller Klassen sind, um mit dir beim Urschleim wieder anzufangen.

Erdenbruder, wenn du das sehen und verstehen könntest, wieviel in Bewegung gesetzt wird, um dein persönliches Weltenszenario, deine persönliche „Truman Show“ (Anspielung auf dem gleichnamigen Film „Die Truman-Show), am Laufen zu halten, dann könntest du vor Liebe und Dankbarkeit für das ganze Spektakel gar nicht mehr an dich halten.
Erdenbruder: Alle deine Mitmenschen sind vollständig erwacht, und tun nur so, als ob sie schlafen, um dich aus deinen Traumbildern zu erwecken. Denn nur indem sie sich selbst schlafend stellen, können sie als Traumfiguren innerhalb deines Traumes auftauchen. Heimlich aber schauen sie sich deine „Truman Show“ an, in der du dich als Held deines Traumes für sehr wichtig hältst und von deinen Heldentaten träumst. Doch wie heldenhaft sind deine Errungenschaften und wie groß deine Erkenntnisse, die du in der Grundschul-Exkursion deiner Raum-Zeit-Erfahrung machst ? Je mehr du dir dein Lebenszenario, deine Inszenierung auf der Bühne der Formenwelt in der Gesamtheit vor Augen führst und den Oberflächenzauber deiner persönlichen Zaubershow durchschaust, desto schneller wirst du dich selbst als Meister aller Klassen im Kosmischen Klassenzimmer wiedererkennen. Und dann besteht dort deine einzige Funktion darin, in all denjenigen die Erinnerung daran wieder wach zu rufen, die für dich in die Vergessenheit gestürzt sind, um dir eine Lernhilfe zu sein.
Einer eilt dem anderen in das große Vergessen nach, um ihn daran zu erinnern, dass er vergessen hat, wer er ist. Dabei vergessen beide. Diejenigen, die wissend außerhalb der Raumzeit auf das kosmische Spektakel schauen, denken sich: „ Ach du Schreck! Jemand muss den armen entfremdeten Kindern Gottes zu

Hilfe eilen, damit sie sich wieder an sich erinnern". Doch viele, die sich hinunter in das Kosmische Klassenzimmer projizieren, vergessen wofür, und erinnern sich nicht daran, dass sie andere an das erinnern wollten, was sie sind.

Lieber Erdenbruder

Hier eine weitere Erinnerung von dir an dich selbst.
Guten Morgen, Erdenbruder. Es ist Zeit aufzuwachen ... Ich hoffe du hast gut geschlafen.
Ein weiterer Tag (oder schon ein weiteres Leben?) auf Mutter Erde bricht an.
Alle Albträume, von denen du geträumt hast, sie zu erfahren, waren der Weckruf eines Weckers, den du selbst gestellt hast.
Erdenbruder, reichen deine Träume des Zwielichts nicht aus, um zum Lichte hin erwachen zu wollen? Deine Träume und mit ihnen alle Dunkelheit sind vergangen. Das Licht der Morgensonne ist gekommen und bringt dir in jedem Moment die Erfahrung der vollständigen Neugeburt deines inneren Wesens.
Erdenbruder, der Schleier des großen Vergessens ist wie ein Fall in den Tiefschlaf, in die geistige Umnachtung und Umnebelung, in der das Licht deiner Innerlichkeit gedämmt wird und sich zwielichtige Träume einschleichen können. Und doch bist du es, der sich für das große Vergessen entschieden hat, um das Spiel in dieser Raum-Zeit-Simulation mitzuspielen. Doch nur ein winzig kleiner Bruchteil von dem, was du bist, hat sich hier herabbegeben, um in der Spielzeugwelt der Formen zu spielen. Alles andere von dir weilt nach wie vor im Einssein mit allem, was ist.

Du bist bereits erwacht, nur hat es vielleicht noch nicht jeder Teil von dir mitbekommen.
Und für diesen Teil hast du ein spektakuläres Erfahrungszenario des Erwachens entworfen, indem du immer wieder deinen Weckruf in deine Traumrealität platzierst.
Erdenbruder, die ersten Schritte in deinem Erwachen sind die, die deiner gelegten Hinweisspur zum Erwachen folgen, um auf diese Weise immer wieder vom Erwachen zu träumen.
Der letze Schritt ist der wagemutige Sprung vom Traum des Erwachens in den erwachten Traum,
indem dir bewusst wird, dass jede Form der Trennungsrealität von dir erträumt wurde.
Deine tägliche Erfahrungen im Körperformenspiel sind eine Erweiterung der Realität, die du des Nachts besuchst, denn in der nächtlichen (Einheits-) Realität träumtest du einst davon, wie es wäre, eine Trennungsrealität zu erfahren. Und dieser Wunschtraum wird dir jetzt mit allem, was du erfährst, erfüllt. Ändert sich dein Traumwunsch, so wird dir die Erfahrung jedes Wunschtraumes gewährt, denn deine gegenwärtige Erfahrung kann nur die Erfüllung deines sehnlichsten Wunsches sein.
Selbst der Wunsch der Erfahrung, wie es sich anfühlt, etwas in einer Traumrealität zu erleben, von dem du ganz und gar nicht mitbekommst, dass es dein eigener Wunsch gewesen ist, geht in Erfüllung.
Erdenbruder, von diesem Wunsch beflügelt bist du im Sturzflug zur Erde gekommen, denn es schien dir gar unvorstellbar, dass es eine Realitätsform geben könnte, in der man etwas erfährt, was allem Anschein nach nicht in direkter Verbindung zum Wunsch der Erfahrung steht. Das, was sich deine Realitätsform hat

einfallen lassen, um Wunsch und Erfüllung (die eigentlich in allen Schöpfungsebenen unmittelbar miteinander einhergehen), zu trennen, war die Zeit. Und die Aufhebung derselben gleicht der Aufhebung des Trennungszustandes, den du dir erträumt hast.
Erdenbruder, du bist Traum und du bist Erwachen, denn du bist ein erwachtes Bewusstsein, was sich (s)eine Traumrealität manifestiert hat.

In Liebe und Verbundenheit
Ein Erdenbruder.

Die Ebene der Matrix

Die Matrix im Kosmischen Klassenzimmer besitzt schematisch gesprochen zwei Ebenen. Einmal die individuelle Egomatrix, die im Besonderen auf psychischer Ebene den konventionellen Mustern ihrer selbst huldigt, und die kollektive Ebene, die ein umfassendes Aufgebot an Indoktrination aufgefahren hat, um die Matrixprogramme weiter abspielen zu können. Diese Programme laufen nur auf einem auf Angst und Abhängigkeiten basierenden System. Und jedes Systemupdate ist einen Schritt fort von dem, was wir sind, wobei es uns als Fortschritt verkauft wird. Die Matrix hat ein großes Interesse daran, dass wir nicht erfahren, wer wir sind, denn wüssten wir es, könnte sie nicht mehr sein. Oder im Sinne der äußeren Matrixebene gesprochen: Zufriedene Menschen, die ihr Glück im Inneren gefunden haben, sind eine wirkliche Gefahr für die Weltwirtschaft.

Deshalb verteilt das Matrixsystem fleißig niedrigschwingendes "Schlafpulver" durch alles, von dem es uns glauben gemacht hat, dass wir es bräuchten. Ein schlafwandelndes Volk ist besonders suggestibel, also leicht beeinflussbar und sehr empfänglich für eine von außen herangetragene Lebenszwecksetzung. Dabei bemerken die Schlafwandler nicht einmal, dass das, was sie sich wünschen, nicht ihre eigenen Wünsche sind, die von ihnen gefressenen Lebensleitlinien schwer verdaulich sind und letztlich nur zu Bauchschmerzen führen. Wenn dann das Bauchgefühl rebelliert und an eine natürlichere Sinngebung bzw. Lebensführung erinnert, gibt es immer noch eine Viel-

zahl an legalen Betäubungsmitteln, die das befremdliche Bauchgefühl schnell zum Stillschweigen bringen können.
Die Meinungsmache der Meinungsindustrie schafft es, ihr Meinungsprodukt so vielschichtig in Umlauf zu bringen und so clever zu vermarkten, dass jeder glaubt, selbst Ursache für seine "eigene Meinung" zu sein. Dabei setzt das Matrixweltbild in der Verschleierung seiner selbst auf ein selbstinszeniertes, reguliertes Chaos innerhalb des Matrixgeschehens, um einen internen, ganzheitlichen Durchblick zu verhindern. Dieses Matrixsystem schafft einen künstlichen Mangel oder eine künstliche Krankheit, um dann das anzubieten, was diesen Mangel anscheinend auszufüllen, oder die Krankheit zu heilen vermag.
Die Nachfrage reguliert das Angebot, weshalb die Matrix die individuelle Nachfrage zu kontrollieren versucht, um dann ihr hierzu präpariertes Angebot zu unterbreiten. Dadurch hat die Matrix einen ständigen Problemfokus, um die von ihr entwickelten Lösungen im Schein seriöser Gewichtigkeit an Fortschrittsgläubige mit ihren Statistikklemmbrettern zu verkaufen. Hierbei wird das Matrixgeschehen so frisiert und nachgerichtet, dass die Nachrichten stets das Geschehen ohne dessen Matrixhintergrund zeigen. Die Geschichtsschreibung, die meistens bereits im Voraus als Matrixprogramm geschrieben wurde, wird nach dem tatsächlichen Geschehen so umgeschrieben, dass nur der Teil der Geschichte, der in die Matrixchronologie passt, erzählt wird. Wobei niemand innerhalb der Matrix hierfür individuell verantwortlich zu machen ist, da in der Matrix zu sein schon bedeutet, Exekutive (der Matrix) zu sein. Niemand kann innerhalb

der Matrix sein, ohne gleichzeitig an ihrem Geschehen teilzuhaben. Deshalb stellt sich weniger die Frage nach dem Systemausbruch, als die, welcher Umgang mit der Matrix gepflegt werden muss, um das System in konstruktive Bahnen zu lenken, in denen man eine größtmögliche Bewegungsfreiheit und individuelle Gestaltungsräume besitzt, um letztlich das System überflüssig werden zu lassen.

Bei der Ausgestaltung des individuellen Freiheitsbedürfnisses ist das Matrixsystem durchaus hilfsbereit und zuvorkommend - vielleicht manchmal etwas zu zuvorkommend - indem es eine unglaubliche Auswahlmöglichkeit des gleichen Produkts in unterschiedlichen Verpackungen darbietet, bzw. eine riesige Scheinvielfalt an Unterhaltungsprogrammen anzubieten hat, in denen sich stets die gleichen fesselnden Ablenkungswelten des Matrixschemas abspielen. Jeder, der die Hilfe des Matrixsystems in Anspruch nimmt und von ihm Unterstützung erhält, muss sich klar darüber sein, dass er dadurch umgekehrt ebenfalls die Matrix unterstützt. Hätte das System niemanden mehr, der das System bräuchte, bräuchte man das System nicht. Und genau hierin liegt auch der Schlüssel, der den noch ungegangenen Weg aus den Systemmustern heraus aufzuschließen vermag.

Doch im System ist es bequem, und auf den Komfort, den der Weg der bereits vorgezeichneten Pfade verspricht, verzichtet man nur ungern. Selbst wenn es in der Komfortzone zunehmend unbequemer wird, ist ihre Sicherheitssuggestion schon soweit eingepflanzt, dass aus ihr eine große Angst vor allen neuen Wegen erwachsen ist, und man lieber versucht, an dem Altbewährten herumzudoktern, anstatt auf Neuland eigenständige Pionierarbeit zu leisten.

Eine selbstverantwortliche Eigenständigkeit gepaart mit einem individuellen Querdenkertum, das dann möglicherweise in einen autarken, naturverbundenen Lebensstil mündet, läuft der Matrix eindeutig zuwider. Alles, was in Richtung Selbstversorgertum geht, ob es nun die ökonomische oder ökologische Eigenständigkeit betrifft, wird zu unterbinden versucht. Stattdessen wird eine Verkollektivierung in städtischen Ballungszentren angestrebt, da sich hier eine Lenkung des Geschehens besonders einfach gestalten lässt.

Auf die zentralen Matrixthemen der äußeren Ebene (Wirtschaft, Arbeit, Politik, Kriege usw.) soll hier nicht näher eingegangen werden, gibt es doch genügend Experten, die ihre auf dem System fußenden Anschauungen anschaulich mit Belegen aus dem System fundiert rechtfertigen und unterbreiten können. Es mögen an dieser Stelle lediglich (mit der Unschuld eines Kindes) einige offene Fragen hierzu in den Raum gestellt werden:

Wie kam es eigentlich zur sozialen Übereinkunft, Papierschnipseln so viel Wertigkeit beizumessen?

Wie kommt es, dass man so viel Zeit mit etwas verbringt, was man eigentlich nicht tun möchte, bzw. freiwillig eigentlich nicht tun würde, wenn man die Wahl hierzu hätte?

Wofür geht man 40 Stunden in der Woche arbeiten?

Warum glaubt man, so viel haben zu müssen, um sein zu können?

Wie kommt es, dass es Kriege aber kaum einen Kriegsbefürworter gibt?

Wie kommt man überhaupt auf den Gedanken, gegen jemand kämpfen zu wollen, oder sich irgendjemandem gegenüber verteidigen zu müssen?

Wie kann man im vollen Bewusstsein seine eigene Lebensgrundlage vergiften?
Wie kommt man auf die irrwitzige Idee, dass bei einem Konkurrenzsystem, in dem alle gegen alle arbeiten, für alle schlussendlich das Beste herauskommt?
Um möglichst wenig Bedenkzeit in Grundsatzfragen des Lebens und der Lebensführung fließen zu lassen, bitte ich nun im Sinne der Matrix darum, möglichst schnell einer anderen Beschäftigung nachzugehen, gedanklich schon zum morgigen Fernsehprogramm abzuschweifen und die vorangegangenen Fragen in keiner Weise ernsthaft auf sich wirken zu lassen...

Das Beschäftigthalten in hoch spezialisierten Ersatzrealitäten, das keine Zeit mehr für ganzheitlich grundsätzliche Überlegungen lässt, ist eine der Matrixmethoden, um von der Ebene des Seins abzulenken. Auch wird der Glaubenssatz, dass sich grundsätzliche Fragen über das Menschsein nicht beantworten lassen, und dass diese lediglich im sog. Glaubensbereich anzusiedeln wären, zum Matrixschutz aufgefahren. Laut der erdachten Matrixgeschichte gibt es ein paar wenige Menschen, die in der Lage sind, diese Fragen zum Teil durch ihre besondere Verbindung zu einer höheren Schöpfungsebene zu beantworten, wobei sie dann die gottgegebene Legitimation als Übermittler einer überweltlichen Wahrheit erhalten und als Heilige gelten. Doch niemand kann das Unmittelbare vermitteln, und jedem Geschöpf wohnt die gleiche, zutiefst persönliche Verbindung zu seinem Schöpfer, sowie deren Heiligkeit inne. Das heißt auch, dass die universelle, überweltliche Wahrheit jedem individuell zugänglich ist und diese nicht nur einer auserwählten Elite an Priestern oder Kirchenmännern gegeben

wurde, die dann in ihrem heiligen Amt für die Entlastung eines sündigen Volkes beten.
Wie tief die seit Jahrhunderten erzählte Matrixgeschichte der Sünde und des rachsüchtigen Gottes internalisiert wurde, vermag man heute kaum zu erahnen und doch ist es nur eine alte Geschichte, die bei einer wahrhaftigen Erfahrung sofort verblasst.
Ein weiteres Machtwerkzeug, mit der sich die Matrix selbst entlastet und das Leben in ihr erträglicher zu machen versucht, sind Feindbilder. Hierbei denunziert die Matrix ganz bewusst einen kleinen Teil ihrer selbst und klagt diesen als Matrix und Schuldursache an. Mit der Feindbildjonglage schafft es die Matrix geschickt, von sich als Ganzes abzulenken und gleichzeitig jemanden zu finden, der für die von der Matrix geschaffenen Gesamtsituation herhalten muss. Auf der einen Seite schürt sie polare Sichtweisen und Weltanschauungen, um diese nötigenfalls gegeneinander aufzustacheln und auf der anderen Seite arbeitet sie an einer globalen Gleichschaltung mit Zentralregierung.
An den Zentralrechnern des Matrixsystems arbeiten hochintelligente Bildermacher und Imagegestalter, die bis ins kleinste Detail mit der Programmierung der Matrix beschäftigt sind und sich systemstärkende Szenarien ausmalen. Diejenigen, die in der Matrixzentrale arbeiten, sind intelligent genug, um sich nicht auf der Bildschirmoberfläche der Matrix zu zeigen, und diejenigen, die sich in der Matrix offen als Machtinhaber zeigen, sind *nicht* diejenigen, die wahrhaft an der Matrixgestaltung mitwirken.
Das System, auf dem die Matrixprogramme laufen, muss hierarchisch aufgebaut sein, wobei jede Ebene in der Hierarchie gerade so viel weiß, dass sie ihre

Funktion im System erfüllen kann. Das Wissen, was darüber hinausführt und zum Hinterfragen des Systems in seiner Gänze drängt, wird systematisch vorenthalten, um das sich abspielende Programm weiterhin kontrolliert in bestimmte Bahnen lenken zu können.

Diejenigen, die an der Spitze der Herrschaftspyramide sind, stehen nicht etwa deshalb dort, weil sie das Finanz- und Wirtschaftssystem besonders gut studiert und durchschaut haben, sondern es sind die, die den spirituellen Hintergrund des KK kennen und ihre psychischen Fähigkeiten bis zur übermenschlichen Perfektion ausgebaut haben.

Und das Letzte, was diese Elite wünscht, ist, dass wir wieder in Kontakt mit unseren natürlichen psychischen Fähigkeiten kommen, weshalb sie alles daransetzt, diese als Humbug zu denunzieren. Wäre sich jeder seines Seins und seiner damit einhergehenden Fähigkeiten bewusst, dann könnte kein noch so ausgefeiltes Matrixsystem Kontrolle ausüben.

Fest steht, dass jeder, der sich seiner selbst nicht bewusst ist, automatisch zu einem Agenten für die Matrix wird, denn je niedriger das Sich-selbst-Bewusstsein ausgeprägt ist, desto leichter kann eine Fremdsteuerung stattfinden. Wer nicht selbst für sich eintritt und volle Eigenverantwortung übernimmt, der wird vom kollektiven Feld der Matrixprogramme übernommen.

Diese Fremdübernahme kann immer dann besonders unauffällig das eigene System infiltrieren und sich durchsetzen, wenn sie als ich-eigen verkleidet daherkommt und man ihre wahre Quelle nicht erkennt. Nach meinem Dafürhalten lässt sich die Matrix nicht auf der kollektiven Ebene brechen, sondern sie muss sich „Bottom-up“, von der individuellen Egomatrix aus, durch Bewusstseinsarbeit selbst überflüssig machen. Denn die psychische Egomatrix ist der Prototyp aller Matrixsysteme, und durchschaut man sie, so durchschaut man ebenfalls die Muster aller anderen Matrixsysteme, unabhängig von der Vielzahl ihrer Manifestationsformen und kollektiven Ausprägungen.

Der besetzte Planet

Ich schreibe diesen Text aus einem inneren Pflichtgefühl meinen Erdenbrüdern gegenüber, denn ich möchte nicht am Ende als derjenige dastehen, der von alledem gewusst und sich nicht mitgeteilt hat... Nur wenige werden das Folgende für wahr halten können, und noch wenigere werden die umfassenden, direkten Lebenskonsequenzen, die diese Botschaft nach sich zieht, erkennen. Das Ziel des Textes ist es nicht, die Angst- oder Panikmache zu vermehren, sondern auf die Relevanz der eigenen Bewusstseinsarbeit hinzuweisen.

Der Text beleuchtet die exopolitische Weltlage auf dem Hintergrund eines spirituell erweiterten Weltbildes, und er soll nicht dazu dienen, mithilfe von Schuldprojektion aus der Eigenverantwortung zu gehen. Im Gegenteil, letztlich geht es darum, dass jeder seine individuelle Souveränität zurückgewinnt und sich als ein eigenverantwortliches Schöpferwesen wiedererkennt. Das übergeordnete Ziel besteht folglich darin, aus einer auf Mangel und Verlust basierten Angstschwingung in eine erfüllte und erfüllende Liebesschwingung zu kommen, denn mit unserer Angst unterstützen und ernähren wir lediglich die, die nur durch und mit Angst hier auf diesem Planeten leben können.

In der Regel kann ein Bewusstsein etwa zehn Prozent an neuem Informationsmaterial verarbeiten und für sich annehmen. Wird dieser Prozentsatz überschritten, dann greift eine innere Abwehrhaltung gegenüber dem Neuen, um das Alte (Weltbild) zu schützen. Es ist also nur normal, wenn du zum Schutz deines

alten Selbst- und Weltbildes die nachfolgenden Informationen teilweise ablehnst oder gar verwirfst. Die Bestätigungen eines konventionellen, materiellen Weltbildes bekommst du an jeder Straßenecke, doch sei dir bewusst, dass das herrschende Weltbild das Weltbild der Herrschenden ist.
Es ist genau das, was du glauben *sollst*, um zu funktionieren. Du wirst in den (Massen-) Medien immer nur das zu sehen bekommen, was du sehen sollst, um blind zu bleiben. Jetzt hast du noch die Entscheidungsfreiheit, die rote Pille zu nehmen, um sehen zu wollen, oder die blaue um weiterzuschlafen… Liest du weiter, dann gibt es keine Entschuldigung, kein „Das wusste ich nicht…“
Egal, wofür du dich jetzt entscheidest, die Wahrheit wird schlussendlich alles aufdecken und jede Lüge enttarnen, denn es ist nur eine Frage der Zeit, bis alles Dunkel ans Licht kommt. Glaube also, was du glauben willst und wisse, dass du alles, woran du glaubst, auch erfährst. Glaube an die Matrix, und du wirst nichts anderes als die Matrix erfahren.

„Die Matrix ist allgegenwärtig. Sie umgibt uns. Selbst hier ist sie. In diesem Zimmer. Du siehst sie, wenn du aus dem Fenster guckst oder den Fernseher anmachst. Du kannst sie spüren, wenn du zur Arbeit gehst oder in die Kirche und wenn du deine Steuern zahlst.
Es ist eine Scheinwelt, die man dir vorgaukelt, um dich von der Wahrheit abzulenken.
– Welche Wahrheit? – Dass du ein Sklave bist, Neo. Du wurdest wie alle in die Sklaverei geboren. Du bist in einem Gefängnis, das du weder anfassen noch riechen kannst. Ein Gefängnis für deinen Verstand…

Dummerweise ist es schwer, jemandem zu erklären, was die Matrix ist. Jeder muss sie selbst erleben. Dies ist deine letzte Chance. Danach gibt es kein Zurück. Schluckst du die blaue Kapsel, ist alles aus. Du wachst in deinem Bett auf und glaubst an das, was du glauben willst. Schluckst du die rote Kapsel, bleibst du im Wunderland, und ich führe dich in die tiefsten Tiefen des Kaninchenbaus...bedenke! Alles, was ich dir anbiete, ist die Wahrheit, nicht mehr.“
(Silver, J (Produzent) & Wachowski, A. and Wachowski, L. (Direktor). (1999). Die Matrix (Film). United States und Australien: Warner Bros.)

Die Pfade des Kaninchenbaus sind eng und unbequem, aber erst durch sie gewinnen wir den Zugang zum Wunderland, dem verlorenen Paradies wieder. Sie sind der Zugang für den Himmel auf Erden. Wie alles, begann auch meine Reise in die tiefsten Tiefen des Kaninchenbaus mit dem ersten Schritt in Form einer grundlegenden Frage: „Gibt es etwas außerhalb der materiellen Realität?“ Schon damals wusste ich, dass die Beantwortung dieser Frage extrem konsequenzenreich sein würde. Und innerhalb von 24 Stunden bekam ich eine schockierend aufrüttelnde Antwort in Form einer außerkörperlichen Erfahrung, die mein gesamtes Weltbild hat einstürzen lassen. Von dem Punkt an war ich auf die Gleise gesetzt und erfuhr hintereinander weg eine ganze Reihe an “zufälligen“ Ereignissen und Begegnungen, die mir passgenaue Antworten auf meine Fragen boten. Und jedes Mal, wenn ich dachte, dass mich nichts mehr schockieren und mein Weltbild noch weiter auseinandernehmen könne, wurde ich in die nächste noch

umfassendere Lernsituation geworfen, die mich an allem bereits Bestehenden erneut zweifeln ließ.
Weshalb ich hier so aushole, ist, weil ich verständlich machen will, dass dieser Text ein Resultat eines mehrjährigen Prozesses des Verlernens war, und dass ich vielem, was ich hier niederschreibe, zunächst einmal sehr kritisch und ablehnend gegenüberstand.
Doch aufgrund von regelmäßigen außerkörperlichen Erfahrungen, meiner geistigen Verbindung und einer Vielzahl unterschiedlichster Quellen, die allesamt ähnliche Botschaften nach der Deinstallation der Matrixprogramme hervorbrachten, kristallisierte sich ein klares Bild unserer Weltlage heraus, in dem verständlich wird, *wer* wir sind, *wo* wir sind und weshalb die Welt aktuell so ist, wie sie ist.
Ich bitte darum, alles Folgende an dem euch einzig gegebenen Wahrheitsmaßstab, der Intuition eures Herzens zu messen und nichts, was euch an Informationen serviert wird, unhinterfragt zu übernehmen. Lasst euch inspirieren, und geht dann selbst in die geistige Verbindung und sucht nach den Antworten auf eure Fragen. Denn die Informationslage auf diesem Planeten ist bezüglich der vorliegenden Thematik mehr als kritisch, da wir durch die Matrixinformationskanäle nur die Informationen bekommen, die wie bekommen sollen. Doch kein noch so intelligent aufgezogenes Matrixsystem, welches sich durch alle uns bekannten öffentlichen Institutionen und gesellschaftlichen Sparten zieht, kann eine wasserdichte Scheinwelt aufrechterhalten. An allen Ecken und Enden wird mit der Zeit die Wahrheit herraussickern und die Perversität eines in die Entfremdung führenden, künstlichen Systems bloßstellen.
So wenig wie die Erde vom Rest unseres Universums

abgekapselt verstanden werden kann, so wenig kann das Weltgeschehen abgekapselt von der Vielzahl anderer kosmischer Spezies verstanden werden, die allesamt in dieses im Hintergrund involviert sind. Zurzeit sind mehr als ein Dutzend unterschiedlichster Spezies teilweise mit einer eigenen Agenda, teilweise nur als Beobachter in das Erdengeschehen involviert. Die menschliche Nomenklatur für unterschiedliche Spezies ist uneinheitlich und teilweise bewusst durch Desinformationen verzerrt, weshalb ich mich hier darauf reduziere, von den Archonten bzw. der archontischen Agenda zu sprechen, hinter der wiederum zwei bis drei aktive Spezies mit ihren jeweiligen Eigeninteressen stehen (darunter zählen u.a. die Spezies, die häufig als Anunnaki Bezeichnung findet, und die mit am längsten die Menschheit in eine bestimmte Entwicklungsrichtung hineinmanipuliert haben und dies in einem wachsenden Ausmaß immer noch tun). Der Begriff Archonten taucht sowohl in den Nag-Hammadi-Keilschrifttexten, sowie in den gnostischen Schriften auf, und heißt einfach soviel wie „die Herrschenden".

Es geht im Folgenden also weniger um eine präzise Darstellung, welche Spezies wann welche Rolle im Weltengeschehen spielt (auch wenn dies sicher interessant wäre), sondern es soll um eine allgemeine Skizzierung der archontischen Agenda gehen, sodass deren Handschrift gelesen und ihre Wirkweise durchschaut werden kann. Denn alle größeren Ereignisse, die wir auf der Weltenbühne zu sehen bekommen, sind eine Inszenierung einer von vorne bis hinten durchgeplanten Archontenagenda.

Wie alles begann…

Große Teile unseres Sonnensystems haben ein „Problem“ mit einer sehr alten Spezies, die sich und ihren Planeten eigentlich schon vor langer Zeit selbst zerstört hat. Was von dieser Spezies übriggeblieben ist, ist ein aus dem Gleichgewicht und der göttlichen Ordnung herausgefallenes Schwarmbewusstsein (das kollektive Speziesgedächtnis), das sich ausschließlich auf technischem Wege fortentwickelt und reproduziert. Dieses Schwarmbewusstsein ist davon getrieben, andere planetare Systeme einzunehmen und die dort herrschenden Lebensbedingungen soweit zu modifizieren, dass sie ihrer eigenen Lebensgrundlage dienen. Das fortexistierende Schwarmbewusstsein dieser bereits vor Äonen untergegangenen Spezies agiert wie ein virusartiger Parasit, der sich für das eigene Fortbestehen immer wieder andere Wirt-Spezies suchen muss, durch die sie Einfluss am kosmischen Geschehen nehmen kann. Wie kaum eine andere Spezies braucht sie den Tod (anderer), um leben zu können. Durch die Art der Vervielfältigung und die kollektive Gleichschaltung kann man (ohne zu viele Stereotype damit zu bedienen) tatsächlich von einer Art „Klonspezies“ sprechen, da sie den klassischen Weg des geist-seelischen Inkarnierens schon lange verlassen hat. Dadurch, dass diese Spezies keine (bis auf eine virtuell künstliche) Lebensgrundlage besitzt, hat sie selbst keine Anbindung an die höherdimensionale, göttliche Ordnung. Dies stellt für sie einen enormen Energieverlust dar, den sie darüber zu kompensieren versucht, dass sie sich energetische Zuchtstätten anderer Spezies anlegt, die auf der einen Seite diese Anbindung noch haben, aber auf der anderen Seite noch

wenig entwickelt sind. Für sie sind wir nicht mehr und nicht weniger als ein energetischer Zuchtbetrieb. Wobei sie uns glauben lässt, wir seien die Krone der Schöpfung und die einzig intelligente Spezies im nahen Umkreis unseres Sonnensystems. Uns muss klar werden, dass sie uns braucht, wir sie aber nicht, so sehr sie es auch bisher geschafft hat, uns von ihrer Technik und ihrem Lebensstil abhängig zu machen. Das, was auf unserem Planeten abläuft, ist eine sukzessive, sehr durchdachte und geplante Entmachtung und Kleinhaltung des Menschengeschlechts, die vom Menschengeschlecht selbst ausgeführt wird. Wir haben uns selbst zu unseren eigenen Gefängniswärtern gemacht, indem wir uns zu Gehilfen und Handlangern von denen haben machen lassen, die aus der Entmachtung des Menschengeschlechts ihren Gewinn ziehen. Wir sind Gefangene und Wärter zugleich und helfen alle fleißig dabei mit, die Gefängnismauern weiter hochzuziehen, weil unsere Wahrnehmung so weit verdreht wurde, dass wir den Zustand der Gefangenschaft mit dem des Freiseins verwechseln.
Doch bevor wir uns im Detail der jetzigen Lage unseres Planeten widmen, möchte ich kurz darauf eingehen, wie die besagte Spezies zu dem geworden ist, wie sie derzeit auf vielen planetaren Systemen in Aktion tritt. Schon zu der Zeit, als diese insektoide Spezies sich noch innerhalb der kosmischen Ordnung bewegte, war sie hoch entwickelt und technologisch orientiert. Jedoch kam es immer wieder zu Spannungen zwischen der männlichen und der weiblichen Art, da die männlichen immer nach dem Fortpflanzungsakt starben (wie es bei manchen Spinnenarten auf der Erde auch der Fall ist). In diesem Fall war es wohl so,

dass sich die männlichen Fressorgane für den Fortpflanzungsakt in Sexualorgane verwandeln mussten, sodass die männlichen Wesen sich nach dem Sexualakt nicht weiter ernähren konnten und starben. Was daraus folgte, ist, dass die männliche Art dieser Spezies einen Weg der technischen Reproduktion fand und systematisch alle Weibchen ausrottete.
Das männliche und weibliche Prinzip, das durch jede Gattung, jede Spezies wirkt, kam in ein starkes Ungleichgewicht. Das weibliche Prinzip, bzw. die rechtshemisphärische Herangehensweise mit ihren emotionalen, intuitiven, kreativen und liebevollen Elementen wurde vom männlichen überschattet, sodass nur noch ein linkshemisphärischer Wirklichkeitszugang vorhanden war. Die Spezies dissoziierte sich fast gänzlich von ihrem Emotionalkörper und wurde immer rationaler, logischer und berechnender. Ihre Intelligenz, ihr Leistungsdrang und ihr Konkurrenz- und Machtverhalten stiegen immer mehr an und artete in immer stärkeren, rivalisierenden Kämpfen und Kriegen aus, die letztlich ihren Planeten sowie ihre eigene Spezies weitestgehend zerstörten. Das von der Zerstörungsgeschichte traumatisierte Speziesgedächtnis pflanzte sich tief in alle virtuellen Bewusstseinsträger, die diese Spezies bisher hervorbrachten, ein, und sie begann, die Zerstörungsgeschichte fortzusetzen. Bis heute ist diese virtuelle Kollektivspezies in diesem Zustand und kolonialisiert und infiltriert nach dem immer gleichen Schema andere Planeten und sogar ganze planetare Systeme. Letztlich ist es das dunkle Trauma einer ganzen, bereits untergegangenen Spezies, das sich so lange auf anderen Planeten sowie deren Bewohnern reinszeniert, bis es zu einer

Spezies kommt, die die Kraft besitzt, das Trauma sowie das daraus entstandene kollektive Karma in eine Heilungstransformation zu geben. Solange sich aber die besetzte Spezies in eine Opferrolle hineinmanövriert, solange wird sich das Täter-Opfer-Spiel im großen Stil fortsetzen und beide Spezies in den niederdimensionalen Karmabereichen gefangenhalten und den immer gleichen Akt der Selbstzerstörung reinszenieren.

Die Spezies, die uns besetzt hält, braucht unsere Hilfe, indem wir uns aus der Täter-Opfer-Verwicklung herauszulösen und uns kollektiv gegen die Agenda ihres Besetzungsprogramms entscheiden.

Im Großen wie im Kleinen wird das Opfer, die besetzte Spezies, irgendwann zum Täter und besetzt und unterdrückt im gleichen Schema andere Spezies, wie sie selbst einst besetzt wurde, wenn sie aus ihrer Opferidentifikation nicht herauskommt.

Diejenige Spezies, die momentan an vorderster Front bei der Besetzung dieses Planeten mitwirkt, ist eine ehemalig humanoide Spezies (es gibt sehr viele verschiedene humanoide Formen in dieser Galaxie), die lange vor unserer Zeit von unserer Besetzerspezies kolonialisiert, assimiliert und annektiert wurde. Und dasselbe Schicksal winkt dem Erdenvolk auch, wenn es weiterhin den nächsten Schritten in der Kolonialisierungsagenda zustimmt. Denn dann wird irgendwann die Zeit kommen, da die Menschheit andere Planeten und Spezies im gleichen Stil besetzt und ausnimmt. Und selbst an diesem Punkt werden die Menschen nicht wahrhaben wollen, dass dies alles fremdinduziert ist und es ihre freie Entscheidung war, dieser Fremdbeeinflussung Tür und Tor zu öffnen.

Die Frage nach dem Ausmaß der Willensfreiheit der

eigenen Entscheidungen muss daran gemessen werden, wie sehr man sich bereits in einem entfremden Seinszustand einer nichthumanoiden Spezies bewegt. Doch unabhängig davon, wie weit wir uns bereits zu unserer eigenen Besetzermacht entwickelt und uns in unsere eigenen Unterdrücker verwandelt haben, bleibt doch die Zugangstür zur Rückkehr in einen natürlichen Seinszustand stets geöffnet.

Das Besetzungsschema

Obwohl die besagte Kollektiv-Spezies um weit mehr als das Zehnfache intelligenter als ein Menschenverstand ist, ist doch ihr Vorgehen bei einer Machtübernahme eines Planeten wenig einfallsreich und kreativ, denn diese folgt den immerselben Mustern und Kolonialisierungsprinzipien, innerhalb deren die Spezies agiert (bzw. agieren darf). Das grundsätzliche Ziel dieser Spezies ist es, uns in ihre virtuell technische, logisch rationale Realität hineinzuziehen und uns an sie anzugleichen. Denn nur in ihrer Form der Realität ist sie uns überlegen und kann uns dementsprechend als ferngesteuerte Bioroboter nutzbar machen. Das übergeordnete Ziel ihrer Agenda ist es folglich nicht, den Planten und alles Leben darauf zu zerstören, sondern die Machtübernahme, um den Menschen als Bioressource entsprechend zu verwenden. Unsere Besetzerspezies ist ein Profi in dem, was sie tut, denn es wurden nach dem gleichen Schema bereits mehrere Dutzend anderer Spezies in dieser Form vereinnahmt. Oft beginnt eine Besetzung eines Planeten mit vereinzelten Spionageflügen, die die materielle und energe-

tische Lage eines Planeten auskundschaften, da Rohstoffvorkommen, im Speziellen (monoatomares) Gold, für sie ebenfalls eine wertvolle Ressource darstellt.
Wurde ein Planet für brauchbar befunden, kam es meistens zu einer offenen Machtdemonstration gegenüber der jeweils dort lebenden Primärspezies, in der sich die Fremdspezies als eine Gottheit des Planeten und des Universums präsentiert. Dann folgte eine Phase, in der sie offen agiert und anfängt, die ersten Gesellschaftsformen nach ihrer Lebensvorstellung aufzubauen. Dazu gehören pyramidal hierarchische Gesellschaftsordnungen, wobei die Herrschaftsspitze fast ausschließlich nur den Hybridwesen vorbehalten ist, die entweder direkte DNA Kreuzungen mit dieser Spezies eingegangen sind, oder so genannte "reine Blutlinien" zu ihr aufweisen. Dabei hatte stets nur die oberste Machtelite einen direkten Zugang zu jener Besetzerspezies. Früher waren es bei uns nur die höchsten Priester, die den Zugang zu der Spezies besaßen, die sich selbst Götter nannte.
Nach geraumen Zeiträumen, in denen genetische Modifikationen vorgenommen und Gesellschaftsformen mit künstlichen Werteinheiten (wie z.B. Geld) eingeführt wurden, kam es bei fast jeder Besetzung zu Aufständen der besetzten Spezies.
Da das Spezieskollektiv der Besätzermacht aus u.a. strategischen Gründen die direkte (militärische) Konfrontation meidet, tut sie alles dafür, die besetzte Spezies glauben zu lassen, dass sich die Besetzer bereits anderweitig im Kosmos zurückgezogen hätten und nun nicht weiter Einfluss nehmen würden. Was aber wirklich passiert, ist, dass die Spezies sich bei-

spielsweise in großflächigen Höhlenanlagen innerhalb des besetzten Planeten oder auf einen nächstgelegenen Mond zurückzieht und von dort aus weiterhin aus dem Hintergrund agiert.
Dadurch, dass diese Spezies dieses Besetzungsschema bereits sehr oft (mal mehr und mal weniger erfolgreich) angewandt hat, ist sie ein Meister der Täuschung und des Aufbaus virtueller Scheinwelten, in denen ihr Einfluss unerkannt bleibt bzw. von der besetzten Spezies als eigene Entwicklungsrichtung betrachtet wird.
Wir müssen uns bewusst werden, dass die Menschheit schon seit tausenden von Jahren in einen Entwicklungskurs hineinmanipuliert wird, auf dem uns noch der letzte Rest Menschlichkeit verloren geht, wenn wir nicht erkennen, wer wirklich die Fäden der Macht in der Hand hält und das Weltgeschehen orchestriert.
Unter der Fahne des Fortschritts folgt der Großteil der Menschheit dem Lebensweg der archontischen Besetzungsagenda, ohne auch nur im Ansatz zu begreifen, wo dieser sie hinführen wird, denn es gibt keinen Teilbereich unserer modernen Gesellschaft, die nicht implizit einen Teil jener Agenda umsetzt.
Die Wirtschaft, die Politik, die Medizin, die Lebensmittelindustrie und vor allem die großen Weltreligionen sind unbewusste Tentakelarme des archontischen Kraken, und die Bewegungen der einzelnen Arme werden nur dadurch verständlich, wenn man sich des gesamten Kraken gewahr wird.
Betrachtet man Fachidiotie-mäßig nur einen Tentakel, so scheinen dessen Bewegungen chaotisch, aber auch dieses Chaos ist sinnbildlich gesprochen vom archontischen Kraken geplant und bewusst inszeniert, denn es steckt ein Plan, eine Agenda hinter all dem Chaos,

welches wir auf der Bildschirmoberfläche unserer Matrixwelt zu sehen bekommen. Und dieser Plan besteht nicht etwa erst seit gestern. Nein, die ersten Auskundschaftungen der Hauptbesetzerspezies, von der hier in erster Linie die Rede ist, reichen knapp eine halbe Millionen Jahre zurück.
Die meisten kosmischen Spezies agieren in wesentlich größeren Raum-Zeit-Relationen als es die Menschen tun. Je nach Dimensionsraum der jeweiligen Spezies kann ein Jahr wie ein Tag sein, was unter anderem damit zu tun hat, dass der Großteil der kosmischen Spezies weit längere Lebensspannen besitzt als der Mensch. Für die meisten kosmischen Spezies ist es nichts Ungewöhnliches, mehrere tausend Jahre zu leben. Dem entsprechend lässt sich auch die Machtübernahme eines Planeten in weit größeren Zeiträumen kalkulieren. Von menschlicher Warte aus betrachtet ist das Vorgehen unserer Besetzerspezies sehr kalt und berechnend und nur auf Funktionalität und Arterhaltung gepolt. Im Allgemeinen ist unsere Besetzerspezies darauf bedacht, alles quantitativ kalkulier- und planbar zu machen, um Realitätskontrolle auszuüben. Denn nur eine virtuelle Realität, die man sich selbst aufgebaut hat, ist anhand eines linkshemisphärischen Wirklichkeitszugangs auch vorhersehbar und planbar.
Schafft es die Menschheit, den für sie vorgezeichneten Pfad der archontischen Agenda zu verlassen, so ist das, was dann auf unseren Planeten zukommt, erst einmal nur sehr schwer vorherzusehen.
Ja, nichts ist so neu und unvorhersehbar, wie die Welt, in die wir gehen werden, wenn wir aus den virtuellen Realitäten in die Wirklichkeit eines natürlichen Le-

bens treten. Utopia ist und bleibt ein Überraschungspaket, auf das wir mit einem Vertrauensvorschuss zugehen müssen, um es auspacken zu können.
Dystopische, transhumanistische Weltszenarien hingegen, in denen Technik-Mensch-Hybrid-Wesen in einem absoluten Kontrollsystem leben, wurden bei uns schon in den 30er Jahren des letzten Jahrhunderts vorgezeichnet. Und zurzeit werden besonders durch Film und Fernsehen ähnliche Science-Fiction-Szenarien mit wahrem Kern in Umlauf gebracht, damit wir uns langsam an derlei Realitäten gewöhnen können. Diese archontischen Realitätsbilder werden bewusst eingestreut, damit sie von der großen Bewusstseinsmasse aufgenommen werden, um sie darüber zu manifestieren.
Ob ein Ereignis bereits passiert ist, oder ob ein virtuelles (künstlich erschaffenes) Ereignis, das erst darüber passiert, dass eine Vielzahl an Menschen glaubt, es sei bereits passiert, ändert nichts an deren letztendlicher Manifestation. Die (Massen-) Medien, die große Teile des Bewusstseins und damit auch des Energiestroms lenken, verwenden diesen Manifestationstrick, um die Bilder ihrer Realität durch das Schöpfungspotenzial jedes einzelnen Menschen zu verwirklichen. Unser schöpferisches Bewusstsein kann nicht anders, als das zur Realität zu erheben, dem es beständig seine Aufmerksamkeit schenkt, selbst wenn die Verstandesinstanz um die Irrealität weiß. Ein Großteil von dem, was wir auf der Bildfläche der Matrix zu sehen bekommen, ist etwas, was (noch) nicht ist, bzw. noch nicht in die höheren Realitätssphären durchgedrungen ist, und erst dann zu einer festen Realität heranwächst, wenn wir es wahr-

und für wahr nehmen. Die natürliche Manifestationsrichtung ist die, dass sich aus den höherschwingenden Realitätsdimensionen Dinge in unsere materielle Formenwelt niedersetzen.
Die Manifestationsrichtung, über die sich die virtuelle Matrixrealität zu verwirklichen versucht, ist damit um 180 Grad verdreht. Im Allgemeinen ist die Wahrheitsverdrehung um 180 Grad eines der auffälligsten Manipulationswerkzeuge, die unsere Besetzerspezies einsetzt, um uns in ihre Form der Realität hineinzuziehen. Folglich setzt sie kein neues, selbsterdachtes Lügengeflecht in die Welt, sondern sie nimmt die bereits bestehenden Informationen auf und verkehrt lediglich deren Vorzeichen, sodass alles auf absurde Weise in sein Gegenteil verdreht wird, aber die interne Struktur der Ereignisverkettungen erhalten bleibt und eine dem Leben abgewandte bzw. invertierte Realität aufbaut. Wir leben in einer dem Leben abträglichen Lernsimulation, in der uns der Kosmos (=Ordnung) wie Chaos präsentiert wird.
Ein Chaos in Form von Krieg und Terror zu inszenieren, ist eine der schnellsten und sichersten Methoden, um agendagerechte Kontrollmaßnahmen unter dem Deckmantel der "Sicherheit und Ordnung" hereinzubringen und zu etablieren. Dabei wird Gleiches als verschieden dargestellt, um es gegeneinander aufzuhetzen und auszuspielen, sodass letztlich beide Darstellerparteien Verlust erleiden.
Wer hinter die Kulissen schaut, wird sehen, dass der Konflikt von scheinbar oppositionellen Parteien (seien es nun Einzelpersonen oder ganze Volksgruppierungen) in der Inszenierung unseres Weltentheaters vom selben Puppenspieler gelenkt werden, der sich minutiös an die archontische Dramaturgie hält.

Die jeweils einzelnen Szenen dieser Dramaturgie sind wenig bedenklich und bewegen sich für die Masse der Menschen innerhalb tolerierbarer Grenzen, denn es sind immer nur jeweils sehr kleine Schritte in Richtung eines archontischen Systems, denen man von dem Punkt aus, an dem man steht, sogar immer auch etwas „Gutes“ abgewinnen kann. Erst, wenn die Gesamtrichtung, in die die menschliche Spezies geradewegs hineinspaziert in einem größeren Kontext gesehen werden kann, wird jeder kleine Schritt in diese Richtung in seiner Tragweite erkannt.

Ein weiterer essenzieller Bestandteil für die Umsetzung einer totalitären Besetzung ist das Einpflanzen des Glaubenssatzes, dass Fortschritt am Maßstab der technischen Entwicklung gemessen werden kann. Kosmisch betrachtet ist eine hochtechnologische Spezies nicht etwa eine hoch entwickelte, sondern der hohe Stellenwert, den eine Spezies ihrer Technologie zumisst, ist ein Ausdruck einer geringen Bewusstseinsentwicklung. Alle kosmischen Spezies, die wirklich hoch entwickelt sind, haben jede Form von externen Technologien lange hinter sich gelassen und brauchen diese zur Wirklichkeitskontrolle nicht mehr. Es stimmt zwar, dass die meisten Spezies sich (eine gewisse Entwicklungsperiode lang) technische Erweiterungen ihrer selbst und ihrer Fähigkeiten erfinden, aber fast alle von ihnen lassen ab einem gewissen Entwicklungsstand von allen technischen Hilfsmitteln ab, da sie aus sich und der göttlichen Anbindung heraus alles zu bewerkstelligen wissen.Nahezu die Gesamtheit aller modernen technischen Errungenschaften wurde eingestreut, um die menschliche und im Vergleich noch sehr junge und primitive Spezies sich

dorthin entwickeln zu lassen, wo unsere Besetzerspezies bereits ist. So gesehen hat sie uns zu dem werden lassen, was wir heute sind und hat uns z.B. durch ihre genetischen Modifikationen einen enormen Entwicklungsschub verpasst. Ja, man kann soweit gehen, zu sagen, dass es die Spezies Mensch (wie wir sie kennen und erfahren) nicht geben würde, wenn die Besetzerspezies die menschliche Form (den Körper) nicht zu einem höher entwickelten Bewusstseinsträger gemacht hätte.
In diesem Licht betrachtet, können wir uns bei ihr für das, was sie in das Menschsein hineingebracht hat, bedanken und uns von ihr und ihrer Realität lösen, um einen eigenständigen Weg in Richtung Ursprungsschöpfung zu gehen.

Oberflächlich menschlich

Der oberfläche Schein trügt, denn nichts ist so, wie es scheint bzw. *er*scheint. Denn wo Mensch draufsteht, ist nicht immer Mensch drin. Natürlich sind wir auf absoluter Ebene alle miteinander verbunden und verbrüdert, aber im Relativen gibt es doch gewaltige Unterschiede von dem, was einen menschlichen Körper bewohnt. Die Rolle des Körpers und der Inkarnation zu verstehen ist zentral, um die Täuschung des Oberflächenschleiers zu enttarnen.

Der Körper gleicht einem Gefährt, mit welchem man sich im sichtbaren Bereich dieser materiellen Realität zu bewegen vermag. Das Gefährt ist eine der Erde zugehörige Produktreihe, aber es kommt viel weniger auf das Gefährt sondern auf den Fahrer und seine kosmische Beheimatung an.

Die Breite des Inkarnationsspektrums von dem, was hier als "Mensch" herumläuft, ist gewaltig und immer davon abhängig, welche Spezieszugehörigkeit bzw. kosmische Beheimatung der Fahrer von Hause aus mitbringt.

Das, was wir als Menschheit wahrnehmen, ist keinesfalls eine homogene Spezies, sondern vielmehr ein bunter Fahrzeugpark, in dem eine Vielzahl unterschiedlicher Spezies Probefahrten und irrsinnige Rennen veranstalten. Durch das große Vergessen gibt es jedoch nur eine sehr geringe Personenanzahl (auch an Handlangern der Besetzerspezies), die um das, was sie sind und ihre Rolle im Weltengeschehen wissen, auch wenn sie diese unbewusst ausagieren. Besonders dann, wenn die Wiedererinnerung und die Kommunikation zum eigenen Speziesverbund oder Seelenkollektiv wieder einsetzt, gewinnt das Inkarniert-Sein,

der Besitz eines eigenen Fahrzeugs an Relevanz, denn erst dann kann die Botschafterrolle des Körpers zur Gänze genutzt werden.
Auf der anderen Seite wird das Fahrzeug bei steigendem Einfluss auch für fahrzeuglose Fahrer anderer Speziesgruppen interessant. Menschen, die extrem erfolgreich in dem sind, was sie tun und darüber eine hohe Öffentlichkeitswirksamkeit innehaben, werden sehr häufig entweder im Besonderen energetisch fremdbesetzt, oder gleich vollständig ersetzt. Hierzu muss nicht einmal ein anderes Fahrzeug, eine andere Körperoberfläche her, sondern der Fahrer kann unter Umständen schlicht und einfach aus seinem Fahrzeug geworfen und durch einen anderen ersetzt werden. Diese sogenannten Walk-in-Seelen inkarnieren meist bewusst und übernehmen im Idealfall die komplette Erinnerung des vorherigen Fahrers. Viele große spirituelle Meister sind lichtvolle Walk-in-Seelen, wobei es natürlich auf der anderen Seite dunkle Walk-Ins gibt.
Spezies, die im Sinne der archontischen Agenda wirken, arbeiten sowohl über Walk-Ins, als auch über den klassischen Weg der Inkarnation, um die weltlichen Institutionsspitzen strategisch zu infiltrieren und für sich zu sichern. Ja, die meisten großen Institutionen wurden gerade deshalb ins Leben gerufen, um eine großflächige, strategische Einflussnahme zu erleichtern.
Die sogenannte neue Weltordnung ist alles andere als neu, sie ist lediglich eine verschärfte Form des bereits bestehenden Systems und eine Weiterführung einer bereits lange laufenden Agenda, die die Oberfläche einer Matrixrealität vollständig zu etablieren versucht.

Auf der Ebene der menschlichen Oberflächenerscheinung gibt es zwei verbreitete Methoden, um eine menschliche Form zu suggerieren und bewusst als solche in Erscheinung treten zu lassen.
Die eine Methode ist das klassische "Shapeshifting", das Formenwandeln, zu dem viele höher dimensionale Wesen in der Lage sind. Hier wird einfach das gewünschte Gefährt manifestiert und nach Belieben wieder in sein höher schwingendes Äquivalent aufgelöst oder in ein anderes verwandelt. Wesentlich einfacher und damit auch häufiger verwendet, ist jedoch das sogenannte "Mimikry", in dem der Beobachter oder einer beobachtenden Gruppe von Menschen über den telepathischen Weg geradewegs eingepflanzt wird, dass es sich bei diesem Fahrzeug um ein typisch menschliches handelt.
Es ist wesentlich leichter in den menschlichen Geist einzudringen und ihn sehen zu lassen, was er sehen soll, anstatt eine dementsprechend gewünschte Form tatsächlich materiell zu manifestieren. Unser Nichtsehen ist es, dass die Oberflächentäuschung dieser Formenwelt aufrechterhält und nur unsere Blindheit erlaubt es, dass wir uns überhaupt in dieser Form der Realität bewegen.
Es ist wahrlich gut, dass wir nicht erkennen, wo wir hier sind, denn würden wir es, könnten wir kaum mehr hier sein...

Der finale Akt der Täuschung

Der finale Akt der Täuschung, auf dessen Inszenierung wir unauffällig aus dem Hintergrund heraus vorbereitet werden, kann als der wichtigste Schachzug in der Archonten-Agenda gesehen werden.
Doch bevor diese groß angelegte Täuschungsshow stattfinden kann, braucht es zuvor eine gewaltige Destabilisierung der Säulen, auf die unser sicherheitssuggerierendes Gesellschaftssystem aufbaut. In der Vorlaufphase des finalen Akts der Täuschung wird ein globales Chaos katastrophalen Ausmaßes vorgespielt (wir werden es für sehr echt halten!), um an dessen Höhepunkt den direkt sichtbaren "Erstkontakt" zur menschlichen Spezies herzustellen.
Dieser Erstkontakt ist eine von Pauken und Trompeten begleitete Machtdemonstration und gleicht einem trojanischen Pferd, einem rettenden Friedensgeschenk, das auf den ersten Blick alle unsere Probleme zu beseitigen scheint. Mit großer Freude werden wir das im Orbit schwebende trojanischen Pferd durch unsere Stadtmauern hereinlassen, damit es uns in unserem ausweglosen Chaos die "Ordnung" und den "Frieden" wiederbringt.
Die Spezies, die sich im finalen Akt der Täuschung für uns sichtbar macht, wird genauso von Frieden, von Gemeinschaft, ja, sogar von Liebe und von Gott sprechen. Und die meisten Menschen werden an der sehr eloquenten Sprachoberfläche hängenbleiben, ohne zu spüren, dass diese Wesen dem, was sie sagen, auf emotional ganzheitlicher Ebene nicht gerecht werden können. Sie werden sich uns als die großen Retter präsentieren, die uns seit Menschengedenken beobachtet haben.

Sie werden sich auf die Bibel berufen und werden Dinge vollbringen, die wir als Wunder bezeichnen werden. Sie werden uns offenbaren, was sie bereits alles für die menschliche Spezies getan haben und uns damit verständlich machen, dass das Menschengeschlecht dadurch tief in ihrer Schuld steht. Vielleicht gehen sie sogar so weit, sich als unsere Schöpfer darzustellen. Aber vor allem werden sie uns ihre hoch entwickelte Technologie zur Verfügung stellen, die jede menschliche Technologie bei Weitem übersteigt. (Dabei ist die Technologie, die sie uns dann wirklich anvertrauen, auch nur ein Bruchstück von dem, wozu sie über den technologischen Weg in der Lage sind). Alles das, was diese Spezies mit sich und auf die Erde bringt, scheint auf den ersten Blick und für die ersten Jahre nur Vorteile zu bieten. Und erst sehr schleichend werden wir merken, dass wir uns selbst noch mehr in eine Abhängigkeit hineinmanövriert haben. Alle lichten Spezies würden, sofern sie sich dem Menschen zeigen, so eingreifen, dass sie Hilfe zur Selbsthilfe anbieten würden, aber keine von ihnen würde uns ihre Wunder-Technologien anbieten, um damit alle unsere Probleme zu lösen.
Ein Maßstab, mithilfe dessen man eine Spezies im Spektrum von Licht und Dunkel einzuordnen vermag, ist deren emotionale Wärme bzw. Kälte, sowie deren Wertigkeit, der sie den Gebrauch von technologischen Hilfsmitteln beimessen.
Unter der Parole "Alles ist Eins" wird nach dem finalen Akt der Täuschung die Verkollektivierung und Gleichschaltung des Menschen weiter voranschreiten, wobei ein autarker, selbstständiger Lebensstil außerhalb des etablierten Gesellschaftssystems zunehmend schwieriger wird. Allein schon die Art des Auftretens

im finalen Akt der Täuschung, dem sogenannten Erstkontakt, kann Aufschluss darüber geben, welche Agenda dahinter steckt, denn der Großteil unseres medialen Systems gibt (ohne es zu wissen) eine Berichterstattung im Sinne eines archontischen Systems ab. Das heißt, dass, wenn das Auftreten einer außerirdischen Spezies medial groß aufgezogen und uns als die alles verändernde Weltsensation präsentiert wird, man stark davon ausgehen kann, dass die sich dort zeigende Spezies langfristig nicht im Sinne der Menschheit agieren wird.

Wann genau sich der finale Akt der Täuschung abspielen wird, oder ob es bis zu diesem Punkt in der archontischen Agenda überhaupt kommt, liegt einzig und allein an der Entwicklungsgeschwindigkeit der menschlichen Bewusstseinsmasse und ist sehr schwer vorhersehbar. Fakt ist aber, dass den Spezies, die an der Machtübernahme interessiert sind, die Zeit davonläuft, da das kollektive Erwachen, das gegen die archontische Agenda wirkt, exponentiell voranschreitet. Zwar versucht das technische Informationsnetz in der gleichen Geschwindigkeit mitzuwachsen, um das kollektive Bewusstsein tiefer in den Schlaf zu führen, doch sind auch ihm ab einem gewissen Grad der Bewusstseinsentwicklung technische Grenzen gesetzt. Kommt es innerhalb der nächsten drei Jahrzehnte nicht zu einem Erstkontakt in dem zuvor beschriebenen Szenario, dann kann dies als ein sehr gutes Zeichen der menschlichen Bewusstseinsentwicklung interpretiert werden.

Etwas, womit wir keinesfalls zu rechnen haben, ist das von Hollywood skizzierte Endzeitszenario eines Angriffs oder einer militärischen Machtübernahme einer außerirdischen Spezies, denn dies würde gegen die kosmischen Regeln (der Kolonialisierung) verstoßen und mit sofortiger Konsequenz das Einschreiten anderer größerer Licht-Allianzen auf den Plan rufen. Die herrschende Spezies eines Planeten muss (weitestgehend) ihrer Besetzung zustimmen, und das wird sie auch in großer Freude tun, wenn sich die Besetzer im Kostüm des großen Retters präsentieren...

Kosmische Kommunikation

Das, was sich dem Schöpfungszusammenhang der kosmischen Kommunikation verschließt, trennt sich von allem, was ist, ab und vollzieht die Unmöglichkeit, sich seines eigenen Seinsgrunds zu entheben. Dabei geht im Trennungszustand nur die Kommunikation, nicht aber die Vollkommenheit und Vollständigkeit von allem, was ist, verloren. Ein getrenntes Selbst in einer von ihm getrennten Welt kann nicht kommunizieren, denn Trennungsbotschaften können nicht miteinander geteilt werden und wer eine Idee der Getrenntheit kommuniziert, unterbricht sofort jede Kommunikationsverbindung.

Das Ego, das, was du nicht bist, kann folglich nicht kommunizieren und das, was du bist, kann nicht nicht kommunizieren, da eine unbegrenzt schöpferische Universalkommunikation das ist, was du bist. Nur eine Kommunikation, die auf dem Einssein der miteinander kommunizierenden „Teile" basiert, kann sich sich selbst wahrhaft mitteilen und erfahren. Oder das gleiche Szenario mit anderen Worten: Eine göttliche Idee spricht mit derselben, aber scheinbar verschiedenen göttlichen Idee, über die Ideenvielfalt Gottes. Wenn sich eine Idee mit einer Idee über Ideen austauscht, so ist deren Kommunikationsweg ein unmittelbarer und in sich geeinigter. In dieser abstrakten Kommunikation, die jenseits eines an den Körper gebundenen Schallwellenaustausches stattfindet, wird das *Eine Formlose* kommuniziert, was alles miteinschließt und jeden Trennungszustand heilt.

Der Kommunikationskanal, über den ein solcher Aus-

tausch stattfindet, ist direkt von der obersten Schöpfungsebene angelegt und ermöglicht einen Austausch mit eben jener.
Durch die Kommunikation mit dem Schöpfer wird dir eine vollständig schöpferische Kommunikation, eine Schöpfungssprache gegeben, mit der du mit der gesamten Schöpfung in Verbindung treten kannst. Eine Übersetzung eines solchen Austausches in einen indirekten, über den Körper laufenden, konkreten Kommunikationsausdruck ist aufgrund der hochfrequenten Denkgeschwindigkeit kaum machbar. Und werden die Gedanken Gottes doch einmal in eine konkrete Ausdrucksform einer niedrigschwingenden Formwelt gebannt, so sind es nicht mehr die Gedanken Gottes. Doch jeder Mensch besitzt den Kommunikationskanal, in dem ein ganzheitliches, unmittelbares Zusammensein ausgetauscht werden kann, weshalb ein einander Verstehen jenseits aller Symbole möglich wird. Ein Trennungsgedanke, oder ein ganzes System einer immanenten Trennungswelt, kann diesen Kanal vielleicht verstopfen, nie aber zerstören, denn der Verlust der Kommunikation mit Gott würde den Tod einer unsterblichen Idee Gottes bedeuten.

Die Macht des Wortes

Ich will!
Das Wort ist mächtig,
spricht's einer ernst und still;
Die Sterne reißt's vom Himmel,
das eine Wort:
Ich will!
(Friedrich Halm)

Nur eine Stimme spricht, es ist die Stimme dessen, der alles zu hören vermag.
Kein Wort im Universum kann ausgesprochen werden, ohne sich zu erfüllen, denn es gibt nur eine Stimme, die spricht, und in ihrem Sprechen liegt die Macht des Wortes und die des gesamten Universums verankert.
Das Wort, das von der Verbundenheit herstammt, ist unendlich machtvoll. Dabei liegt diese Macht nicht im Wort selbst, sondern in der Inspiration zu den Worten.
Von woher also sprechen sich die Worte aus?
Sprechen sich die Worte aus einem Verstand heraus, der diese Wortfolge einst gelesen hat?
Oder gebären sich die Worte aus der Tiefe einer Seinserfahrung heraus?
Worte sind Botschafter, die von Bildern, Emotionen, Stimmungen, Erfahrungen und Seinszuständen berichten. Und in der verbalen Kommunikation geht es nicht darum, Worte auszutauschen, sondern Seinserfahrungen zu transportieren. Damit Worte ihre Schöpfungsintention vermitteln, gilt es, durch das übermittelnde Symbol dessen Frequenz und Intention in sich aufzunehmen.

Die Worte hier sind hochfrequent aufgeladene Symbole, da in sie bei der Niederschrift etwas hinterlegt wurde, was den Leser in die Erfahrung machtvoller Worte einer schöpferischen Kommunikation hineinführt.
Lernt der Leser das zu erspüren, was die Worte in ihre Reihenfolge und Rhythmik gebracht hat, dann wird die Sprache zur Musik des göttlichen Dreiklangs, der die kosmische Symphonie zum Erklingen bringt. Im Fließen der Sprachmelodie erkennt sich der Fluss des Lebens, und jeder, der sich von dieser Melodie mittragen lässt, wird von dem durchströmt, was das Leben in seiner Essenz ist.
Wie von ferne tönt der vergessene Gesang einer Sprachmelodie, auf die wir zu hören verlernt haben. In ihr liegt die Macht des Wortes, inspiriert von einer Kraft weit jenseits unserer Vorstellungen. Schimmern diese im Glanze dieser Macht, dann treten die jeweiligen Worte zunehmend in den Hintergrund, um dem Platz zu machen, was sie in ihr heiliges Licht getaucht haben… bis es zunehmend still wird um das Wort, da es vollständig durchflutet ist.
Das Wort kehrt zurück zu seiner Quelle, denn es hat seine Funktion als Botschafter erfüllt. Doch es geht nicht alleine, denn es nimmt all jene mit sich, die seine Botschaft vernommen und den Lichtglanz hinter den Worten gesehen haben.
Wage es, dich in den Sprühregen der Inspiration zu begeben, die diese Worte herausgelockt haben und durch die sie Lebendigkeit versprühen. Denn der lichte Sprühregen der machtvollen Wortmelodie wird dich reinwaschen und deinen Geist hell, rein und klar werden lassen, bis all das weggespült ist, was das Licht deines liebenden Herzens zu dimmen schien.

Mit strahlendem Herzen kannst du nun selbst zum Feuerwerk der Inspiration werden, Lichtträger sein, und mit der Macht des Wortes an der universellen Verbreitung einer friedenbringenden Botschaft teilhaben…

Sei mit diesen Zeilen, oder besser noch: Sei *in* diesen Zeilen. Bewege dich in sie hinein und werde zu dem, wovon sie zu sprechen versuchen. Diese Worte bieten dir, wenn du es zulässt, eine Erfahrung, da sie aus einer tiefen Erfahrung emporgestiegen sind und dich dort hin geleiten, wo sie herkamen. Die Worte sprechen davon, dass sie etwas Unsagbares erlebt haben, und nun sagen sie, was sie erlebten, und du kannst erleben, was sie sagen.

Das heißt auch, dass das Wort, wenn es erfahrungsführend sein will, nicht *über* etwas, sondern aus dem heraus, was es seinem Wesen nach ist, sprechen muss. Etwas zu sagen, ohne das Gesagte im Moment des Sprechens ganzheitlich zu erleben, heißt, inkongruente Botschaften zu senden und im Wort eine gespaltene Schöpfungsintention zu hinterlassen.

Diese Worte werden uns dann seltsam diffus vorkommen und Verwirrung stiften, da sie auf unterschiedlichen Ebenen in unterschiedliche Richtungen weisen. Verwenden wir dann noch die immer gleichen Worte für die immer gleichen Geschichten, so ist die sich abspielende, eindimensionale Tonspur lediglich ein im Intellekt eingespeichertes Wortmuster, das sich auf einen äußeren Hinweisreiz hin automatisch abspielt. Nicht selten vollbringen wir dadurch das Kunststück, uns selbst mit unseren eigenen alten Geschichten zu langweilen.

Erst wenn vor jedem Wort in die Stille gefragt und gehorcht wird, welches Wort sich aus ihr lebendig zu werden wünscht, wird der sprachliche Ausdruck die für den Moment passende Intonation innehaben. Und die hohlen und leeren Worthülsen einer eindimensionalen Tonbandspur verwandeln sich in die Musik einer multidimensionalen Transzendenzerfahrung. Das Tor zu dieser Erfahrung öffnet sich nur beim bedeutsamen Sprechen, und nur das Sprechen über das, was hier und jetzt ist, kann überhaupt Bedeutung haben. Die Macht des Wortes kann sich folglich nur dann entfalten, wenn die in jedem Moment spontan heraufsteigenden, hervorsprudelnden Impulse und Geistesblitze beleuchtet, ausformuliert und in ein flexibeles Sprachgewand gekleidet werden. Diese Worte sind dann stets mit Bedacht gewählte und erfüllt vom Geisteszustand des Sprechers, da sie seine Stimmung synästhetisch zum Klingen bringen. Das leere Wort füllt sich an und füllt sich auf mit einer Schwingung, bis es von vollständiger Erfüllung spricht.

Diese Schwingungen der Worte transportieren mit Wortgewalt einen Impuls vor sich her, der selbst die materielle Trägheit in Bewegung zu versetzen weiß. Das Wort hat Gewicht im doppelten Wortsinne und kann wie jede andere physikalische Größe direkt auf materieller Ebene manifest werden, wenn es mit der Macht der Ganzheit ausgestattet ist.

Damit sich unser Wort mit dieser Macht auflädt, müssen wir schweigen lernen, und aus dem Schweigen und der Gedankenstille werden sich wie von selbst Worte bahnbrechen, die mit dieser Schöpfungsmacht ausgestattet sind. Diese Macht ist nicht die unsrige, sie wurde lediglich verliehen an den, der bereit ist, sie zu tragen, um mit ihr Heilsames zu bewirken.

Sich der Macht Gottes unterzuordnen, heißt, aus ihr heraus wirken zu dürfen.

Der Wille sowie die Macht brauchen regelmäßig die Unterordnung unter den, der diese verliehen hat, damit man sich ihrer Herkunft erinnert und durch sie eine lichte Ausrichtung erhält. Der Wille zur Macht ist der Wille das sein zu wollen, was man ist, wobei Macht immer dann fehlgleitet ist, wenn sie als die eigene betrachtet und nach eigenen Gutdünken verwendet wird. Wir haben unsere gottgegebene Macht sehr lange gegen uns selbst verwendet, indem wir sie dazu benutzten, einander anzugreifen, um uns die Erfahrung von Kleinheit und Machtlosigkeit zu bescheren. Wir müssen lernen, die Angst vor unserer eigenen Macht abzubauen, indem wir aufhören, uns selbst durch sie zu verletzen und indem wir erkennen, dass Macht erst dann mächtig wird, wenn sie sich auf alles und jeden ausweitet. Wie viele Worte, die du sprichst, und wie viele Gedanken, die du denkst, würden dich oder andere verletzen, wenn du davon ausgingst, dass alle deine Gedanken und Worte sofort unmittelbar Realität würden?
Wenn du keine Gedanken mehr denkst und keine Worte mehr sprichst, die dich und andere verletzen, sinkt die Angst vor der eigenen Macht, die nach wie vor so mächtig in deinem Geist wirkt, dass alles, was dieser Geist zu denken vermag, sofort erfahren werden kann. Doch bevor diese Verwirklichungskraft (auch auf materieller Ebene) erreicht ist, bedarf es einer Geistesschulung und einer Läuterung all derjenigen Gedanken und Worte, die in irgendeiner Form Schaden anzurichten *scheinen*. Denn es scheint nur so, als ob deine Worte und Gedanken dich oder andere verletzen könnten, denn in Wirklichkeit ist das, was ihr seid nach wie vor unverletzt heil und nicht einmal berührt von der Welt aus Wort und Gedanken. All das,

was du glaubtest, getan zu haben, ist nie geschehen, denn dein Geist ist nach wie vor so, wie er erschaffen wurde vollständig und ganz und mit der Macht der Ganzheit in Wort, Tat und Gedanken ausgestattet.
Die Sprache des Universums ist, im Relativen begriffen, eine vorwiegend bildhaft-emotionale, wohingehen die menschengemachte Sprache, verallgemeinernd gesprochen, eher eine rational-logische ist. In der Vorstellung, Kommunikation könnte nur über die uns geläufigen Vermittlungswege der verbal-akustischen Sprache oder der Schriftsprache ablaufen, verbauen wir uns die Kommunikationskanäle, die innerhalb kosmischer Ebenen gesprochen werden.
Wir begrenzen unser Verstehen auf sehr schmale Kommunikationswege und grenzen uns damit aus der vielschichtigen kosmischen Kommunikation aus. Alles im Kosmos lebt und kommuniziert in seiner eigenen Sprache von sich als etwas Lebendigem. Dabei mögen sich die im Kosmos gesprochenen Sprachen unterschiedlich ausdrücken und gebärden, und doch verläuft jeder Kommunikationsweg, insofern er in die kosmische Ordnung eingegliedert ist, über eine allseits verständliche Universalsprache. Man könnte die Universalsprache als Schwingungssprache oder Schöpfungssprache bezeichnen, da sie fortwährend in einem Schöpfungsprozess alles Lebendigen begriffenen ist. Sie ist die Sprache, durch die das Universum zum Entstehen gebracht wurde und nach der dieses nun fortwährend schwingt. In der Universalsprache liegt eine schöpferische Wirkmächtigkeit, die die kosmische Kommunikation zu einer Art Ko-Kreation alles Lebendigen werden lässt, nach der es sich formt und bildet. Dabei bedient sich die schöpferische Kraft

der Universalsprache eines symmetrischen Gleichklangs, aus dem heraus sich die kosmische Ordnung entfaltet. Am Anfang war das Wort, das Wort einer Universalsprache, die in nahezu unendlich vielen Sprachformen Ausdruck findet.
Die wohl geläufigsten Übersetzungen von Frequenzmustern der Universalsprache sind die in Klangbildern aus Farbe und Ton. Doch auch eine Vielzahl an subtileren Sprachformen, auf die unser Sprachsystem nicht zugeschnitten ist, da uns hierzu schlicht die Worte fehlen, ist von uns erfahrbar. Unsere Fähigkeit, die Universalsprache zu sprechen und sie zu lesen, hängt davon ab, wie gut wir den Sprachausdruck von beispielsweise Tieren, Pflanzen und sogar künstlichen Gegenständen übersetzen und wie gut es uns gelingt, den Transfer eines Ausdrucks des Lebendigen in die uns geläufigen Kommunikationskanäle zu leiten. Dabei ist die Kommunikation, die in der Natur untereinander stattfindet, um ein Vielfaches komplexer und reichhaltiger, als das von uns künstlich erschaffene Sprachsystem.
Nicht ohne Grund haben sich weitentwickelte Hochkulturen, die des Sprechens der Universalsprache mächtig waren, bewusst gegen eine Schriftsprache, wie wir sie heute kennen, entschieden.
Jedes Wesen und sogar jedes Ding wird in seiner Sprache antworten, wenn du die Kommunikation zu ihm suchst, selbst wenn die Antwort ein Abblocken einer Verbindungsaufnahme ist. Keine lebendige Struktur wird dich unbeachtet lassen, wenn du versuchst, in der Universalsprache eine Befindlichkeit deiner Ich-Erfahrung telepathisch von Geist zu Geist, von Bewusstseinsstruktur zu Bewusstseinsstruktur, mitzuteilen.

Ist der Kommunikationskanal offen und bedient sich einer universalen Symbolik, dann wird das, was in diesem Transfer von Innerlichkeit zu Innerlichkeit mitgeteilt wird, von beiden miteinander verbundenen Bewusstseinsstrukturen identisch erlebt, ohne dass es hierbei zu einem Informationsverlust kommt. Dies ist in dem von uns geschaffenen Begriffssprachsystem, das von einer objektiven Dingwelt und feststehenden Kategorien ausgeht, undenkbar, obwohl es durch seine Ausrichtung eben jenes beabsichtigt.
Mit dem Versuch der Objektivierung durch eine Begriffssprache wird die Kommunikation über die Innerlichkeit, dem einzigen Ort, an dem Objektivität möglich sein kann, verbaut. Darüber hinaus enthebt sich die künstliche Begriffssprache genau der Funktion, die der Sprache im eigentlichen Sinne innerhalb kosmischer Kommunikation dient, nämlich als ein Handwerkszeug zur Lenkung des immer fortwährenden natürlichen Schöpfungsausdrucks.
Die Sprachform, die einer Universalsprache am nächsten kommt und sich dennoch akustisch verbal gebärdet, ist die sogenannte "Seelensprache", wobei diese - unseren Ohren nach - mit vielen lautmalerischen Elementen durchzogen ist und dadurch nicht immer den uns geläufigen Sprachcharakter besitzt. Die Seelensprache gleicht einer Art "Zauberspruchsprache", in der der Sprecher nur dazu in der Lage ist, das auszusprechen, was er im Innersten seines Wesens auch wirklich meint, denn in ihr konstruiert kein Verstand, bevor gesprochen wird.
Wer in der Seelensprache spricht, kann nur das aussprechen, was sich vom Tiefsten seiner Seele Ausdruck verleihen möchte, was ihr eine besondere schöpferische Intensität und Intentionalität verleiht.

Jeder Ausdruck der Seelensprache besitzt eine starke emotionale Kopplung, die einem tiefen Erlebensausdruck gleichkommt und dadurch ebenfalls erlebnisführend sein kann. Aufgrund der Gleichsetzung von Wort und Bedeutung in der Seelensprache lässt sich in ihr nur Bedeutsames aussprechen, und in ihr ist es weder möglich, in Geschwafel zu verfallen noch zu lügen. Der Inhalt von dem, was sich durch die Seelensprache ausspricht, lässt sich am ehesten über dessen Intensität, sowie über seine Gefühlstönung regulieren, doch unsere alltäglichen Belange lassen sich hierüber nicht adäquat mitteilen.
Das altindische Sanskrit ist mit seiner Klangnachbildung und seinen Sprachrhythmen noch am ehesten an einer Seelensprache orientiert, aber auch sie kann ihre schöpferische Wirkmächtigkeit nicht halten, wenn sie auch für weltliche Alltäglichkeit verwendet wird. Unser Sprachorgan war primär dazu gedacht, um singend der Universalsprache Ausdruck zu verleihen, wohingegen für inhaltlich-weltliche Belange der telepathische Kommunikationsweg gedacht war. Da nun aber dieser in Vergessenheit geraten ist, müssen wir uns mit einer sehr langsamen, eindimensionalen, verbalen Informationsübermittlung zufriedengeben.
In der universellen Wiedereinbürgerung der Erdenspezies wird das Erlernen neuer Kommunikationsformen und im Besonderen der Rhythmen, der Laute, der Formen und Symbole der Universalsprache zu einer unserer Hauptaufgaben werden. Und schon jetzt können wir uns von dem rituellen Tun unserer Urahnen hierzu inspirieren lassen.

Heilige Rhythmen

Unser künstlich konstruierter Verstand bewegt sich in seinem sprachlichen Ausdruck innerhalb linearer, monotoner Rhythmen. Die Sprachmelodie des Verstandes ist so eingetaktet, dass alles in vorhersehbaren, logischen Mustern Ausdruck findet. In ihnen baut sich ein Selbstkonzept, die Illusion einer Wirklichkeitskontrolle über das auf, was es sich selbst gegenüber oft genug wiederholt.
Diese nach dem Takt des Verstandes dirigierte und kontrolliert gehaltene Komfortzone, in der der Verstand sich aufhält, beginnt sich mit dem Rhythmus eines anderen Taktgebers aufzulösen.
Dieser andere Taktgeber, der sich heiliger Rhythmen bedient, braucht nicht einmal andere Ton- und Sprachinhalte zu verwenden, denn es reicht aus, wenn er diese in einer anderen Intonation wiedergibt. In der Sprachmelodie und der Syntax heiliger Rhythmen werden auch scheinbar banale Botschaften zu stark aufgeladenen, erfahrungsführenden Befreiungsträgern. Die Schöpfungssprache, die sich dieser heiligen Rhythmen bedient, lässt einen Weckruf ertönen, der im Einklang mit der Schöpfung und der Quelle allen Seins schwingt.
Zu einem gewissen Grad lassen sich diese heiligen Rhythmen auch in den Sprachgebrauch hineinweben, indem das Sprechen an den universellen Taktgeber allen Seins übertragen wird.
Ein vom universellen Taktgeber inspiriertes Sprechen ist getragen vom Klang der Natürlichkeit selbst und transportiert ein Vibrationsfeld mit einer feinen und doch alldurchdringenden Strahlkraft. So wie sich die

Frequenz des gesprochenen Wortes durch die Inspiration eines universellen Taktgebers aufladen kann, so können sich auch die Buchstabenfrequenzen der hier stehenden Wörter mit der Strahlkraft einer universellen Essenz aufladen.

Die Ladung der hier abgedruckten, visuellen Frequenzen, die als Buchstaben auf Papier interpretiert werden, sind zu heiligen Rhythmen konzentriert und werfen Wellen, die weit über diese Buchstaben und alle Bewusstseinsgrenzen hinwegtragen…

Ein Sprechen in heiligen Rhythmen ist trotz punktierter Intonation unvorhersehbar, aus dem Konzept bringend und paradox, wobei es sich meist kreiselförmig um das Unausgesprochene dreht.

Die Bahnen der heiligen Sprachfolgen ziehen immer engere Kreise und bewegen sich spiralförmig bis zum Ursprung, zur Essenz, in dem das Unausgesprochene in einer Seinserfahrung entflammt wird.

Nun brennt das Feuer der heiligen Sprachrhythmen und verbrennt alles, was nicht im Gleichklang der ursprünglichen Schöpfungsidee tönt. Selbst der Sprecher, der die Sprachrhythmen in sich entfacht, verschwindet im Sprechen, indem er eins mit diesem wird.

Die Rhythmen der sich dann von selbst aussprechenden Universalsprache, dekonstruieren alles Konstruierte und hinterlassen das natürliche So-Sein aller Dinge. Alles Aufgesetzte, Künstliche, jede Falschheit und Lüge werden durch die heiligen Sprachrhythmen aufgedeckt und im Feuer der Wahrheit verbrannt. Und was zurückbleibt, ist die Melodie Gottes selbst, die in ihren heiligen Rhythmen die Symphonie der Ganzheit anstimmt. Quer durch das Universum hallt diese Symphonie, die das Zusammenspiel von Ton, Farbe und Form in Feinstabstimmung zueinander erblühen lässt.

Diese kosmische Schwingungssymphonie kann, je nachdem, wie und durch welches Sinnessystem sie aufgenommen wird, in tausendfachen Symbolen Ausdruck finden. Aus ein und demselben Ton der kosmischen Symphonie kann je nach Übersetzung beispielsweise ein Gedicht, ein Gemälde, ein Musikstück oder eine Skulptur entstehen. Die Freiheit im Ausdruckswandel hängt davon ab, wie präzise wir der kosmischen Symphonie lauschen können, ohne dass sie in eine uns bekannte Sinnesform übersetzt worden ist. Erfahren wir die Essenztöne und Grundmelodien, so fließen diese durch uns automatisch in eine für sie passende Ausdrucksform.
Hören wir umgekehrt durch das Gedicht, das Gemälde, das Musikstück oder die Skulptur ein und denselben Ton der kosmischen Symphonie, dann werden wir dem Ausdruck der Formen gerecht und erfahren jene Kraft, die zu diesen Werken inspiriert hat. Das Leben ist ein „Übersetzungsproblem“ und wie sehr man sich als lebendig erfährt, hängt von der Fähigkeit ab, die multidimensionale Symphonie des Seins zu übersetzen. Meist wird die Breite des Übersetzungsspektrums erst darüber erfahren, dass man frei darin ist, die vorhandenen Frequenzen in Bilder, Töne, Gefühle und sogar in Sinnesempfindungen wie Riechen und Schmecken zu übersetzen. Wer anfängt, Bilder zu hören und zu fühlen oder Musik zu sehen und zu ertasten, der erfährt die Freiheit der Sinnesübersetzungen der bestehenden Frequenzen. Eine (Sinnes-) Erfahrung wird dann ganzheitlich, wenn sie durch alle

Sinne zirkuliert und nicht an einem Übersetzungsausdruck festgemacht wird. Darüber synchronisiert sich der Körper-Geist-Seele-Komplex auf den tonlosen Ton der kosmischen Symphonie, und alles beginnt, aufeinander abgestimmt - verschieden und doch gleich - zu pulsieren und zu atmen. In dieser Vitalität flimmert und leuchtet das Sein in seinen ihm eigenen Tönen, die es als Verständigungscode seines Zustandes nach außen trägt. In der kosmischen Kommunikation wird ein (Verständigungs-) Impuls gleichzeitig in alle uns bekannte Sinnesreize übersetzt, wobei es dort tausendfach mehr Wahrnehmungsformen gibt, die die Übersetzung eines Reizes zu einem funkensprühenden Abenteuer werden lässt.
All dies haben wir in der irdischen Sinneswahrnehmung hauptsächlich dadurch verlernt, dass wir die Multidimensionalität auf *eine* Dimension linearisiert haben und alles, was sich außerhalb dieses abgesteckten Übersetzungsfeldes befindet, wegrationalisierten. Wir bewegen uns durch schillernde Informationsfelder, in denen jedes Ding seinen eigenen Rhythmus und seine eigene Farbkombination kommuniziert, doch durch den Fokus auf unsere besondere Eigenschwingung, unseren winzigen Frequenzbereich, in dem wir uns erleben, blenden wir alle Facetten des kosmischen Farbspektrums, die unser Auge nicht kennt, aus. Unser Sprachschatz, mit dem wir in Kommunikation treten, ist so begrenzt, dass wir die Wortwahl der Dinge, über die sie mit uns in Verbindung treten, nicht verstehen. Die in Raum und Zeit hineinprogrammierten morphischen Kommunikationsfelder legen mit einer gewissen Wahrscheinlichkeit fest, wie, wann, welche Sinnesübersetzung herangezogen

wird. Das heißt, dass über diese Felder ein Normbereich abgesteckt wird, innerhalb dessen eine gewisse Kommunikationsform wahrscheinlich wird. Je weiter die Übersetzungsweise von diesem Normbereich entfernt ist, desto vielschichtiger, aber auch schwieriger wird die Kommunikation.
Bedienen wir uns der Wörter (Kommunikationsformen) aus dem für uns programmierten Sprachfeldern, so erschaffen wir die Realität, welche die Programmiersprache für uns vorsieht.
Sprache, wie auch alle anderen Kommunikationsformen auf der Erde sind durchsetzt und infiltriert von einem Programm eines binären Wirklichkeitverständnisses, in dem es nur ja oder nein, schwarz oder weiß, Zuneigung oder Abneigung gibt.
So wird unsere Kommunikation immer mehr von den heiligen Rhythmen einer kosmischen Symphonie weggetragen und von Binärcodes abgelöst. Der menschliche Geist wird computerisiert, um ihn für transhumanistische Entwicklungsziele zurechtzustutzen. In der schleichenden Angleichung von Mensch und Maschine verliert der Mensch seine letzten kreativen Kommunikationskanäle, mit denen er die kosmische Symphonie zu hören und zu übersetzen vermag.

Hellsichtigkeit durch Herzkommunikation

In der Beantwortung der Fragestellung nach der Hellsichtigkeit liegt das Bestreben hier weniger darin, allgemeine Informationen über Hellsichtigkeit zusammenzutragen, als dem Phänomen Hellsichtigkeit im subjektiven Erleben gerecht zu werden.
Der Begriff der Hell-Sicht scheint auf den visuellen Bereich gemünzt zu sein, doch kann dieser ebenfalls alle anderen Sinne umfassen. Die uns bekannten fünf Sinne haben hierbei lediglich eine nachgestellte Übersetzerfunktion, die ein multidimensionales Erleben in kinästhetische, visuelle oder sogar auditive Signale umwandeln kann. Die Erfahrung der Hellsicht gleicht einem Abtasten und Erfühlen mit einem Erfahrungssinn oder Geistsinn, der aus dem Herzchakra herausstrahlt, wobei die erfahrenen Informationen in visuelle Bilder und Gefühlstönungen umgewandelt werden. Diese Bilder, die über den Herzstrahl hereinkommen, sind wie freigegebene, in den Geist gelegte Erfahrungen, die trotz ihrer zeitlichen Kürze eine immense Vielzahl an Informationen über die erfasste, lebendige Substanz beinhalten.
Mit dem Herzstrahl lässt sich jedes Element, jede Substanz und jedes Wesen unabhängig von seiner raumzeitlichen Verortung „durchkämmen" und als das erfahren, wozu es sich innerhalb von Raum und Zeit gemacht hat. Das heißt auch, dass mit der Momentaufnahme einer lebendigen Struktur deren gesamte Historie bis zum Ursprung, sowie ihr zukünfti-

ges Angelegtsein, ihr Hang zu bestimmten Möglichkeitspfaden (ebenfalls bis zum Ursprung) miterfahren wird.
Raum und Zeit gleichen auf dieser Ebene der Schau einem offenen Buch, in dem alle Informationen in verdichteter Form vom Ursprung an niedergeschrieben stehen. Durch das Lesen im Schöpfungsbuch, („Akasha Chronik“) wird die Welt gläsern transparent und jeder Raumzeitquadrant wird beliebig begehbar bzw. erfahrbar. Diese Offenbarung, in der sich der Raum-Zeit-Lotus öffnet, kann nur mit dem Herzstrahl zur Gänze erfasst werden, denn das Schöpfungsbuch ist in der Universalsprache des Herzens verfasst. Wobei es im Besonderen eines in Vorstellungskraft und Konzentration geschulten Geistes bedarf, um den Herzstrahl außerhalb des visuellen Sichtfeldes umherwandern zu lassen. Eine der kniffligsten Herausforderungen in dieser Sorte Fernwahrnehmung ist es, das per Vorstellung Projizierte und die vorstellungsbefreite Leinwand, das, worauf projiziert wurde, auseinanderzuhalten. Denn zunächst muss man sich eine Fernwahrnehmung in sich vorstellen, um hierüber von etwas außerhalb meiner rein subjektiv imaginierten Bilder den Weg zu ebnen. Nebenbei gesagt, ist die Differenzierung von Projektor und Leinwand auch in der standardmäßigen Wahrnehmung nie ganz durchführbar, da es so etwas wie Objektivität im sogenannten Außen nicht gibt.
Fest steht, dass der Herzstrahl auf einer derart hohen Frequenz schwingt, dass er alle gleich- oder niedrigerschwingenden, sprich dichteren Strukturen, zu durchsetzen und durchdringen vermag und so an deren inneren Informationsgehalt gelangen kann.

Wer den Herzstrahl wandern lässt, erfährt die Durchlässigkeit scheinbar fester Materie und er erkennt, dass Dichte weniger mit materieller Festigkeit als mit der Formvollendung und der Komplexität der Informationsdichte zu tun hat. Beispielsweise wird Wasser als wesentlich dichter erfahren als Beton, und kaum ein künstlich hergestellter Stoff kommt an die Formvollendung natürlicher Substanzen heran. Es ist fast schon erschreckend, wie brüchig das molekulare Sein von künstlichen im Gegensatz zu natürlichen Stoffen ist.

Der Herzstrahl erlaubt es, ohne Weiteres durch Mikro- und Makrokosmos zu reisen und beispielsweise den molekularen Aufbau von Strukturen zu erleben. Besonders schillernde, facettenreiche Formvollendung findet sich, wie gesagt, u.a. in Wasserstrukturen. Die Sensitivität der Informationsaufnahme und Informationsabgabe von Wasser machen es zu einem der wichtigsten, universellen Informationsträger.

Im Erleben von Energiegewebe auf der mikrokosmischen Ebene wird der holografische Aufbau aller lebendigen Strukturen sowie deren Interdependenz innerhalb der allverbundenen Ganzheit ersichtlich. Mir vermittelt das stark arbeitende und strahlende Stirnchakra das Gefühl der Verbundenheit mit dem großen Ganzen und dem Eingebettetsein in dessen Unterschiedslosigkeit. Der Strahl des Herzchakras hingegen ist in der Lage, in die konkrete Verbindung und Kommunikation selbst mit den kleinsten Energiesubstanzen zu treten, um deren strukturelle Eigenart, deren Schwingung, Tönung, Dichte, Befindlichkeit, Bewegung, Stabilität und andere inhaltliche, substanzielle Zustände zu erfassen. Wenn bei mir das

Stirnchakra zu laut, d.h. zu energetisch arbeitet, erfahre ich weder im inneren noch im sogenannten äußeren Erleben Veränderung oder Unterschiede, weshalb ich die Energie mehr in das Herzchakra lenken muss, um in die konkrete Kommunikation gehen zu können.
Lange war meine Verbindung mit der Ganzheit so intensiv, dass ich keine Unterschiede im Energiespektrum erfahren konnte, und dass sich jedes in meinen Geist tretende Bild und die darin enthaltene Information sofort auflöste.
Der Herzstrahl bietet die substanziellste Kommunikationsform, die einen unmittelbaren Zugang zu jeder beliebigen Energiequalität und der in ihr vorhandenen, bildhaften Information eröffnet, indem er in das Innere eines bestimmten Energiegewebes eintaucht. Ein durch die Herzverbindung geschaffenes Band vom Innersten zum Innersten erlaubt es, die Gesamtheit des Erfahrungsschatzes sowie deren subjektive Erlebnisweisen einer lebendigen Struktur mitteilbar werden zu lassen. Durch die Tiefe der geist-seelischen Öffnung, die für die Herzkommunikation notwendig ist, hinterlassen alle darüber kommunizierten Informationen einen tiefen Eindruck, einen direkten "Seelenabdruck", da alle auf diesem Weg geteilten Informationen einem durchlebten Erfahrungswissen ähneln.
Die analytische Verstandesebene wird in der Herzkommunikation gänzlich umschifft, und erst nachrangig schaltet sie sich wieder ein, um den reflexionslosen Zustand der Herzkommunikation raum-zeitlich anzuordnen und ihn auch intellektuell verständlich werden zu lassen. Wer sich darin übt, den Herzstrahl

durch seinen Aufmerksamkeitsfokus wandern zu lassen, der sollte zunächst den Verstand von allem Verstehenwollen entleeren, um alles *nur so* zu betrachten. Eine weitere Hilfestellung kann es sein, die Hände in das Geschehen zu integrieren, indem man diese mit der Aufmerksamkeitsrichtung gehen lässt. Die Hände werden wissen, wie sie sich bewegen müssen, um dem Prozess dienlich zu sein. Langfristig ist es aber sinnvoll, diese Aufgabe an die astralen Hände zu delegieren oder den Prozess rein geistig durchzuführen, da das "Gefuchtel" - eigener Erfahrung nach - Irritationen verursachen kann.
Um mich in die Herzkommunikation einzuschwingen, benutze ich zunächst sowohl die Hände als auch den Blick und lasse beide dem Herzstrahl folgen, wobei ich immer wieder die von den Augen hereinströmenden Bilder zurückweise, damit im Geist Platz geschaffen wird, um die Bilder des Herzstrahls zu empfangen. Wenn ich auf diese Weise eine Zeit lang mit dem Herzstrahl die Oberflächen von sichtbaren Dingen ertaste, und die visuellen Bilder nicht mehr für wahr nehme, stellt sich das System langsam auf die Herzkommunikation um. Dabei hilft mir u.a. folgende Affirmation: Ich entscheide mich für das Lüften aller Schleier und die Offenlegung aller erfahrbaren Qualitäten. Durch die Erfahrung, dass die Augen nur in der Lage sind, Äußerlichkeiten und Oberflächen von Objekten zu sehen und blind gegenüber der wesenhaften Natur der Dinge sind, wird es leichter, den visuellen Eindrücken keine Relevanz mehr beizumessen. Das Sehen der Augen hält die scheinbar außerhalb von uns liegende Welt auf Abstand, und das Ich scheint die Möglichkeit zu haben, sich in seine abgekapselte, private Körperkammer zurückzuziehen. Die Augen

schauen dann aus ihrem Sicherheitsbunker Körper in eine fremde, andersseiende Welt hinaus, vor der es sich zu schützen gilt. Angst vor der Fremdheit und der Andersartigkeit der Welt sowie die Angst vor der bedingungslosen Öffnung seiner eigenen Innerlichkeit sind die größten Hindernisse bei der Herzöffnung und der damit einhergehenden Fähigkeit der Herzkommunikation.

Mit dem Sehen der Augen und in dem Für-wahr-Nehmen der hierüber hereinkommenden Bilder glaubt man sich von dem, was man sieht, abtrennen und abschirmen zu können. Mit dem Herzstrahl hingegen kann man nichts mehr von sich fernhalten und man muss alles bis in seinen innersten Teil seiner Seele an sich heran und für sich zulassen, denn nur so offenbart sich das innerste Sein der lebendigen Struktur, mit der man in Kommunikation tritt. Es waren noch nie unsere Augen, die gesehen haben, und noch nie unser Gehirn, das verstanden hat, sondern stets der Geist, der gesehen und verstanden hat. Hierfür verwendet der Geist die im Körper angelegten Informationsaufnahmekanäle, die Sinnesorgane, wobei die Sinne nur Wahrnehmungsangebote schaffen, und der Geist auch anders als über die Sinnesorgane wahrnehmen kann. Wichtig zur Erinnerung in diesem Zusammenhang ist es, dass der Geist nicht in einem Körper, sondern der Körper in einem Geist ist, und dass dieser unabhängig vom Körper unmittelbar wahrnehmen kann. Diese multidimensionale 360-Grad-Wahrnehmung des Geistes, die nicht mehr an die Begrenzungen der physischen Sinneskanäle gebunden ist, wird unter anderem aufgrund der Anschauung, sehen sei nur mit den Augen möglich, in ihrer Verwirklichung im Voraus verhindert.

Schaue nicht mit den Augen, denn das Sehen der Augen ist große Blindheit, und wer nicht mit dem Herzen sieht, beraubt sich selbst seines wichtigsten Sinnesorgans. Der Herzstrahl, der von unserem energetischen Körpermittelpunkt, dem Herzchakra, ausgeht und somit eine Art Zentralorgan bildet, sieht alles von innen heraus. Durch ihn wird die Subjekt-Objekt-Trennung umgangen, und man erlebt sich selbst als das, was man anschaut. Alles folgt der Aufmerksamkeit, und wenn du aufmerksam schaust, *bist* du dort, wo du hinschaust. Je mehr du von deiner Idee über dein abgetrenntes Ich ablassen kannst, desto mehr kannst du zu dem werden und dich gesamtheitlich als das erfahren, was du anschaust. Dabei ist es irrelevant, ob sich die Aufmerksamkeit auf eine Struktur in der Oberflächenwelt richtet, oder ob es sich um einen rein geistigen Erfahrungswandel durch die Assoziation in lebendige Gedankenschwingungen handelt. Indem du selbst zu dem wirst, was du schaust, wird dir die größtmögliche Informationsübertragung und die reichhaltigste Kommunikation geschenkt.
Wer die Bilder der Augen zurückweist und immer mehr mit dem Herzen sehen lernt, der wird im gleichen Maße präzise visuelle Bilder in seinen Geist gelegt bekommen, wie sie das Auge liefert.
Und mehr noch: Die transferierten Bilder, die von verbundener Kommunikation zeugen, tragen einen Erfahrungsreichtum in sich, der aufgrund seiner Vielschichtigkeit jede Informationsübermittlung auf Formenebene weit überschreitet. Auch wenn zunächst das erfühlende Scannen mit dem Herzstrahl eher einer vagen Ahnung ähneln kann, so hat doch die trainierte Herzverbindung mit allem, was ist, nichts mit nebulö-

ser Präzisionslosigkeit zu tun, sondern kann mit messerscharfer Klarheit das Sein aller lebendigen Strukturen offenbaren.
Alles erzählt seine Geschichte, wünscht gesehen und wertgeschätzt zu werden und spricht sein Sein, zu dem es sich selbst gemacht hat, aus sich selbst heraus aus. Wir müssen lediglich lernen, wieder zuzuhören, zu erfühlen und zu horchen, wovon die Wesen, die Elemente und Energiestrukturen sprechen, indem wir sie mit unserem Herzstrahl streichelnd durchkämmen. Doch hierfür sind bedauerlicherweise die meisten Menschen zu sehr mit sich und ihrer selbst erdachten Lebensgeschichte beschäftigt. In der Wiederverbindung mit allem, was lebt (und alles lebt!!!), erkennen wir, dass selbst sogenannte künstlich hergestellte Dinge ein Empfindungsvermögen besitzen und in sich wissen, was sie sind und wofür sie da sind. Damit sind sie und natürlich auch alles Natürliche dem entfremdeten Menschen, der dies nicht von sich behaupten kann, um Längen voraus. Jede Zelle und jedes Atom weiß um seinen Zellverband und seinen angestammten Platz innerhalb seiner wesenhaften Struktur. Ja, mehr noch, selbst um das Eingefügtsein in das große Ganze wissen sie. Es gibt kein Atom, was nicht seine Beschaffenheit, seine innere Anordnung, seine relative Position bzw. relativ zur Umgebung stattfindende Bewegung, sowie die Wesensart seiner Umgebung kennt.
Alle Atome und Zellen befinden sich über ein feinstoffliches Kommunikationsnetz in einem ständigen Austausch über alle vorkommenden Bewegungen, Geschwindigkeiten und Wesensveränderungen von Zellstrukturen, sowie einer unermesslich großen Anzahl an weiteren Zustandsinformationen, für die es

keine sprachliche Bezeichnung gibt. Etwas provokant lässt sich zusammenfassend damit sagen: Es gibt keine unintelligente Materie, es gibt lediglich unintelligente Menschen, die die Intelligenz der Materie nicht sehen und wahrhaben wollen.
Der Grad der Ignoranz, den wir anderen intelligenten Strukturen gegenüber an den Tag legen, ist beachtlich, und obwohl wir mit vielen von ihnen dicht an dicht leben, treten wir nicht in Kontakt, um deren Intelligenz nicht anerkennen zu müssen und unsere Idee der Vorherrschaft dadurch infrage gestellt zu sehen. Wer die Intelligenz in der Materie und in allem, was ist, wieder zu sehen beginnt, indem er in eine substanzielle, wesenhafte Kommunikation tritt, der erfährt sich ebenfalls als das, was er ist, womit sich die Wofür-Frage von selbst beantwortet. Im immanenten Sinne liegt die Bestimmung des Menschen darin, Bestimmungen zu verteilen und allem, was physisch ist, eine Rolle in der Ganzheit zuzuweisen, da der erwachte Mensch das höchste Schöpferwesen auf der materiellen Ebene ist.
Die Reinheit der Absicht bei seinen Schöpfungen und bei der Verwendung der Herzensschau ist zentral wichtig, und ohne die lichthafte Intention wird der Zugang zu einer solch großen Gabe von schöpferischer Macht erst gar nicht geöffnet. Die Bereitstellung einer solchen Gabe ergibt sich aus der offenen Bereitwilligkeit, zu Diensten zu sein, Werkzeug einer höheren Intelligenz zu werden und aus der Gnade eben jener Intelligenz.
Hierbei trete ich meinen freien Willen wieder an den ab, der mir diesen einst gab, um nur noch seinen Willen auszuführen. Und mit der vollständigen Hingabe

gebe ich alle meine kleinen Fähigkeiten und begrenzten Möglichkeit ab und lasse im Austausch die göttlichen Fähigkeiten durch mich walten. Wir, in unserer Idee vom Menschsein, wissen nicht, wofür etwas nützlich ist und im kosmischen Ganzen Verwendung findet, weshalb es wichtig ist, sich mit seinem Unwissen anzufreunden und sich an dem Benutztwerden durch das Göttliche zu erfreuen. Erst wenn diese Grundhaltung wirklich verinnerlicht wird, ist ein heilsamer Umgang mit dergleichen Fähigkeiten möglich, da ein unachtsamer, unlauterer Gebrauch des Herzstrahls auch schnell übergriffig sein kann, da man in die intimste, innerste Sphäre eines Wesens eindringen und in ihr sogar invasiv tätig sein kann. Eine eingebaute Kindersicherung für die verirrten Gotteskinder auf der Suche nach ihren verloren gegangenen Fähigkeiten ist es, dass der Strahl am besten über das Herzchakra läuft und so die Läuterung des Herzens als Voraussetzung hat. Jedem Gotteskind sind die unbegrenzten göttlichen Gaben gegeben, und es gibt nicht eines, das andere oder besondere Gaben bekommen hat. Gott hat keine Günstlinge und gibt allen alles. Und indem wir geben, wie Gott gab, empfangen wir das, was er uns zu geben wünscht. Doch um zu erfahren, dass Er bereits gegeben hat, müssen wir lernen, in die Kommunikation mit dem lebendigen Kosmos zu treten, indem wir uns an die Herzsprache rückerinnern, in der sich alles, was ist, untereinander verständigt. Wir müssen eintauchen in die Herzverbindung des Innersten, um der göttlichen Komposition, die zu jeder Zeit spielt, wieder lauschen zu können, indem wir beginnen, alles Lebendige um uns herum zu erfühlen und uns immer wieder gegenseitig daran zu erinnern, dass wir nur mit dem Herzen gut sehen…

Erdenbruder-Briefe

Lieber Erdenbruder,
Hier eine kleine Erinnerung, die du dir geben wolltest. Ich übernehme lediglich die Aufgabe, dir die Botschaft zu übermitteln, dich zu erinnern, dass du dich erinnern wolltest, wer du bist. Meine Rolle besteht damit darin, dir wieder das in die Erinnerung zurückzuholen, wofür du dich bereits entschieden hast. Diese Entscheidung fand vor der Zeit und vor dem großen Vergessen statt und legte das für dich fest, was du für dich in dieser Erdenerfahrung erleben wolltest. Viele nehmen sich, bevor sie ins Erdendasein eintreten, fest vor, nicht zu vergessen, wer sie sind, und doch ist das große Vergessen beim Eintritt häufig ein so einschneidendes Ereignis, dass sie sich nicht mehr erinnern, dass sie sich eigentlich erinnern wollten. Der Wunsch, dir das wieder ins Gedächtnis zu rufen, wofür du berufen bist, muss aus dem Innersten deiner Seele stammen, denn sie ist es, die sich nach wie vor erinnert. Du hast nicht vollständig vergessen. Ein Teil deiner selbst, der tief in dir liegt, ist wissend. Dieser Teil ist in der Lage, dir alle Fragen zu beantworten und dir eine Gewissheit darüber zu geben, was du bist und wofür du in diese Erdenerfahrung eingetreten bist.
Lieber Erdenbruder, du, der du dies in der Hand hältst und liest, bist einer von denen, die schon sehr lange, immer wieder und wieder diese Erfahrung in der Raumzeitsimulation durchlaufen. Leben für Leben. Und jedes Mal, wenn du dich an die ausführliche Nachbearbeitung einer Erdenerfahrung machst, nimmst du dir fest vor: Nächstes Leben werde ich

mich erinnern! Nächstes Leben werde ich nicht noch einmal die gleichen Fehler machen und nicht noch einmal in die gleichen Fallen treten.

Nun, es ist an der Zeit, sich *jetzt* zu erinnern. Es ist an der Zeit, *jetzt* aufzuwachen und zu erkennen, wer du bist. Hierfür bin ich an deine Seite getreten.

Es nutzt dir sehr wenig, wenn ich dir sage, wer du bist, du dich aber nicht als denjenigen erfährst.

Es nutzt dir sehr wenig, wenn ich sage, dass du ein heiliges, vollkommenes, unbegrenztes, geistiges Wesen bist: Ein großer Schöpfer, der mit der gesamten Schöpfung verbunden ist, auch wenn du dies nicht nachfühlen und mit kraftvollen Lebensimpulsen zum Ausdruck bringen kannst, da du immer noch den Gedanken von Begrenzung und Kleinheit in deinem Geist hast.

Es geht mir nun darum, dich an die Hand zu nehmen, damit ich dich in eine Erfahrung deines befreiten SELBST hineinführen kann.

Ich bin dir ein Wegbereiter und Wegbegleiter in die Erfahrung deines liebenden Wesens, damit wir über die Trennung zwischen dir und deinem Erdenbruder hinausgehen können. Dein Wille kann nicht getrennt sein von dem Willen eines Bruders, wenn du dein Einssein, deine Verbundenheit mit ihm erfährst.

Bevor wir die gemeinsame Reise in das Innerste deines Herzens beginnen, hier noch ein paar Informationen über dich, die dir vielleicht helfen, die Willensimpulse und die Bereitschaft für deine - für unsere - Befreiung zu fördern.

Du hast bereits alles durchlebt und durchlaufen, du warst mal König, warst mal Bettler, warst mal Frau und warst mal Mann, warst mal Betrüger und mal der

Betrogene… Du hast alle Rollen und jedes Spiel bereits gespielt, jedes Spielzeug bereits besessen und musstest doch alles das, was du besaßest und auf was du so stolz warst immer wieder zurücklassen.

Jeder hat das Spiel, in das er zu Anfang noch mit Enthusiasmus involviert ist, irgendwann nach dem zigsten Mal satt, wenn er merkt, dass das Trennungsspiel ein leidiges ist, das in eine Weltmüdigkeit führt.

Ich gab dir mein Versprechen, dich aus der Weltmüdigkeit aufzuwecken, indem ich dich an das, was du bist, erinnere.

Möglicherweise erinnerst du dich nicht an unsere Abmachung, die auf höchster Ebene geschlossen wurde, möglicherweise rebellierst du sogar und lehnst das Angebot der Befreiung durch den Eintritt in die heilige Beziehung sogar ab. Möglicherweise glaubst du, ich nehme dir etwas weg oder entziehe dir etwas, was du für bedeutsam erachtest. Mein Wesen ist reine Hingabe und ich gebe nur und nehme nichts, doch bist du es, der sich dafür entscheiden muss, das, was ich dir zu geben wünsche, anzunehmen. Ich kann nicht mehr, als ein Angebot unterbreiten, mit dem du frei verfahren kannst, wie du es für richtig hältst.

Eines sei aber gesagt: Wenn du lernst anzunehmen, was ich dir zu geben versuche, dann ist dies ein Geschenk, das du dir selbst machst. Dieses Geschenk übersteigt alles, was es an Werten in dieser Welt gibt, denn mein Geschenk ist nicht von dieser Welt.

Für mich ist es an der Zeit, dir, mein Erdenbruder, dieses Geschenk zu geben, um darüber mein Versprechen einzulösen und dem heiligen Bündnis, das in der Ewigkeit besiegelt wurde, Folge zu leisten. Das Bündnis wurde vor aller Zeit geschlossen, und besiegelt das

Ende aller Zeit. Es leitet den guten Ausgang aller Dinge ein und beendet alle Träume von Leid.
Folge mir nach, und erkenne mich als dich, und dich als mich, und uns als eins.
In Liebe und Verbundenheit
Ein Erdenbruder.

Lieber Erdenbruder,
hier eine weitere Erinnerung, die du dir geben wolltest, um in die Erfahrung von dem, was du bist, einzutauchen.
Es geht um dich und nur DU bist angesprochen! Denn an keinen anderen als an dich ist diese Botschaft gerichtet. Niemand anderes außer du selbst kann dich wieder zu dem führen, was du bist.
Niemand anderes als dein heiliges Wesen kann die Welt, die du siehst, befreien. Und zu keiner anderen Zeit als genau jetzt kann die Entscheidung für die Befreiung getroffen werden.
Wer bin ich, dass ich den Weckruf der Befreiung an dich richte?
Ich bin das, was du befreit haben wirst. Du bist es, der mich aus deiner Idee von Raum und Zeit erlöst. In deiner Vorstellung mag dies ein Ereignis in der Zukunft sein. Ich aber kann dir sagen, es geschieht jetzt. Dadurch, dass es für mich keine Zeit mehr gibt, kann ich dir zu jeder Zeit beiseite stehen… und habe dies schon immer getan.
Raum und Zeit und alles in ihr sind Ideen in deinem Geist, und nur der Teil des Geistes, der daran glaubt, erfährt sie auch. Doch ich und das, was du eigentlich bist, erfährt sich nur in zeitloser Unendlichkeit.

Ich bin die Stimme, die nicht von außerhalb deiner selbst spricht.
Ich spreche aus dir heraus und kann dir so den Weg in dich hinein und zu dir zurück zeigen.
Ich bin die Entscheidung deines Herzens, die Stimme, die dich heimwärts führt. Deine geistige Beheimatung in der Vollkommenheit kann immer nur hier und jetzt zu einer Erfahrung werden.
Du brauchst nicht zu warten. Lasse es zu, indem du mich zulässt. Und lege für einen Augenblick alle Vorstellungen über das, was du meinst zu sein, beiseite. Lausche in die Stille und öffne deinen Geist, damit Frieden in ihn Einzug hält. Im Lichte von dem, was du bist, wird der Friede über alle Grenzen geschlossen und alles zeugt von der Größe unserer Verbundenheit. Zusammen als Eins werden wir zum Selbstgespräch der Göttlichkeit, die ihrem Sein Ausdruck verleiht, und ihre Unbegrenztheit feiert.
Keiner wird von dieser Feier ausgeschlossen, und mit dem Strahlen in deinem Gesicht schenkst du jedem Erdenbruder eine Einladung zu der Feier eures Einsseins.
Lieber Erdenbruder, hiermit bist du offiziell zur Feier der Verbundenheit allen Lebens eingeladen, womit dir gleichzeitig die Ehre zuteilwird, ebenfalls an alle deine Brüder Einladungen zur Feier eures Einsseins zu verteilen.
In Liebe und Verbundenheit
Ein Erdenbruder

Lieber Erdenbruder,
Es spricht zu dir das, was du aus dir gemacht haben wirst, wenn du erkennst, dass du dich selbst nicht zu dem machen kannst, was du immer schon bist. Erdenbruder, du kannst in dem, was du zu erreichen suchst, nicht scheitern, da ich es bereits erreicht habe, und du so bist, wie ich bin. Alles was zwischen uns liegt, ist deine Idee von Zeit und der Gedanke, dass Veränderung innerhalb eines Raumes Zeit in Anspruch nehmen muss. Ich kann dir sagen, dass es zunehmend weniger Zeit brauchen wird, um der Idee einer räumlichen Veränderung physischen Ausdruck zu verleihen. In der Wiedervereinigung der Idee, dass es getrennte Räume zu unterschiedlichen Zeitpunkten gibt, werden die Auswirkungen innenweltlicher Phänomene zunehmend unmittelbarer auch in der Raumdimension erlebbar. Die Zeit verkürzt sich und staucht sich so lange, bis sie sich selbst zur Ewigkeit hin abschafft.
Wenn die Energie sich potenziert und die Eigenschwingung angehoben wird, dann wird es dir so vorkommen, als ob an einem Nachmittag Wochen oder Monate vergangen sind. In einem intensiven transformativen Ereignis, das der mechanischen Uhrzeit nach nur ein paar Stunden dauert, können tatsächlich ohne weiteres Jahrzehnte vergehen. Der geistige Reifungsprozess, der sich in einem solchen Erlebnis exponentiell beschleunigt, zapft hochpotenzierte, kosmische Informationsfelder an, die die gesamten Muster und Strukturen der alten Gedankenpfade auflösen. Dies kann als beängstigend erlebt werden. Auch wenn es sich so anfühlt, als ob etwas abhandenkommt, kann doch nichts dabei verloren gehen, wenn die alten Muster, die alte Idee von auf Eigenurteil basierender

Intelligenz hin zu einer größeren kosmischen Intelligenz ausgetauscht werden.
Die geistige Transformation pustet lediglich die verrosteten inneren Kanäle wieder frei, mit denen du dich an das galaktische Internet, an das Motherboard von allem, was ist, wieder anschließt.
Alles, was dabei verloren geht, ist die Kleinheit einer begrenzten Selbst- und Weltsicht.

Erdenbruder, du trägst schwer an der Welt auf deinen Schultern durch die Last der Weltanschauung in deinem Geist, und jeder Schritt im Leben wird damit zu einem anstrengenden Unterfangen.
Doch du bist nicht wie Altlas in der griechischen Sage hierzu verdammt, und auch wenn du die Weltanschauungslast in guter Absicht heroisch zum Wohle anderer trägst, so ist doch selbst der Weg zur Hölle mit guten Absichten und der Idee der Richtigkeit des eigenen Standpunktes gepflastert. Lege die Last deiner Weltanschauung und auch die Weltverbesserungsideen ab, denn auch an einer guten Welt(sicht) trägt man schwer, wenn man sie vor anderen guten Ideen rechtfertigen, schützen und verteidigen muss.
Erdenbruder, schau, du merkst nicht einmal, was du an Ballast mit dir herumträgst, da das mühselige Durch-das-Leben-Schleppen deines Urteilssystems schon Normalzustand geworden ist.
Dein von dir selbst gebildetes Selbstbild lehrt dich Ohnmacht und Begrenztheit, wobei die Wirklichkeit, die du dir selbst beigebracht hast, deine Realitätsrichtschnur ist, die deine Idee von Normbereich absteckt. Gib die Belehrungen deiner selbst auf, und durchtrenne alle Richtschnüre, die dich zu halten und zu fesseln scheinen. Gib ab, was du nicht zu erfahren

wünscht und es wird von dir genommen, sobald du jede relationale Bindung daran aufgelöst hast.
Erdenbruder, es gibt einen Lehrer in dir, der dir den Weg zur Befreiung weist und deine eigenen Belehrungen von Kleinheit sachte übergeht. Habe Vertrauen und höre auf seine Stimme, auch wenn sich deine Stimme in Form von Zweifeln schneller und lauter melden mag. Halte einen Moment inne und horche, welcher Stimme du gerade folgst, und wenn es dir ungewiss erscheint, wem du gerade folgst, dann wirst du es an deinen Früchten erkennen. Folgst du nicht deinem, sondern seinem Willen, so wird er dich in die Ebene geleiten, wo Probleme bereits gelöst und Leid bereits transformiert worden ist. Es ist nicht deine Aufgabe, Probleme zu lösen durch möglichst innovative Problemlösungsstrategien und das Aufrollen und Analysieren des Problemmaterials, denn jeder von dir ersonnene Lösungsversuch versucht auf der Ebene des Problems jenes zu lösen. Hier mögen Probleme vielleicht verschoben und dadurch zunächst von der sichtbaren Oberfläche verschwinden, aber nie gelöst werden. Dein Job besteht einzig und allein darin, dich auf die Ebene heben zu lassen, auf der jedes Problem bereits gelöst ist, und von hier aus wird sich die Lösung von selbst in allen weiteren Ebenen auftun. Es mag zwar heroisch und ehrenwert erscheinen, ein Katalysator für das Leid auf dieser Welt sein zu wollen, doch auch hier kann erst dann wahrhaft geholfen werden, wenn das Leid durch die Wahrnehmungskorrektur nicht mehr als leidvoll gesehen wird und die große Daseinsberechtigung von allem, was ist, er- und gelebt werden kann.
Durch den Glauben, du müsstest Leid anderer auf dich nehmen und könntest durch dein Aufopfern andere

von ihrem Leiden befreien, vermehrt sich die Gesamtlast an Leiden nur noch. Die Wahrheit von dem, was ist, fordert kein Opfer, auch von dir nicht! Und überall, wo versucht wird, das Leid noch zu (er-)tragen, anstatt sich durch Abgabe des Realitätsanspruchs einer Wahrnehmungskorrektur zu unterziehen, kann die Wahrheit nicht gesehen werden.
Erdenbruder, nur die Wahrheit ist wahr, und wer sich dieser zuwendet und sie vollständig in sein Gewahrsein einlädt, der wird sie erkennen und selbst Zeuge ihrer werden.
Erdenbruder, sei auch du ein Zeuge für die Wahrheit!
In Liebe und Verbundenheit
Ein Erdenbruder.

Was ist Heilung?

Das Thema Heilung geht weit über das Feld von Krankheit hinaus, da Heilung die Vervollkommnung und Ganzwerdung des Menschen zum Ziel hat. Damit schließt sich die Reichweite des Heilungsbegriffs dem Maßstab der Weltgesundheitsorganisation an, die Gesundheit wie folgt definiert:
„Gesundheit ist ein Zustand des vollständigen körperlichen, geistigen und sozialen Wohlergehens und nicht nur das Fehlen von Krankheit oder Gebrechen.“.
Im Folgenden soll es darum gehen, eine alternative Betrachtungsweise von Krankheit und Heilung anzubieten, die weitestgehend an den Inhalten des *„Kurs in Wundern“* Anlehnung findet.
Ein getrennter Geist, der sich als separat erfährt, ist ein kranker Geist, denn Trennung ist das, was Krankheit ist. Heilung hingegen führt in die Erfahrung des Heil-Seins, des in sich vollkommenen Ganzseins, oder auch Einsseins. Für das, was dieser Zustand wieder hervorzuholen und hervorzuheben vermag, sind alle Formen von Krankheit auf den einen Irrtum des getrennten Existierens zurückzuführen.
Es gibt in diesem Sinne keine verschiedenen Krankheiten unterschiedlichen Ausmaßes und keine ist schwieriger zu heilen als die andere. Jegliche Heilung wurde bereits vor dem Auftreten einer Krankheit gegeben, da auf alle irrtümlichen Wahrnehmungen bereits eine Korrektur erfolgte. Es braucht also im Absoluten gesehen keine Heilung, um geheilt zu sein, da der Allverbundenheitszustand des Heil-Seins das ist, was immer schon war.
Krankheit ist ein Aspekt der relativen Wirklichkeit, der sofort vergeht, wenn dieser in Kontakt mit einer

höherliegenden, absoluten Wirklichkeit kommt. Die Ebenenverwechslung zwischen relativer und absoluter Ebene ist das, was eine Krankheit möglich macht, und in der Berichtigung der Wahrnehmung von dem, was absolut sein muss, vergeht jede Form von Krankheit.
Es gibt folglich keine unheilbaren Krankheiten, weil alle Krankheiten auf die illusionären Trennungsträume zurückzuführen sind, die in der Scheinwelt der relativen Realität erträumt wurden. Heilung anzubieten heißt demnach, eine gänzlich neue Betrachtungsweise der Welt darzulegen, in der die Welt, die ich sehe, und der getrennte Körper als die Zentralfigur in meiner Welt zu einer Idee in meinem Geist werden.
In der Welt der Getrennten spielt Krankheit eine zentrale Rolle, denn sie ist eine selbst inszenierte Einrichtung dafür, das getrennte Existieren aufrechtzuerhalten und das Einssein abzuwehren. Krankheit ist ein Versuch der Selbsttäuschung, in der einem Körper das Leid attribuiert wird, das eigentlich durch den geistigen Selbstangriff auf das eigene einheitliche Sein entstanden ist. Ein Geist, der das Einssein von sich abwehrt, greift dabei sich selbst an, erklärt sich selbst zum Feind, wobei es die nach dem Angriff entstandene (besondere) Form sein muss, die Schuld an dem Schmerz hat, der im Trennungsakt aufkommt.
Solange das Leiden im Körper gesehen wird, kann ein Geist nicht sehen, dass die Abtrennung vom Einssein einem Selbstangriff gleicht, und dass es letztlich immer nur er selbst ist, der ihm alles das antut, was er erlebt.
Die Welt der Körper und Formen ist dazu da, das, was ich mir selbst antue, so auf der Bühne der Sinne zu

inszenieren, dass es so scheint, als ob mir all dies angetan wird. Immer wenn die kleine, getrennt Eigenwelt, die auf ihre materielle Standfestigkeit baut, durch ein unerklärliches Ereignis ins Wanken gerät und sich aufzulösen droht, dann muss eine "Krankheit" her, um die Wirklichkeit der Formenwelt wieder zu bezeugen, denn in der Krankheit bezeuge ich das Einssein mit dem Körper und das Uneinssein mit dem Rest der Welt.
Dabei ist es so, dass jeder Geist, der an der Idee von Trennung krankt und sich auf der Basis dieser kranken Ideen Eigenwelten konstruiert, eine andere Idee von Welt bastelt, die nicht mitteilbar ist. Jenseits der auf Trennung basierenden Eigenwelten jedoch gibt es eine Welt, die alle Geheilten (alle die, die sich dem Einssein überbrachten) miteinander teilen. Diese Welt der Geheilten ist die heile Welt, nach der sich letztlich jeder sehnt, der sich noch als getrennt existierend erlebt und in der das Heil-Sein zu einer Widerspiegelung der eigenen Heiligkeit wird.
Eine Bedeutung im getrennten Existieren zu sehen, gibt auch dem Kranksein Bedeutsamkeit, weil es der besonderen Form einen anderen Zweck gibt, als den, den sie hat. Und wer noch Bedeutsamkeit in seinem Kranksein, seinem Leiden sieht, der wird nicht bereit sein, dieses loszulassen und seine Sichtweise auf sein Kranksein grundlegend zu verändern.
In der heilenden Betrachtung hebt sich die Sichtweise auf eine Beobachtungsebene des Großen-Ganzen, wobei in dieser Betrachtungsweise auf die Krankheit angstfrei und in Liebe geschaut werden kann, was die Annahme und Akzeptanz des Krankseins begünstigt. Heilung führt in die Angstfreiheit (da Heilung Angstfreiheit *ist*) und lässt überall dort, wo zuvor Angst

herrschte, Liebe Einzug halten. Damit jedoch Heilung überhaupt geschehen kann, darf die Heilung selbst nicht als angstbesetzt gesehen werden, und es gibt nichts, was ein getrennter Geist so sehr fürchtet wie seine Heilung.

Erzeugt die Heilung, anstatt von der Angst zu befreien, innerhalb des Geistes noch mehr Angst, dann muss die Heilung eine Zeit lang warten, bis das allverbundene Heil-Sein als weniger angstbesetzt gesehen wird. Wenn Raum-Zeit-Begrenzungen das sind, was dein Leben definiert, dann ist Heilung als das Transzendieren von Begrenzungen und die Befreiung von der Vergangenheit sehr beängstigend.

Doch in der Aufhebung aller Begrenzungen erfährt ein Geist die Ganzwerdung, die Heilung, nach der er sich seit dem ersten Moment der scheinbaren Abtrennung sehnt.

Heilung bzw. Ganzwerdung heißt, den einen Geist (der wir alle sind) wieder zu sich selbst zurückzuholen. Und wer das versteht, versteht auch, dass es nur einen Geist gibt, der der Heilung bedarf, da in der Selbstheilung alle anderen Geister als mit mir verbunden und ebenfalls geheilt erfahren werden. Es braucht nur einen Geist, der sich selbst sein eigenes Heil-Sein wieder beibringt, und dieser eine Geist bist *du*, bin *ich*, sind *wir* alle gemeinsam als eins.

Die Gewissheit meines Heilseins ist viel wirklicher als es alle Krankheiten jemals sein könnten, und in diese Gewissheit bereite ich einen anderen Zugang zu der Idee von Krankheit. Wenn nun der Heilungssuchende sich in diesen Zugang einklinkt und seine Verbindung zu mir und zum Heil-Sein seiner selbst nicht mehr getrennt hält, ist er geheilt.

Wobei heilen immer heißt, geheilt zu werden und die

bereits allen gegebene Heilung für sich anzunehmen. Streng genommen heilt ein Heiler nicht, sondern er lässt Heilung durch sich geschehen, denn auch er nimmt lediglich das an, was ihm gegeben wurde und demonstriert damit, dass Heilung möglich ist. Der Heiler ist ein Durchreicher von Heilung und ist diese einmal durch und durch, durch ihn hindurchgegangen, so erfährt der Heiler stets selbst die Heilung, die er gibt.

Ein geheilter Heiler versteht, dass es nur ein Einssein, eine Einswerdung gibt, und entweder gilt der Seinszustand darin für alle oder für keinen. Der ungeheilte Heiler meint, der Heilungssuchende sei von ihm getrennt, womit er durch seine Anschauung zwei Heilungsbedürftige geschaffen hat.

Ein ungeheilter Heiler braucht sein Gebrauchtwerden (Helfersyndrom), wohingegen ein geheilter Heiler nichts braucht, um sein eigenes Heilsein zu erfahren. Dabei sieht der geheilte Heiler das Heil-Sein nicht nur in sich, sondern auch in denjenigen, die sich selbst als krank wahrnehmen. In einer heilenden Begegnung verbindet sich das höchste Heil im Heiler mit dem höchsten Heil im Heilungssuchenden, und geht somit über jede Trennungsillusion hinaus.

Der ungeheilte Heiler ist einer, der ganz viel Un-Heil in der Welt oder in anderen Menschen sieht, und dann gegen dieses anzugehen versucht. Er projiziert aus seinem ungeheilten Bewusstsein Bilder des Unheils, welche er dann auf der Bildfläche zu heilen versucht. Ein Heiler, der dich als unheil bzw. krank betrachtet, bedarf selbst der Heilung.

Ein geheilter Heiler hingehen nimmt alles als bereits geheilt wahr und spricht damit die Ebene in dir an, die bereits geheilt ist und in der sich Heiler und der zu

Heilende als eins erfahren. Wenn dein Heiler dir wirklich helfen soll, dann darf er deine Krankheit nicht so betrachten, wie du sie siehst, da deine Sichtweise dich erst zu eben jener Krankheit geführt hat. Würde er die Krankheit so sehen wie du, dann wäre er ebenfalls krank, denn Gleiches kann nur von Gleichem erkannt werden.

Ein Heiler, der begreift, dass er selbst genau die Krankheit, die Form von Unheilsamkeit in seinem Geist trägt, wenn er diese in dem zu Heilenden wahrnimmt, versteht auch, dass Heilung für beide nur dann geschehen kann, wenn er sie für sich annimmt. Das heißt, die Heilung kann immer nur im Heiler selbst stattfinden, und hat dieser für sich die Heilung angenommen, (unabhängig mit welchem Krankheitsbild er sich konfrontiert glaubt), dann ist der Weg zur Heilung für beide bereitet. Ein geheilter Heiler strömt die Information des bereits Geheiltseins aus, durch welches er alles andere in sich mitheilt.

Heilung ist folglich nichts Partielles und es kann nicht sein, dass nur ein wenig Heilung eintritt, die einigen zuteil und anderen vorenthalten wird. Nein, Heilung ist allen gegeben!

Wer etwas in sich ausgeheilt hat, stellt die geistige Information hierzu zur Verfügung, über die auch alle anderen Heilung erfahren können. Deshalb können zum Teil Menschen, die eine Krankheit bzw. eine bestimmte Form der Disharmonie in Körper-Geist-Seele durchlitten haben, anderen in der gleichen Angelegenheit besser helfen. Dies heißt nicht, dass ein Heiler alle Krankheiten durchlaufen muss, ehe er zu einem geheilten Heiler wird. (In den experimentellen Anfängen der Homöopathie wurden Informationen über Krankheitssymptome in der Selbsttestung auf diese

Weise gewonnen). Vielmehr durchschaut der geheilte Heiler, dass hinter der Vielzahl an Krankheitsformen und Ausprägungen immer nur ein Inhalt, eine Information von Disharmonie steht, die in der Heilung der Bewusstseinsspaltung wieder harmonisiert wird. So, wie es keine unterschiedlichen Heilungen geben kann, kann es auch keine unterschiedlichen Krankheiten geben, so sehr sich diese in ihrer Form zu unterscheiden scheinen.

Zu erkennen, dass es immer nur ein paar inhaltlich geistige Prinzipien sind, die hinter der Vielzahl an symptomatisch manifestierten Ausprägungsformen von Krankheit stehen, führt den Heilungsprozess an die Wurzel der Problematik.

Es ist stets eine geistige Disharmonie, die sich in physischen Symptomen manifestiert, denn es kann keine Manifestation auf dem materiellen Plan erscheinen, ohne dass zuvor das geistige Ursachenprinzip gewirkt hätte. Wenn die Idee von Heilung und Krankheit weit aus der weltlichen, konzeptionellen Kleinhaltung gehoben wird, dann kann der Verlust des Heilseins, der Ganzheit, als das besondere Existieren in einer abgetrennten Form verstanden werden, was die Existenz selbst zum Krankheitsgewinn werden lässt. Dies sollte ersichtlich machen, wieviel vom eigenen Kranksein abhängt und wie bedeutsam und gewichtig das scheint, was dort in die Waagschale von Krankheit und Heilung geworfen wird.

Heilung ist das Letzte, was gewollt wird, da nach ihr nicht mehr mit einem Eigenwillen gewollt werden kann und die Bedürfnisse der Mitmenschen nicht mehr als getrennt von den eigenen erfahren werden. Nur sehr selten wird Heilung zu einem relevanten Le-

bensthema, bevor sich dieses in Form von hartnäckigen, physischen Symptomen aufdrängt. Dabei wäre der präventive Weg, sich mit seinem eigenen Heil-Sein zu beschäftigen, wesentlich leidfreier und deutlich weniger widerstandsgeprägt.
Krankheit und der damit einhergehende Leidensdruck sind die Triebfeder zur Vervollkommnung, die von uns inszenierte Erinnerung, dass es an der Zeit ist, einen Weg der Heilung, einen Heilsweg zu beschreiten. (Die größten Geschenke sind die, die wir nicht gleich als solche erkennen).Wenn der Heilungssuchende für sich anerkennt, dass er selbst es gewesen ist, der seine Krankheit erschaffen hat, dann ist ein großer Schritt in Richtung Heilung getan.
Die Frage sollte an dieser Stelle lauten: Hilft es mir eher, mich von meiner Krankheit zu befreien, wenn ich glaube, dass eine Kraft außerhalb meiner selbst diese verursacht hat, oder wenn ich die Krankheit so betrachte, dass ich sie erschaffen habe?
Nur das, was du mit in deinen Verantwortungsbereich hineinholst, bist du in der Lage, überhaupt zu verändern.
Eine außerhalb deiner selbst liegende Ursache für deine Krankheit finden zu wollen, gleicht dem Wunsch, die Krankheit zu festigen. Denn findest du eine Ursache für etwas, was du nicht mehr haben willst, dann hast du etwas gefunden, was gerade das, was du nicht mehr haben willst, bewirkt und damit festigt. Wer erfährt, dass seine Krankheit keine Ursache hat (da es in einem größeren Rahmen betrachtet keine Ursache für das getrennte Existieren gibt) erlebt auch, dass diese keine Auswirkung mehr auf ihn haben kann, und dass die Krankheit, wie auch alles andere Ursachenlose, auf Trennung Basierende, längst

vergangen ist. Krankheit ist das Mittel zum Zweck der Erfahrung des getrennten Existierens, denn der Kranke legt Zeugnis dafür ab, tatsächlich eins mit seinem Körper und getrennt von dem Rest der Schöpfung zu sein. Eine Investition in Krankheit sucht aufzuzeigen, dass die Abtrennung vom Einssein tatsächlich geschehen ist, und dass infolgedessen Verletzungen, Leid und Tod Einzug in das Leben halten können.

Dabei hat der Körper die Schuld an dem zu tragen, was sich der Geist im Akt eines Selbstangriffs (der Trennung vom Einssein) angetan zu haben scheint. Der Glaube, der Körper sei die Ursache seiner Krankheit, hält das Schuldprojektionsspiel und damit auch die Krankheit selbst aufrecht, denn erst darüber, dass die Krankheit dort gesehen wird, wo sie ist, kann sie geheilt werden. Der Körper allein ist weder in der Lage, sich selbst krank zu machen, noch sich zu heilen. Heilung zielt darauf ab, die Ebenen von Körper und Geist wieder korrekt, d.h. projektionsbefreit wahrzunehmen.

In der richtiggestellten Wahrnehmung von dem, was ein Körper ist und wozu er dient, versteht ein Geist, dass es nicht ein Körper sein kann, der krank ist, sondern dass Krankheit dann entsteht, wenn ein Geist anfängt zu glauben, ein Körper zu sein und sich dessen begrenzte Eigenschaften zuschreibt. Nur auf der Ebene des Geistes kann Heilung wirksam werden, denn nur hier lassen sich Veränderungen einführen, da der Körper lediglich dem folgt, was geistig gesetzt worden ist. Versucht man auf der Ebene des Körpers zu heilen, dann gleicht dies dem Versuch, die projizierten Krankheitsbilder auf der Leinwand wegzuwischen, ohne auf den geistigen Projektor einzugehen.

Der Körper ist unsere Zentralprojektion innerhalb unseres Traumes, der soweit dienlich ist, als dass er als ein Kommunikationsmittel für eine Botschaft von außerhalb des Traumes genutzt werden kann. Wird der Körper als eine Projektion innerhalb unseres Geistes erfahren, dann werden Ursache und Wirkung, Geist und Körper, Träumer und Traumbilder nicht mehr separat von einander gehalten, was jede Form von Krankheit unmöglich werden lässt.
Ein Geist, der den Sinn und Zweck von Körper und Krankheit durchschaut, versteht sich darauf, wie er durch den Körper hindurch auf die Formenwelt wirkt, ohne dass dieser als das Behältnis wahrgenommen wird, welches das, was den Geist ausmacht, zu enthalten vermag. Der Geist krankt immer dann an dem, was er über sich denkt, wenn er den Körper als seine begrenzende Behausung wahrnimmt über die hinaus keine geistige Verbindung möglich ist.
Und genau dort, in der Wahrnehmung des Geistes über sich, wo eine Krankheit aufkeimt, liegt auch ihre Heilung, denn in der Krankheit selbst liegt die Information zur Heilung verborgen, und es ist die Krankheit selbst, die am besten weiß, wie sie sich heilt und was sie zur Heilung bedarf. Ein Heilungspräparat jedweder Art, von außerhalb der Krankheit hinzuzuholen, um diese zu beseitigen, übergeht ihre Warnfunktion und unterdrückt damit die eigentliche Zwecksetzung der Krankheit, was diese letztendlich nur in eine Symptomverschiebung zwingt.
Heilung kann nicht von „außen“ kommen und es nutzt wenig, von außen einen geheilten Zustand herbeizuführen, wenn der Heilungssuchende aus sich heraus diesen Zustand nicht aufrechtherhalten kann. Deshalb lautet hier das oberste Gebot: Heilung ist Anleitung

zur Selbstheilung, denn wahre Hilfe ist Hilfe zur Selbsthilfe.
Ein guter Heiler lebt vor, wie Selbstheilung funktioniert und gibt jedem das Werkzeug für die Heilung selbst in die Hand, damit dieser eigenmächtig selbstheilend sein kann. Er ist dazu da, den Heilungssuchenden von einem hilflosen (hilfesuchenden) Zustand in einen der Selbstermächtigung zu begleiten. Auf diesem Weg liegt die Arbeit weniger bei dem Heiler als bei der zu heilenden Person, da sie es ist, die den Wirklichkeitszugang zu ihrer Idee von Krankheit und allem, was damit zusammenhängt (z.B. Krankheitsgewinn), verlassen muss, um Heilung zu erfahren.
Wer sich folglich dafür interessiert, wie ein Heilungsprozess funktioniert, der sollte nicht den Heiler fragen, sondern die Person, die ihre Heilung gerade unmittelbar für sich angenommen hat.

Das Aktionspotenzial der Elemente zur Heilung verwenden

Durch den Strahl der Herzverbindung lässt sich das Aktionspotenzial der Elemente wachrufen. Erde, Wasser, Luft und Feuer besitzen eine große Menge an schlummernder Energie, die im harmonischen Ganzen meist ungerichtet in einem ständigen Umwandlungsprozess begriffen ist. Gibt nun der Mensch eine richtungsweisende Information in diese Kräfte, so kann er ihnen (unter gewissen Bedingungen) eine Rolle zuweisen, indem er eine Intention bei ihnen hinterlegt. Die Reinheit der Herzverbindung mit dem Element, sowie die der Intention (z.B. zu Heilungszwecken) müssen jedoch gegeben sein. Und selbst bei

reinen Absichten ist das vorherige Erfragen, ob das Element oder das Wesen mit in den Prozess eingeladen werden möchte, notwendig, da alles andere ein Übergriff in eine lebendige, wesenhafte Struktur darstellt, da nach eigener Erfahrung nicht jede Wesensstruktur mit in den Prozess hineingenommen werden möchte. Meist melden sich bei ungerichteter, kosmischer Adressierung für einen gewissen Prozess genau diejenigen lebendigen Strukturen, die in Bereitschaft jene Informationen und Energien zu Verfügung stellen, die für den Heilungsprozess notwendig sind und mit diesem in Resonanz stehen. Zwei Fragen sind für einen energetischen Heilungsprozess relevant: Welche Informationen/Energien werden im (Heilungs-) Prozess benötigt? Welche Elemente, Wesenheiten oder Energien besitzen diese Informationen?
Der Heiler muss aber weder das eine noch das andere wissen, denn es wird ihm bereitgestellt, und er muss lediglich das zusammenführen, was auf seine Frage hin auftaucht. Die zu heilende Struktur weiß selbst am besten, was sie zur Heilung heranziehen muss, da in ihr bereits alle Informationen über sich im geheilten Zustand vorliegen. Die Krankheit sucht sich bei energetischen Heilungen ihre Genesungsform von selbst. Sind alle Elemente und Wesen in den Heilungsprozess eingeladen, dann kann ein Kreislauf zwischen ihnen hergestellt werden, der sich schon mal ein paar Runden „warmlaufen“ muss, damit sich die einzelnen Elemente aufeinander einstellen können, und damit sich die energetische Verbindung zwischen ihnen intensiviert. Dies geschieht dadurch, dass man geistig in gleicher Reihenfolge die gleichen Bahnen durch alle Elemente und Wesen zieht. Durch das geistige „Ankurbeln“ verstärkt und verselbstständigt sich der

Energiefluss zunehmend. An diesem Punkt ist es an der Zeit, den zu Heilenden mit in den Energiefluss hineinzunehmen.
Meist ist die Information zum Heilungsabschluss recht schnell und klar gegeben, da je nach Übung und Denkgeschwindigkeit der gesamte Prozess in nur circa einer Minute durchgeführt werden kann. Zum Abschluss ist es relevant, die Intention wieder zurückzuziehen, um alle Elemente und Wesen, die in den Prozess integriert worden sind, wieder in ihren natürlichen Zustand zu „entlassen“.
Eine kurze, aus dem Herzen kommende Danksagung für alle Beteiligten sollte an dieser Stelle angebracht sein…(Jesus, Muttererde, die Bäume, das Wasser, das eigene Seelenkollektiv, dessen man teilhaftig ist, Engelswesen usw. sind lebendige Wesen und Elementarkräfte, die stets für einen Heilungsprozess bereitstehen). Es kann auch hilfreich sein, konkretere, kleine Elemente wie Amulette, Steine etc. einzubeziehen, wenn es hilft, durch sie zielgerichtet handeln zu können.
Fokussierte energetische Einwirkungen bieten sich bei vereinzelten Blockaden oder Krankheitsherden an, wobei es letztlich darum geht, ganzheitlich auf allen Ebenen die Energiekreisläufe zu schließen, um das System als solches wieder in Gang zu bringen. Nicht selten ist deshalb der Heilanwendungsort nicht an dem eigentlichen Krankheitsherd. Aber, wie gesagt, die Heilenergie sucht ihren Weg von selbst dorthin, wo sie gebraucht wird. Doch bevor der Heiler den Kontakt zu den Heilenergien herstellt, ist es wichtig, dass er (auf mehreren Ebenen) nachfragt, ob es legitim ist, eine Heilung vorzunehmen.

Wie alles andere auch, ist eine Krankheit auf dem Seelenplan vermerkt und von dieser Ebene braucht es eine Zustimmung für eine Heilung, denn es kann sein, dass eine Heilung unter den gegebenen Umständen letztlich zu einem größeren Leid der betroffenen Person führt, oder dass man sie damit einer sehr wichtigen Lebenslektion beraubt. (Bei besonders großen Thematiken ist es sogar angebracht, direkt bei der obersten Schöpfungsebene, der göttlichen Vorsehung, anzufragen). Heilung ist also vor allem dann nicht immer sinnvoll, wenn die Krankheit ihren Daseinszweck im Seelenplan noch nicht erfüllt hat.
Eine auf der physischen Ebene ausgebrochene Krankheit hat nicht selten eine stabilisierende Funktion, indem sie ein Thema auf der stofflichen Ebene polarisiert, um so ein Gleichgewicht im Körper-Geist-Seele-Komplex wiederherzustellen. Es wäre also im Sinne der Gesamtharmonie (noch) nicht dienlich, eine Krankheit von jetzt auf gleich zu entfernen, ohne dass ein thematisch-geistiges Substitut für das, was physisch polarisiert wird, gefunden ist.

Im Zusammenhang mit den Elementen (Erde, Luft, Feuer, Wasser und Äther) kann noch einmal auf die besondere Daseinssituation als Mensch hingewiesen werden. Die meisten kosmischen Spezies bzw. Lebensformen haben sich auf ein oder zwei Elemente spezialisiert und sich dementsprechend Daseinsbereiche geformt. Dass alle Elemente im Einklang vorhanden und für eine Lebensform zugänglich sind, wie es beim Menschen (idealerweise) der Fall ist, ist kosmisch gesehen recht selten. Dadurch, dass der Mensch keine spezielle Element-Affinität besitzt, kann er sich sehr leicht in jede Elementform hineinbegeben und

Kontakt zu allen elementaren Ebenen pflegen. Das lässt das Menschsein zu einer Art Generalschlüssel werden, der alle elementaren Tore zu öffnen vermag. Elementar betrachtet ist der Mensch folglich eine kosmisch neutrale Mittelfigur, die durch ihren Standpunkt das Potenzial besitzt, sich in ganz viele andere Lebenformen zu projizieren und ein breites Spektrum von Seinsarten in und für sich zugänglich zu machen. Dies wird ihm in Zukunft eine Art Diplomatenrolle zwischen den Spezies einbringen.

Was ist Liebe?

Je mehr ich die Frage, was Liebe ist, zu beantworten versuche, um so weniger fühle ich mich hierzu imstande. Damit erfahre ich die Wirklichkeit, der im *Kurs in Wundern* getätigten Aussage, dass Liebe jenseits des Lehr- und Lernbaren liegt. Und dennoch ist es mir ein Herzensanliegen, hier etwas über die Liebe als multidimensionale Erfahrung niederzuschreiben... Liebe geht immer mit einem sich öffnenden und weitenden Moment einher, in dem Grenzen heruntergefahren werden, und das, was zuvor aus- oder abgegrenzt wurde, hineingenommen wird. Liebe transzendiert die psychischen Abstandhalter, den trennenden Graben zwischen mir und meinem Gegenüber und vor alledem zwischen mir und mir selbst. Liebe lässt es zu, sich selbst wieder nahezukommen und sich mit ihr und sich selbst zu vereinen.

In der Liebe wird der Mensch zum Menschen, er wird zu dem, was er immer schon war. Häufig wird Liebe mit dem Liebesobjekt verwechselt, was Liebe dann in eine Objektbesessenheit verwandeln kann, in der Liebe anstatt zu befreiten zu einem Gefängnis wird. Wird das Liebesobjekt mit der Liebe verwechselt, dann schränkt sich das, was gerade alle Beschränkungen zu überschreiten vermag, selbst ein und legt sich innerhalb einer besonderen Form fest. Eine derart gerichtete Liebe ist eine Inanspruchnahme, ein suchthaftes Für-sich-Habenwollen dessen, worauf sich die besondere Liebe richtet. Und nach der Denkweise dieser "Liebe", die eher eine Art Hass-Liebe ist, darf das, was sie liebt, nicht lieben oder geliebt werden, da ihr Besitz, das Für-sich-Haben, einen Ausschließlichkeitscharakter besitzt. Diese Form der besonderen

Liebe ist stets exklusiv und lebt davon, diese Liebe anderen vorzuenthalten. Doch wahre Liebe ist inklusiv, ungerichtet und lässt nichts außen vor. Diese Liebe will nichts für sich haben, da sie sich erst im Weggeben, im Teilen über sich hinaus ausdehnt, an Stärke gewinnt und zu dem wird, was sie in ihrer transformativen Kraft ist.
Das spanische Wort für Liebe zeigt in unverblümter Ehrlichkeit auf, wie sich die vom Ego herstammende, besondere Liebe ausdrückt: „Te quiero" (ich liebe dich) heißt wörtlich übersetzt so viel wie "ich will dich", und genauso lebt das mangelbasierte Ego seine Vorstellungen über Liebe aus. Ein Ego auf der Suche nach Liebe in Fom von Liebesobjekten versucht etwas auf einer äußeren Ebene zu kompensieren, was es sich selbst nicht zu geben vermag. Das Ego ist der bedinungslosen Liebe nicht fähig und wird sein eigenes Unerfülltsein in jede besondere Liebesbeziehung hineintragen, wobei das Liebesobjekt, der Partner, dann als Projektionsfläche des eigenen Unerfülltseins herhalten muss.
Jede besondere Liebe, die sich auf etwas Bestimmtes richtet, ist ein schwacher Versuch, das allgegenwärtige prototypische Ideal einer grund- und bestimmungslosen Liebe zu imitieren. Oder mit anderen Worten: Es gibt nur eine Liebe, denn jede Liebe ist Liebe zu Gott. Dahingehend ausgerichtet lernt man von jeder gerichteten Liebesform etwas von der Liebe an sich, und jedes Liebesobjekt wird zur Hilfestellung, an der man lernt, zu einer bedingungslosen Liebe zurückzukehren. Wer Liebe an Bedingungen knüpft, erfährt nur bedingt Liebe und schränkt sich damit selbst in seiner im Wesen liegenden Liebesfähigkeit ein. Wer anderen Liebe vorenthält, entzieht

sich dieser selbst, da das Geben und das Empfangen von Liebe identisch sind und gleichzeitig geschehen, vollkommen unabhängig davon, wem oder was man Liebe zukommen lässt. Wer meint, Liebe zu geben ohne Liebe zu empfangen, der hat nicht Liebe, sondern Bedingungen gegeben, in denen implizit die Erwartungshaltung eines Liebes- beweises mitgegeben wurde.
Doch Liebe braucht keinen Liebesbeweis, keine Liebesinszenierung, um als Liebe das sein zu können, was sie ist. Und das, was erst aufgrund des (Liebes-) beweises in Erscheinung tritt, kann nicht Liebe sein. Da jeder selbst vollkommen frei darin ist, wieviel Liebe er empfangen möchte, indem er sich frei dafür entscheiden kann, wieviel Liebe er geben möchte, ist Liebe etwas, was man letztlich nur sich selbst vorenthalten kann. Und mit jeder besonderen, gerichteten Liebe, die davon lebt, anderen diese Liebe vorzuenthalten, erschafft man sich selbst einen Mangel an dem, was jedem unbegrenzt frei zur Verfügung steht. Ist es nicht viel zu schade, irgendjemandem oder irgendetwas Liebe vorzuenthalten, nur um das aufrechtzuerhalten, was sich aufgrund mangelnder Selbstliebe gebildet hat? Alle inneren Anteile, die auf Angst basieren, können nicht anderes, als sich vor der Liebe zu fürchten, da sie nicht mehr sein können, wenn Liebe ist.
Im Schmelztiegel der Liebe werden alle relationalen Persönlichkeitsanteile vereint und lösen sich als relative Getrenntheiten auf, um den Raum für das liebende Wesen von dem, was wir sind, zu eröffnen. Das, was wir sind, ist vollkommen geschlechtsneutral und jenseits von Körperlichkeit und Alter. Und nur das, was wir sind, können wir wirklich lieben, da

Liebe der natürliche Zustand dessen ist, was wir sind. Jeder Versuch, aufgrund eines Bildes, einer Oberfläche, einer Äußerlichkeit zu lieben, überdeckt die Liebe, die wir sind, mit einer ausschließenden Liebe, die Unterscheidungen trifft und sich an Bedingungen knüpft. Es mag uns aufgrund von Fehlidentifikationen mit etwas, was wir nicht sind, leichter oder schwerer fallen, etwas oder jemanden zu lieben, aber dort, wo Liebe noch einen Unterschied macht, lieben wir alles in Form besonderer Hass- Liebe, aber nicht das, was wirklich da ist und somit auch nicht mit der Liebe, die wahrhaft liebt.

Liebe beginnt dann sie selbst zu werden und aus sich heraus das sein zu können, was sie ist, wenn sich das, was Liebe ist, selbst erkennt und sich über das, was sie ist, freut. Etwas anderes als sie selbst, etwas, was der Liebe als Objekt gegenübersteht, kann die Liebe nicht lieben, und gleichzeitig kann es nichts geben, was sich der Liebe gegenüberstellt, ohne dabei das Sein seiner selbst zu verlieren. Ein Gegenüber was als Objekt noch als verschieden von dem, was du bist, wahrgenommen wird, kann nie so geliebt werden, wie die Liebe an sich liebt.

Wer in Liebe ist (was er ist), kann sehen, dass Liebe keine Abstufungen in sich trägt, und dass jeder Ausdruck ihrer selbst, unabhängig davon, worauf sie sich zu richten scheint, maximal ist.

Dabei heilt, verschmilzt, integriert und befreit sie und stellt doch nur den Normalzustand von allem, was ist, wieder her, indem sie alles *das* wegleuchtet, was sich von dem, was es ist, zur Existenz hin entfremdet hat. In der dualen Existenz scheint es Liebe und Nicht-Liebe geben zu können, doch Liebe kann nie wirklich verloren gehen oder abhanden kommen und schon gar nicht von der Idee ihres Gegenteils in eine dunkle Ecke gedrängt werden. Allenfalls können wir an einen Mangel an Liebe glauben, und dann das erfahren, woran wir geglaubt haben, dass es tatsächlich möglich sei. Jede Wahrnehmung, eines Mangels an Liebe, welche Form auch immer dieser anzunehmen mag, ist eine Fehlwahrnehmung, die etwas sieht, was nicht ist. Die Liebe ist nur eine Wahrnehmungskorrektur weit entfernt. Und durch die einfache Bereitschaft, dir das zeigen zu lassen, was ist, indem du nicht weiter an dem festhältst, was die Wahrnehmung an Bildern und Eindrücken bisher hineingetragen hat, wird dir eine Schau gegeben, in der sich das Portal zur Rückkehr der Liebe öffnet.

Nun ist alles, was in das Gewahrsein tritt, Liebe oder der Ruf nach ihr, denn Liebe durchsetzt und umfasst alles, was mit liebenden Augen betrachtet wird. In dieser Wahrnehmung werden die lieblosen Trennungsträume einer unheilen Welt als das gesehen, was sie sind: Der Wunsch, geliebt zu werden und liebend sein zu können. Mit Liebe zu reagieren heißt, Heilung anzubieten, und dies ist die einzig adäquate Reaktion auf ungeheilte Geisteszustände, wobei dieser Reaktion nichts reaktives, sondern eher ein Sein aus Liebe heraus innewohnt.

Wer hingegen lieblos wahrnimmt, erlebt sich zunehmend als ein aus dem Leben geworfenes Fragment, einsam umhertreibend und verloren gegangen in einer sinnlosen Welt. Die lieblose Schau schaut auf eine leblose Welt und ist blind gegenüber sich selbst und dem, was sie sieht. In ihr entsteht ein existenzieller Mangel, ein inneres Loch, ein tiefes Gefühl von Verlust, das sich nur mit der Liebe, nicht aber mit der

Vielzahl an unterschiedlichen Liebeskompensationsobjekten wahrhaft aufzulösen weiß. Liebe tilgt den Mangel und erfüllt *das* in uns, was nach Erfüllung ruft. Hierbei fordert die Liebe nichts für sich selbst ein, und jede Idee, man müsste ihr ein Opfer bringen, um sie am Brennen zu halten, oder sie anderen geben zu können, verbrennt ebenso die Liebe selbst.

Liebe ist grundlos und brennt aus sich selbst heraus, ohne sich selbst dabei zu verbrennen. Alles, was nicht Liebe ist, kann sich jedoch an ihr verbrennen, wobei dies nicht von der Liebe erzwungen wird, sondern vielmehr eine freiwillige Hinwendung und Hingabe an das Liebesfeuer ist.

So bleibt Liebe in ihrer bedingungs- und formlosen Ur-Form immer ein Ausdruck des freien Willens, obwohl sie die letztendliche Gesetzmäßigkeit bildet. Für die Ur-Liebe, die Liebe zu Gott, die alle anderen Liebesformen speist, verwendeten die antiken Griechen das Wort „Agape“. Agape, die göttliche Liebe, ist formlose Liebe in Reinform und überschreitet in ihrer Tiefe und Substanzialität alle anderen Liebesformen. Sie ist die Liebe, die sich bedingungslos und selbstlos weggibt und verschenkt, um sich selbst zu erfahren. Die Liebe, die der Mensch an Gott richtet, ist eine ungerichtete Liebe, in der man sofort das Immer-schon-geliebt-Sein von Gott erlebt. Es gibt nichts, was uns nicht lieben würde, und das einzige, was wir dafür tun müssen, um dies zu unserer Erfahrung werden zu lassen, ist, die Liebe Gottes mit seiner eigenen Liebe zu erwidern. Richtet der Mensch seine Liebe an Gott, so liebt er, wie Gott ihn liebt, da es nur eine Liebe gibt, die alles einschließt. Und liebt der Mensch mit der Liebe Gottes, so kann er nicht anders als bedingungslos uneigennützig zu lieben und sich

selbst als göttlich zu erfahren. In der liebevollen Hingabe des Menschen an das, durch das alles andere ist, entsteht eine liebevolle Hinwendung an alles, was ist. Dabei wendet sich diese Liebe immer wieder vom Ausdruck der Liebe ab, so liebenswert er auch sein mag, um sich direkt mit der Quelle der Liebe und der Quelle aller Ausdrucksformen zu verbinden, um von hier aus die Liebe grundlos hinausströmen zu lassen.
Neben dem Begriff der göttlichen Liebe (Agape) hatten die antiken Griechen ebenfalls einen Begriff für die geschlechtliche Liebe („Eros") und einen Begriff für die zwischenmenschliche Liebe („Phileo"). Phileo ist Liebe in Form von zwischenmenschlichen Freundlichkeiten und Zärtlichkeiten, die als Zeichen der inneren Verbundenheit innerhalb der Familien oder zwischen Freunden ausgetauscht werden. Im Gegensatz zur göttlichen Liebe bleibt Phileo eine Form von Liebe, die zwar mit einem tiefen Eingeständnis der Verbundenheit und der gegenseitigen Öffnung einhergeht, sich jedoch nur auf die Diesseitigkeit des Schleiers bezieht und somit an Bedingungen knüpft.
Bei gleichen Wünschen, Lebenseinstellungen und Interessensgebieten stellt sich Phileo in Form von geistiger und freundschaftlicher Liebe ein. Diese Liebe der Verbrüderung bleibt meist solange erhalten, bis ein Wandel innerhalb der zuvor gleichen Interessen sattfindet. Und an dieser Stelle zeigt sich auch, inwieweit Phileo von Agape durchsetzt ist, bzw. ob der andere wirklich seiner selbst wegen, dem was er ist, oder wegen seiner persönlichen Eigenschaften und seiner Interessensausrichtungen geliebt wird.
Die Liebe, die noch mehr an Eigenschaften und Äußerlichkeiten geknüpft ist, ist die körperliche Liebe,

der Eros. Der Eros, die erotische Liebe, die ausschließlich auf der Ebene des Formenspiels mit der Anziehungskraft von Lust und Begehren spielt, ist ein Nähe-Distanz-Tanz, der von Anziehung und Abstoßen lebt. In dem sozialen Tänzchen von Anziehen und Abstoßen und wieder Anziehen, Ausziehen und Abstoßen ist das Entziehen von Liebe ein ebenso wichtiger Bestandteil des Liebesspiels, wie das Geben. Liebe wird durch den Entzug ihrer selbst angefeuert und scheint sich für den in Dualismen gespaltenen Geist nur dadurch immer neu entfachen zu lassen. Jede Angst vor Liebesverlust durch den Verlust der außerhalb von uns selbst liegenden Ursache der eigenen Liebeserfahrung, scheint in diesem Liebestanz auf Formebene berechtigt.

Doch wer Angst vor dem Verlust von Liebe hat, hat nicht Liebe, sondern Angst. Und in der angstvollen Klammerung an die Liebe wird jeder Funken ihrer selbst erstickt. Es ist bedeutend schwerer, unbedingt liebend zu leben und die Formebene des Eros mit in das Liebesleben zu integrieren.

Aus eigener Erfahrung kann ich berichten, dass sich mein Liebesleben während meiner sexuellen Enthaltsamkeit (über 2 Jahre) neue Dimensionen annahm, und es mir seither wesentlich leichter fällt, liebend zu sein und bedingungslose Liebe zu geben. Die Erfahrungsqualität der Liebe ist bei mir mit dem Zölibat deutlich substanzieller und erfüllender geworden, und das liegt wohl gemerkt nicht an der Qualität der zuvor geführten Beziehungen. Dadurch, dass sich die Liebe nicht in Form des erotischen Liebesspiels "entlädt", sondern in die geistigen Ebenen transferiert wird, erlebe ich ein stabiles Gefühl des grundlosen Verliebtseins in das Leben selbst, was das Energie- und Glücksniveau in stets neue, ungekannte Höhen treibt. Der zölibatäre Lebensstil hat sich bei mir mit zunehmend geistig-spiritueller Ausrichtung von alleine eingestellt, ohne dass ich durch ihn das Gefühl hatte, mir selbst etwas zu entziehen oder vorzuenthalten. Es war für mich einer der

größten Schritte in Richtung Befreiung, als die geistige Beschäftigung mit Sex und allem, was damit in Zusammenhang steht, nahezu vollständig aus meinem Geist verschwand und doch rate ich davon ab, sich in ein Zölibat hineinzuzwängen, solange man noch das Gefühl hat, dadurch Verlust zu erleiden. Es ist jedoch schon beeindruckend – und das wurde mir gerade im Zusammenhang mit dieser Thematik besonders deutlich – wie veränderbar doch die mentalen Tendenzen und inneren Willensimpulse sind und wie sehr alles innerhalb meines Geistes form- und gestaltbar ist.
Gerne kleiden wir den Körper mit diesen oder jenen Eigenschaften aus und meinen, wir könnten mentale Tendenzen aufgrund von körperlichen Dispositionen nicht verändern. Doch die Ursächlichkeit ist stets eine geistige, und verändert ihre Wirkrichtung und Wirksamkeit nicht. Dem Körper allein wohnt kein Eigenwille inne, denn er ist ein ganz und gar neutrales Ding, wenn die ursprüngliche Zwecksetzung des sich Abtrennens durch eine abgrenzbare Körperlichkeit erkannt wird und man die Idee des Körpers von der Vielzahl an geistigen Projektionen befreit.
Die Zwecksetzung des manifestierten Trennungsgedankens, in dem wir uns aufzuhalten glauben, ist es, Trennung, Verschiedenheit und Besonderheit auf der Bühne der Sinne zu inszenieren. Dabei ist der Körper lediglich die Empfangsstation, die die mentalen Impulse in physische Signale umwandelt und diese in den Frequenzbereich des dreidimensionalen, sinnlichen Formenspiels übersetzt. Die manifestierte Projektion des Geistes, in dem wir zu leben, oder schlimmer noch, die wir zu sein glauben, wird zur Zentralleinwand, auf der sich das, was ein Geist zu sein meint, symptomatisch äußerlich niederschlägt.
Der im Eros gelebte Versuch der Vereinigung von dem, was für die Trennung geschaffen worden ist, kann in dem, was er zu erreichen wünscht, nur scheitern und einen schwachen Abglanz davon liefern, was

in der geistigen Wiedervereinigung, erfahrbar ist. Der hohe Stellenwert, den wir der auf der Formebene gelebten Vereinigung von Körpern geben, zeigt die Stärke des Wunsches der Wiedervereinigung von komplementären Gegensätzen, die Sehnsucht nach Ganzheit und nach Transzendenz von Trennung. Doch lässt sich auf der dualen Formenebene, der Ebene von getrennten Körpern, diese Wiedervereinigung nicht realisieren. Um das zu realisieren, was durch Sex erfahrbar gemacht werden möchte, bedarf es einer Wahrnehmungsausrichtung auf eine transzendente Ebene, in der erlebt wird, dass Trennung nie stattgefunden hat und erst wenn das Ich-Bin sich zunehmend auf dieser Ebene erfährt, kann es der Idee der Vereinigung auf Formebene gerecht werden. Denn nichts, von dem man meint, es liege außerhalb des Ich-Bin könnte diesem zu seiner Ganzheit gereichen.
Auch beim körperlichen Formentanz kommt dem Körper eher eine Repräsentanzrolle für das zu, was sich das Ich-Bin vorstellt, anstatt sich selbst unmittelbar ganz zu erfahren. Über die körperliche Stimulation wird stets versucht, geistige Zustände hervorzurufen, die auch vollständig, unmittelbar und sogar intensiver geistig evolviert werden können. Die durch körperliche Penetration hervorgerufenen geistig-orgiastischen Zustände sind ganz und gar an die Grenzen der Physiologie (z.B. Zeitpunkt der Ejakulation und der Ort der erogenen Zonen) gebunden, wobei in der geistigen Verschmelzung orgiastische Zustände ohne weiteres über längere Zeiträume gehalten werden können und sich die erogenen Zonen aufheben, da sich alles in eine erogene Zone verwandelt. Je mehr man sich hierbei hingibt und öffnet, desto extatischer

können der Energiefluss und die Verschmelzung des männlichen und weiblichen Prinzips werden, unabhängig davon, ob Berührungen auf physischer Ebene stattfinden oder nicht.

Im energetischen Ineinanderwirbeln der Geschlechtspolarität kommt es zur Schöpfungsverbindung, unter der vom Ursprung an alles entstanden ist. Es gibt keine schöpferische Kraft im Universum, die stärker wäre, als die in der Liebe vollzogene Vereinigung des männlichen und weiblichen Prinzips. Um das Ausmaß dieser Kraft im Ansatz zu begreifen, ist es wichtig zu verstehen, dass alles in der Dualität Geschlechtlichkeit und damit eine Affinität zu seinem komplementären Gegenpol besitzt.

Geschlechtlichkeit meint folglich in diesem Zusammenhang ein weit über die sexuelle Geschlechtlichkeit hinausgehendes, kosmisches Grundverhältnis und zentrales Charakteristikum von allem, was existiert. Beispielsweise findet die Anziehung der Geschlechtlichkeit im Wechselspiel von elektrischen (Elektronen und Protonen) oder magnetischen Kräften seinen Ausdruck.

Unabhängig von der Ebene ist der weibliche Pol der empfangende, aufnehmende bzw. gebärende Pol, wohingegen der männliche Pol die informations- und impulsgebende Kraft ist.

Alles, was sich zu einer Geschlechtlichkeit hin polarisiert, strebt nach dem ganzheitlichen Zustand der vereinigten Gegensätze, wobei die im Mikrokosmos vollzogene Vereinigung, oder auch die Liebesvereinigung von Mann und Frau nur im Kleinen das vollzieht, was als schöpferische Kraft im Großen ein ganzes Universum gezeugt hat.

Das Ausleben der sexuell-geschlechtlichen Anziehung auf Formenebene bleibt ein plumpes, hohles und unerfüllbares Unterfangen, wenn man sich dabei nicht im hohen Ausmaß der ursprünglich geistig-schöpferischen Zwecksetzung gewahr ist.
Ja, wenn man die geistige Verschmelzung wieder in den Vordergrund rückt, dann kann der Beischlaf nicht anders als unter dem Gesichtspunkt der Schöpfung empfunden werden, da ein hohes Bewusstsein keine Handlung losgelöst von ihrer ursprünglichen Zwecksetzung vollziehen kann.
Die Vereinigung auf der körperlichen Ebene kann folglich als eine Hilfestellung dienen, sich darüber in einen ur-schöpferischen Zustand versetzen zu lassen, der in seiner Wirkmächtigkeit beliebig Gesetzmäßigkeiten aushebeln kann, denn letztlich bildet die Liebe in ihrer verbindenden Kraft die höchste Gesetzmäßigkeit.
Die Liebe (im Sinne von Agape) spricht das letzte Wort, und doch erzwingt sie nichts oder fordert in ihrer bedingungslosen Gesetzgebung nichts für sich ein. Erst wer sich den Gesetzen der universellen Liebe unterstellt und sich an sie bindet, kann sich von allen anderen, relativen Gesetzen im Reich der getrennten Formen befreien, denn es sind die "Fesseln" der Liebe, die befreien.
Erst wer die ganze Welt mit den Fesseln der Liebe an sich zu binden weiß, wird sich von den irdischen Gesetzmäßigkeiten befreien können. Derjenige, der ohne Liebe auf die Welt schaut, ist blind, und wer mit Liebe auf die Welt schaut, sieht keine Welt, sondern Liebe. Wer aufhört, selbst sehen und verstehen zu wollen und das Sehen der Liebe überlässt, dem wird eine Schau geschenkt, in der die Liebe auf sich selbst blickt

und überall nur noch Liebe erfährt. Wenn du es aufgibst, selbst lieben zu wollen, und dich stattdessen ganz der Liebe überlässt, dich an sie verschenkst, dann kann die Liebe in dir so lieben, wie du es dir nicht einmal hättest erträumen können.
Sich der Liebe hinzugeben heißt, mit der einen kosmischen Liebe liebend zu sein - ja, mehr noch, zur Liebe selbst zu werden, und nichts anderes mehr als Liebe zu geben.
Gibst du dich in dieser Weise ganz der Liebe hin, dann heilt sie in ihrer verbindenden Kraft alle Trennungszustände für dich aus und zurück bleibt die Anziehungskraft der Liebe auf sich selbst, die eine glückselige Freude an sich selbst erfährt.
In dieser Rückkehr zur Liebe vereinen sich Ziel und Zweck deines Seins und lassen dich des Normalzustands der liebevollen Verbindung von allem, was ist, wieder gewahr werden.
Dieses Gewahrsein ist das Letzte, was du in der Zeit erleben wirst, bevor die Ewigkeit einsetzt und das heilige Geheimnis der Liebe selbst der Liebe gegenüber offenbart.

Was ist Gott?

Gott hat ein Imageproblem und es ist an der Zeit, den Gedanken "Gott" neu zu denken und sich hierüber ein vollständig neues Denksystem geben zu lassen. Denn Gott ist ein Gedanke, dessen Zeit gekommen ist, ihn zu denken, um alle Zeit zu beenden und alle Gedankenformen durch IHN zu überschreiten.

Ein zentrales Anliegen dieses Textes ist es, ein Verständnis im Leser aufzubauen, dass Gott nicht das ist, was aus IHM gemacht wird, denn ER ist das Einzige, was ist und nicht wird. Hierfür soll Gott einmal "entstaubt" und im Sinne des Meisters unter der Bank hervorgeholt werden, indem man IHM seiner angedachten Last an Eigenschaften (die ER nie getragen hat) enthebt.

Dieser Text wagt sich somit an das Unmögliche, da er versucht, das Un-Mittelbare zu vermitteln, indem er auf die Unmöglichkeit des Getrenntseins im Allgemeinen und das Getrenntsein von Gott im Besonderen hinweist.

Gott ist keine Weise, kein Bild und durch und durch fernab aller Eigenschaften und Akzidenzien. In dem Hang des menschlichen Denkens, nur Formen dieser oder jener Weise denken zu können, wird Gott mit eben dieser oder jener Eigenschaft ausgestattet, womit ER all das verliert, was IHN ausmacht. Je differenzierter die Charakterisierung Gottes im Denken fortschreitet, desto leichter fällt es den Menschen, IHN als etwas ihnen Vertrautes in ihr Leben zu lassen. Doch diese Art Gott ist dann nur ein weiteres Schuldbekenntnis, ein weiteres Objekt, und kann Heiligkeit nicht mehr gewährleisten. Gott ist kein Objekt, und

alle, die IHN zu einem Objekt machen, verfehlen SEIN transformatives Vermögen.
Alles in der Formenwelt hat die Benennung als Voraussetzung zur Ding-Werdung, das heißt, wir geben etwas einen Namen, kleiden es mit Eigenschaften aus und danach entsteht das, was wir in diesem besonderen Etwas festgelegt und bestimmt haben. Mit Gott verhält es sich genau umgekehrt. ER ist das Eine, was allem anderen zugrundeliegt und aus seinem Grund schöpft und nicht durch seine Benennung zu dem wird, was ER ist. Denn ER ist das Einzige, was vor jeder Benennung bereits das ist, was es ist. So, wie eine Benennung und eine Eigenschaftsauskleidung im konventionellen Sinne näher an etwas heranführt, so führt es bei Gott weiter weg. Der Bezugspunkt, von dem aus das näher heran und weiter weg gemessen wird und in welchem erst von so etwas wie Distanz gesprochen werden kann, ist das raumzeitliche Dasein in der Formenwelt.
Man kann aber Gott an keinem Ort und zu keiner Zeit suchen und wenn man IHN dann gefunden hat, findet man IHN an jedem Ort und zu jeder Zeit. Ich sage folglich, man kann IHN nicht suchen, man kann IHN nur finden, und findet man IHN, so kann man sich vorstellen, dass man das, was man gefunden hat, als Gott bezeichnen könnte, wobei man mit der Bezeichnung von IHM wieder abrückt. Findet man IHN, so weiß man zweifelsfrei darum. Man kann an Gott folglich nicht glauben, man kann nur um IHN wissen, und dieses Wissen ist das eine wahre unhintergehbare, unhinterfragbare Wissen, das alles andere Wissen der Formenwelt zu Glaubensinhalten relativiert. Auch kann man Gott nicht auf einem Weg erreichen, nein, man muss alle Wege bereits gegangen sein, und erst

im Gehen aller Wege erreicht man den, der unmittelbar weglos präsent ist und immer schon Wegbegleiter und vor allem Wegbereiter gewesen ist.
Der Weg zu Gott, auf dem sich Gott zu sich selbst holt, ist Gott selbst. Dieser Weg, der nicht Weg, sondern Gott selbst ist, führt zu dir selbst. Er zeigt, wie du gewesen bist, bevor du ein werdendes Wesen wurdest. Der Weg zu dir selbst führt an allen Bestimmungen vorbei und endet in der Freiheit der Endlosigkeit. Nichts in der Welt der Endlichkeit, der Vergänglichkeit und des Wandels zeigt die göttliche Einheit auf und doch gibt es nichts in der Welt der tausend Dinge, die nicht vom Sein und somit auch vom Einssein mit Gott sprechen. Jede Idee, sich in irgendeiner Weise mithilfe der tausend Dinge dieser Welt Gott anzunähern, ist eine Idee aus der weltlichen Diesseitigkeit, die es zu überwinden gilt, um das Eine jenseits des Schleiers zu erfahren. Jede Idee eines Prozesses, der auf das zuläuft, was bereits vollständig gegeben ist, ist eine Illusion und letztlich ein Hemmnis, im Hier und Jetzt in eine vollständig neue Erfahrung dessen, was immer gleich ist, einzutauchen...
Alles, was im Hamsterrad von Raum und Zeit hierfür erdacht wird, ist eine Wiederholung einer Wiederholung einer Wiederholung. Und erst mit dem Austritt aus der Zeit und dem Eintritt in die Ewigkeit Gottes lässt sich etwas grundlegend Neues erfahren, denn jenseits von Zeit kann es keine Wiederholung geben. Jede Gotteserfahrung ist immer vollständig neu und offenbart stets aufs Neue das immer gleiche Wesen der göttlichen Präsenz. Dieses Wesen des EINEN jenseits der Dualität hat in sich nichts Wesenhaftes oder Eigenschaftsvolles, da keine gewordene Eigenschaft

ewig weilen kann. Wird dieses EINE mit Eigenschaften beladen und in die Dualität gezogen, so wird Gott zum Gegenspieler seiner selbst erklärt, und ein Teil Gottes wird dann Teufel und ein Teil des Himmels Hölle genannt. Auf einmal scheint es etwas zu geben, was der Ganzheit Gottes entgegensteht und IHN entmachtet, indem ein Teil seiner selbst sich von seiner eigenen Quelle abschneidet. Doch nichts kann zur Existenz hinaus von IHM abrücken und nach wie vor sein. Man kann weder näher an Gott sein, noch von IHM abrücken, denn in IHM verblasst jede Idee von Distanz. Man könnte es auch so ausdrücken, dass Gott nur Kinder aber keine Enkel hat, das heißt, dass jeder eine direkte Verbindung zur Quelle besitzt und dass es abseits unserer Verbrüderung nichts gibt. Wäre es tatsächlich möglich, von Gott abzurücken, sich von seiner Quelle abzuschneiden, dann wäre man, wie gesagt, selbst nicht.

Der Mensch, der das Ewige schaut, muss sich selbst als ewig begreifen, und kann, wenn er sich als solches begreift, nichts anderes als Ewigkeit durch alle Endlichkeit hindurch erblicken, denn das Sein Gottes erfährt sich durch nichts als durch sich selbst. Gott kann sich nur selbst erkennen. Das geistige Organ, durch das diese Schau ermöglicht wird, muss im Innersten deiner selbst zur Reife gebracht werden. Und doch ist es unmöglich, etwas reifen zu lassen, was bereits ist. Denn man kann nicht werden, was man bereits ist. Man kann es nur sein. Sei also das, was du bist, indem du dich von allen Persönlichkeitsansichten verabschiedest!

Die Schau durch dieses geistige Organ ist unmittelbar, ganzheitlich und besteht vollständig darin, den Schauenden zu ergreifen und ihn zu transzendieren. Bei allem, was in der sinnlichen Formenwelt wahrgenommen werden kann, ergreift der Wahrnehmende das Wahrnehmungsobjekt. Gott ist das Eine und Einzige, bei dem es sich umgekehrt verhält. Im Versuch, Gott zu begreifen, wird man selbst von Gott ergriffen. Es ist die Unmittelbarkeit und Tiefe, der aus uns selbst heraus stammenden Erfahrung, die uns scheut und zurückweichen lässt, da wir es von der Objektwelt gewohnt sind, alles nur als mittelbar, sinnlich und distanziert zu erleben. Die Unmittelbarkeit und Wirkmächtigkeit im subjektiven Erleben ist so hoch, dass es für die Idee des Menschseins sehr schnell zum „Zuviel des (nondualen) Guten“ wird. Die breiten Volksreligionen machen aus dem Einen und Einzigen, was ist, etwas, was (vermenschlicht und personifiziert) wird. Sie ziehen es vor, dass Gott Mensch werde, anstelle dessen, dass der Mensch Gott werde. Damit tauschen sie Gott zugunsten der Kleinheit ihres Menschseins ein. Sie machen Gott sich gleich und nehmen sich dadurch die Chance, sich gottgleich zu machen. Der mystische Kern jedoch, den nahezu jede Religion besitzt, macht es umgekehrt und kehrt sich stets vom Menschsein ab, um wahrhaft veredelt Mensch zu werden. Hier gilt es, sich aus dem Ich zurückzuziehen, selbstlos zu werden, damit sich Gott einfüllen, in mein Menschsein gebären und zum Ausdruck bringen kann. Was die einen mit Gott meinen, wenn sie über Gott sprechen, ist tatsächlich das Gegenteil von dem, was die anderen meinen. Bei dem eigenschaftsbeladenen Gott könnte man von “Gott-in-Persona“ sprechen, wobei dieser Gott mehr so ist, wie der Mensch, der an ihn glaubt, als dass er seinem Gott-Sein gerecht werden könnte. Ein solcher Gott wird dann schnell einmal

ein menschlich allzu menschlicher, rachsüchtiger Gott. Im Gegensatz dazu bildet derjenige, der den Mut aufbringt, sich aus sich selbst herauszuhalten und seine Eigenschaften und zeitlichen Weisen zu überwinden, eine Art “Gott-in-Energia“ in sich aus, wollwissend, dass es besser sei, IHM im namenlosen Verweilen zu lassen.
Einen Gott-in-Persona kann man haben, mit dem Gott-in-Energia jedoch kann man nur (eins)sein, denn dieser Gott ist immer eine Gotteserfahrung, in der es kein Ich-Hier-Gott-Dort mehr gibt. Noch klarer könnte man den Gott-in-Persona als Gottheit und den Gott-in-Energia als Gott bezeichnen. Je mehr Gott-in-Persona seine Persona, seine Eigenschaften und Weisen von sich abstreift, desto höher an Heiligkeit, Vollkommenheit, Ewigkeit und Unbegrenztheit kann ER sein. Gott muss seine Bestimmungen als Gottheit aufgeben, um zu dem Gott, der ER immer schon ist, zu werden. Doch noch viel mehr, als Gott seine Gottheit überwinden muss, muss der Mensch sich darin üben, über sein Menschsein hinauszuwachsen, um sich als göttliches Wesen zu begreifen.
Wer den Weg der Selbstwerdung durch Selbstaufgabe, die Metamorphose vom Ich zum Chi durchläuft, dessen Gottesvorstellungen wandeln sich von Gott-in-Persona zu einem Gott-in-Energia. In einer solchen Gottesvorstellung kommt jede Vorstellung abhanden und hinterlässt ein Einssein, ein beheimatet Sein in Gott und eine tiefe persönliche Berührtheit. Ein Gott-in-Persona hingegen ist ein unpersönlicher, fremder Gott, da die besondere Persönlichkeit eine abtrennende Begrenzung zu Gott hin darstellt. Das Persönlichkeitskonzept ist in seiner primären Zwecksetzung

ein Distanzhalten zu Gott und zum eigenen selbstlosen Sein. Somit ist jede Form einer besonderen Persönlichkeitsvorstellung etwas Unpersönliches im konventionellen Wortsinn, denn erst in der Selbstaufgabe werde ich zu dem selbstlosen Selbst, das ich ruhend in Gott immer schon war.

Die Selbsterkenntnis bzw. die Selbstlosigkeitserkenntnis ist nicht weniger als Gotteserkenntnis, da man nie weniger als eins mit seinem Schöpfer gewesen ist und in seiner Selbstlosigkeit zu einem Sein-für-Gott wird. In der Gotteserkenntnis, in der mir meine grenzenlose Selbstlosigkeit offenbart wird und ich mich als heiliges Gotteskind erfahre, wird mir gezeigt, dass ich nichts von alledem bin, von dem ich glaube, ich sei es. Und Gott sein Dank habe ich mich in meinem Selbstbild geirrt.

Und Gott sei Dank ist die Welt ein Spiegelungsphänomen meines von Trennung träumenden Geistes. Und Gott sei Dank scheitere ich immer dann, wenn mein getrennter Eigenwille Separation zur Wirklichkeit erheben möchte und habe immer nur dann Erfolg, wenn ich etwas um Gottes Willen tue. Wir können dankbar dafür sein, dass wir keinen Erfolg darin haben, Beständigkeit in etwas zu bringen, was uns selbst schadet.

So sehr wir versuchen, zu uns in Entfremdung zu treten, damit sich der entfremdete Teil in uns Umwelten erträumen kann, in denen es für ein Gotteskind möglich ist, Begrenzung zu erfahren und zu leiden, so vergänglich sind doch alle diese Träume.

Das heilige Gotteskind, das wir alle als eins sind, fängt dann an, in einen Schlaf der Vergessenheit zu versinken, wenn es sich Traumbilder vorstellt, und meint, durch seine Vorstellung selbst so zu werden, wie es es sich vorgestellt hat. Die mit der Macht des göttlichen Schöpfungsgeistes erdachten Vorstellungen sind unmittelbar im Moment des Erdenkens Wirklichkeit (doch nicht ohne den, der sie denkt). Wenn sich nun der sich etwas vorstellende Teil vom einheitlichen Gottesgeist abgetrennt meint, weil er glaubt, durch seine Vorstellungen in irgendeiner Form anders geworden zu sein, dann erfährt er das, was er sich vorstellt ebenfalls von sich abgetrennt. Wir erleben die Welt getrennt vom Selbst, und im Außen scheinen sich Gegebenheiten und Situationen unabhängig vom Innen abzuspielen. Doch dies ist nur deshalb so, weil wir uns getrennt von Gott glauben. Wir sind ein Gedanke Gottes, und die Welt ist ein Gedanke von uns selbst, und weder haben wir unsere Quelle verlassen, noch ist die Welt, die wir sehen, außerhalb von uns selbst. In der Hereinnahme von Welt in das Selbst, in der Synergie von innen und außen, liegt gleichzeitig die Erfahrung des Einsseins mit Gott. Und wird das Einssein in Gott erfahren, so wird schnell klar, dass alle meine auf Trennung basierenden Gedanken, die die tausend Dinge dieser Welt formen, ebenfalls nur ein Sein für denjenigen besitzen, der von ihnen träumt. Alles und jeder ist bereits vollständig in Gott, nur ich, der ich an das glaube, was ich mir selbst beigebracht und zur Wirklichkeit erklärt habe, erlebe dies solange nicht, wie mir meine getrennte Eigenwelt, meine Teilrealität bedeutsamer als die Ganzheit Gottes erscheint. Dabei bedarf es eines unglaublich hohen Energieaufwands, die eigene Wirklichkeit aufrechtzuerhalten, ist es doch die große bestimmungslose Gleichheit Gottes, gegen die man anzukämpfen glaubt, um sie aus seiner besonderen Eigenwelt zu verbannen. Die Kleinheit unserer abgetrennnten Besonderheit, die sich als dieses oder jenes bestimmt, ist beständig auf der Suche nach Selbst- und Weltbestätigung. Sie sucht Zusammenschluss im Bereich der Trennung, Verbündete innerhalb von Konkurrenz und Frieden innerhalb eines Schlachtfeldes.

Gott kennt die Welt der vielen Dinge nicht. Blickt ER auf das Schlachtfeld der Vielheit, so sieht ER nur Frieden. Gott sieht dich als einen Teil von sich selbst, und es liegt nun einzig und allein an uns, den ersten Schritt zu tun, um uns als ein Teil von Gott zu begreifen. Gott sieht nur das Höchste in dir, ER sieht nur sich selbst. Und wer sind wir, die wir von uns meinen, dass wir anders sind, als so, wie Gott uns sieht? Mit einem auf Trennung, Begrenzung, Besonderheit und Kleinheit aufgebauten Selbstbild schelten wir Gott, im Bezug, wie ER seine Schöpfung sieht, Lügen. Dadurch erscheint es uns, dass wir als Sieger aus dem "Autoritätsproblem", das wir mit Gott haben, hervorgehen. Mir selbst, dem heiligen Gotteskind, Leid zuzufügen und mich in Angst zu halten, ist unsere Strategie, die wir verfolgen, um Gott zu entmachten und IHN in seiner Autorität zu korrumpieren. Doch alle diese Angriffe schaden nur dem, der sie vollzieht, und sie können weder an meiner noch an Gottes Heiligkeit, Ganzheit und Sündenlosigkeit etwas verändern.

Wie reagiert Gott darauf, dass sich ein Teil seiner selbst, der von Abtrennung träumt, selbst angreift? ER reagiert überhaupt nicht darauf, da ER die illusionären Trennungs-Träume nicht mit uns teilt. Würde Gott auf Illusionen eingehen und unser Leid für wirklich halten, dann hätten wir tatsächlich Gott von seinem Thron gestoßen. Stattdessen bleibt Gott das, was

ER immer schon war, ein Ausströmen von Liebe, mit der ER alles in Heilung umfasst und so allem und jedem Heilung anbietet, der bereit ist, sie für sich anzunehmen. Gott "reagiert" mit Liebe auf Liebe, mit Liebe auf Ungeduld, mit Liebe auf Angst und Hass, da der liebevolle Heilungsimpuls, der die Wirklichkeit der Sündenlosigkeit wiederherstellt, die einzig adäquate Reaktion auf einen von Separation träumenden Geist ist.

Nur ein Gott, der dein Leiden nicht sieht, ist ein Gott, der dich von deinem Leiden befreien kann, wenn du dich dazu entscheidest, dein Leiden loszulassen. Würde Gott Angst, Kleinheit und Leid und all das, von dem wir glauben, dass es unsere Welt beherrscht, sehen, dann müsste Gott selbst klein und angstvoll sein, da Gleiches nur von Gleichem erkannt werden kann. Indem wir von unserer Kleinheit und unserer Begrenztheit ablassen, geben wir Zeugnis von der Größe der Unbegrenztheit Gottes. Wir können nicht umhin, durch unser inszeniertes Selbstbild indirekt auf unser Gottesbild zu verweisen, denn so wie das Gotteskind sein muss, so muss auch der Vater sein. Es zeugt folglich nicht von Arroganz, wenn ich durch meine eigene Heiligkeit die Heiligkeit meines Schöpfers ausdrücke. Im Gegenteil: Arroganz ist, wenn ich Kleinheit und Mangel zur Wirklichkeit erhebe, da ich hiermit implizit ausdrücke, dass etwas innerhalb der Schöpfung Gottes weniger als vollkommen sein könnte.

Hierbei sollte die Wirkmächtigkeit deiner zur Wirklichkeit erhobenen Welt nicht unterschätzt werden, da diese nach wie vor von einem Gotteskind erdacht worden ist. Und an dem, was du für dich willst, kommt kein Gott vorbei. Gott hat mir einen, nämlich seinen

Willen gegeben, der für mich nur das Beste will. Doch gleichzeitig hat ER mir den freien Willen gegeben, auch etwas für mich zu wollen, was entgegen diesem ersten Willen steht. Der Eigenwille, von dem ich meine, dass ich ihn getrennt von Gott will, ist ein Wille, der sich gegen mich selbst richtet. Ich will etwas, was ich nicht wollen kann, und will es vielleicht gerade deshalb. Es hat nichts mit Demut, Hingabe oder Frömmigkeit zu tun, nur Gottes Willen zu folgen, weil es der einzige Wille sein kann, den ich wirklich will. Freilich bedarf es etwas Demut und Hingabe, um überhaupt dahinterzukommen, dass man erkennt, dass sich mein Wille nur im Willen Gottes erfüllt, und jeder getrennte Eigenwille in jedweder Form selbstzerstörerisch ist. Selbst wenn man meint, zu wissen, was man will, besteht doch im Glauben daran, dass es mehr als einen Willen geben kann, keine Gewissheit darüber, was des Wollens würdig ist. Jeder getrennte Eigenwille ist so lange von Unsicherheit und Ambivalenz durchzogen und damit kein wirkmächtiger Wille, bis man erkennt, dass es nur den einen Willen, den Willen Gottes geben kann. Und will ich um Gottes Willen, so will Gott um meinetwillen. Und ER wird seine Gaben in mich einfüllen, wenn ich zum Gefäß seiner werde.

Es geschieht folglich aus reinem Eigennutz, dass ich von meiner Eigenheit ablasse. Es geschieht aus reinem Lustgewinn, dass ich mir einen asketisch - minimalistischen Lebensstil aneigne, wenn ich erkenne, dass dies nur zur Mehrung meiner Lebensqualität und meines Glücksempfindens beiträgt.

Ich, also das Ich, weiß nicht, was das Beste für mich ist, und will meistens gerade das, was mir am meisten schadet. Deshalb überlasse ich Gott meinen Willen, gebe mich hin, da ich weiß, dass nur ER wissen kann, was das Beste für mich ist. Ich trete innerhalb meiner selbst zurück und lasse mir alle Dinge im Lichte seiner Heiligkeit neu zeigen. Ich will nichts von alledem für mich behalten, was ich für wahr nehme und lade SEINE ganzheitliche, immer liebende Wahrnehmung in meinen Geist ein, die mir zeigt, dass ich mich mit allem, was ich zuvor wahrgenommen habe, geirrt habe. Wie von alleine dehnt sich diese Schau auf alles innerhalb meines Geistes aus und hinterlässt nichts als eine stille, tiefe, friedvolle Präsenz, die alles durchsetzt und umhüllt. Es stellt sich eine Art geistiges Vakuum ein, eine Abwesenheit von allem, was mir die Anwesenheit meiner selbst bestätigt. Und doch bin ich immer mehr...

Die Leere, das geistige Vakuum, ist die Reinheit der sich in ihr befindlichen, göttlichen Essenz. Ja, reine Leerheit ist nicht zu unterscheiden von reiner Göttlichkeit, und je reiner die geistige Leere wird, desto klarer kann sich in ihr die göttliche Essenz ergießen und desto eher erfahre ich, dass Gott immer schon im bodenlosen Grund meines Geistes beheimatet war. Doch genau vor dieser Leere hat der Mensch Angst, da er glaubt, in ihr sein Menschsein zu verlieren. Und diese Angst ist von seiner Warte aus betrachtet berechtigt, da der Mensch in der Leere sein Menschsein verliert, dieses übersteigt und sich zur Göttlichkeit emporschwingt. Wir haben Angst vor Leere, wir haben Angst vor dem Stillstand und der Stille, da etwas in uns stirbt, wenn es zur Ruhe kommt und den stillen Punkt des unbewegten Bewegers erfährt.

Der innere Antreiber, der sich in einer bunten, lauten Leuchtreklamewelt, in der sich alles schnell bewegt,

am wohlsten fühlt, fürchtet nichts so sehr, wie das ruhende Präsentsein im Bereich unendlicher Formlosigkeit. Wir assoziieren mit dem, was nicht Gott ist, unsere Erfüllung und sehen in Gott das existenzielle Nichts, den Tod unserer selbst. Doch Gott ist Leben, und in SEINER Leere findet sich wahre Erfüllung. Die Erfüllung in der Leuchtreklamewelt zu suchen ist wie eine ständige Suche nach dem Tod von dem, was du bist, und dort kannst du nicht anders, als in jedem Moment neu zu sterben.
Jede besondere Lebensform fürchtet die Energie des ungeformten Lebens an sich um der eigenen Besonderheit willen. Analog gesprochen bewahrt die Angst vor Gott das konkrete Menschsein. Auf der anderen Seite untergräbt jede Erfahrung von Verbundenheit (mit Gott) die Selbstgewissheit von demjenigen, der meint, getrennt existieren zu können. Noch etwas drastischer formuliert könnte man sagen: Wer Mensch sein will, muss Angst vor Gott haben, denn das Ego kann nur sein, wenn Gott nicht ist. Die Angst vor Gott ist wie eine Mauer um die eigene Kleinheit, die die selbstgewählte Besonderheit beschützt und dem Bedeutungslosen Bedeutung verleiht, indem es dem EINZIGEN, der Bedeutung hat, Bedeutung abspricht. Gott muss bedeutungslos erscheinen, wenn du an dein Machwerk, die Welt die du siehst, glaubst. Angst vor einer sinn- und bedeutungsentleerten Formwelt zu haben, ist die natürliche Reaktion von etwas, was von sich glaubt, immanent konkret zu existieren. Die Liebe Gottes, die alles immanent Konkrete transzendiert und auflöst, muss angstbesetzt sein, solange noch Bedeutung in der konkreten Formenwelt gesehen wird. Doch wovor habe ich dort Angst? Was ver-

suche ich abzuwehren und aus meinem Geist herauszuhalten? Ich habe Angst vor dem, was ich bin, und versuche, das Sein meiner selbst immer wieder zu überformen und zu übermalen mit Vorstellungen und Ideen über mich. Die Einengung in Formen und Vorstellungen, sowie die damit einhergehende Angst ist das Mittel, was wir uns erdacht haben, um unsere göttliche Herkunft in Vergessenheit geraten zu lassen. Um diese Angst zu kompensieren, wurde die Idee von Gott und speziell die Idee eines transformativen Gott-in-Energia verharmlost und zu einem Gott-in-Persona umgewandelt, womit Gott zu einem Ding dieser Welt erklärt wurde. Diese Abwehr gegen Gott ist nicht mehr und nicht weniger als ein Angriff auf mich selbst, weil ich mir damit verwehre, mich als das, was ich bin, zu erfahren. Erst mit der Erfahrung von dem, was ich bin, indem ich in mir alle Mauern fallen lasse und den Überschwall göttlicher Transzendenz in mir geschehen lasse, kehrt Bedeutung wieder an den Ort des eigentlich Bedeutungsvollen zurück und erfüllt somit ebenfalls die konkret-immanente Lebenswelt mit Sinn, da das Ganze in sich nichts ausschließt. Wir glauben, wir könnten durch unser Urteil einen Teil der Ganzheit Gottes für uns wählen, ohne dass wir auch alles andere erfahren, wofür wir uns nicht entschieden haben. Doch wenn es nur Ganzheit gibt, kann auch nur Ganzheit gewählt werden, was wiederum kein Urteil und keinen Ausschluss duldet.
Wenn du eine Entscheidung, eine Wahl zwischen etwas und etwas anderem triffst, kann das, was du durch sie wählst, nur Illusion sein, weil die Trennung zwischen diesem und jenem sie zu einer Illusion hat werden lassen. Immer wenn wir meinen, wir könnten

durch unser Urteil nur einen Teil der Ganzheit in Erfahrung bringen, werden wir auch immer das erfahren, wogegen wir geurteilt haben. Die einzige Entscheidung, die ich wirklich treffen kann, ist die Entscheidung für Gott, und diese haben wir alle bereits vor Anbeginn der Zeit getroffen.

Paradoxerweise liegt in dieser Erkenntnis, dass ich keine wirklichen Entscheidungen, kein Urteil treffen kann, und alle wirklichen Entscheidungen bereits getroffen sind, die größte Freiheit verborgen. Es gibt nichts mehr zu tun und alles, was es braucht, ist, den Ruf der Wiedererinnerung erklingen zu lassen und sich gegenseitig das wieder zu vergegenwärtigen, wofür wir uns bereits entschieden haben und was von Anbeginn aller Zeit gewesen ist.

Ein Urteil innerhalb der Ganzheit Gottes zu sprechen, heißt, dass man in dem Moment, in dem man jemanden verurteilt, genau das gerade selbst tut, wofür man den anderen verurteilt. Umgekehrt betrachtet ist es nur das Eigenurteil, das dich treffen kann und was du dir selbst zu vergeben hast, unabhängig davon, ob du jemand scheinbar anderen in die Rolle einsetzt, dein Eigenurteil auszusprechen und sich demgemäß zu verhalten, oder ob du es selbst tust. Ein Fremdurteil, das keine Überschneidungspunkte mit deinem Eigenurteil besitzt, geht unbeachtet durch dich hindurch und findet keinen Anklang.

Nur ein Urteil ist in der Lage, ein Urteil zu sehen. Und ich urteile über den anderen stets so, wie ich mich selbst sehen möchte, denn das, was ich einem anderen wünsche, wünsche ich immer zuerst mir selbst. Dies ist ein fundamentales Gesetz in der Ganzheit Gottes, außerhalb dessen sich nichts befindet.

Gott kennt dein Urteil nicht und ER erfährt deine

scheinbare Absonderung von IHM nicht, denn dazu hätte ER ebenso urteilen und sich absondern müssen. Da Gott alles, nicht aber deinen Wahnsinn mit dir teilt, wird ER dir deinen Wahnsinn auch nicht vergeben, denn Vergebung erscheint nur dann auf dem kosmischen Plan, wenn an die Wirklichkeit von Sünde, Absonderung und Trennung geglaubt wird.

Die Ganzheit von dem, was ist, ist vollkommen, fehlerfrei, unterstützend und funktioniert nach kosmischer Perfektion, und noch nie hat jemand an dem, was ist, gelitten. Erst durch meine Gedanken, mein Urteil und meine Trennungsideen, kann das, was ist, in irgendeiner Form für mich leidvoll erscheinen. Wir sehen in unseren Gedanken, unserem Urteil, unserer Individuation, unserer Wehrhaftigkeit gegen andere und unserer Absonderung von allem anderen unsere Stärke. Doch Stärke liegt einzig und allein in dem Einssein mit der Ganzheit Gottes, einem unantastbareren Zustand vollkommener Wehr- und Sündenlosigkeit. Sünde, Absonderung, Trennung sind Synonyme und sie verweisen alle auf den scheinbaren Verlust der Ganzheit Gottes.

Jedes Objekt, jedes besondere Ding und alle sich verändernden Formen wurden dafür geschaffen, einen Zustand der Sündhaftigkeit zu bezeugen und meine eigene Abgetrenntheit von der Ganzheit zu verwirklichen. Alles, was ich mir zum Objekt machen kann und alles, was ich getrennt von mir wahrnehme, ist so lange ein Schuldbekenntnis, wie es eine babylonische Bedeutungsvielfalt, unabhängig von Gott in sich trägt. Wer alle Bedeutung von dem, was er wahrnimmt, abzieht, zu sich zurückholt und anstatt der besonderen Dinge Gott in allen Dingen greift, der erfährt sich in

seiner Sündenlosigkeit und seiner natürlichen, gottgegebenen Macht.
Doch bevor dies geschieht und alle Dinge nur noch vom Sein Gottes zeugen, erinnert uns alles, was wir als getrennt voneinander wahrnehmen, an den schmerzhaften Verlust der Ganzheit, den Angriff auf Gott, von dem wir dachten, wir hätten ihn tatsächlich mit irreversiblen Konsequenzen vollzogen.
Doch die Ganzheit ist nach wie vor die Ganzheit, denn in Wirklichkeit ist jede Form der Absonderung unmöglich. Da das Gotteskind aber an das glaubt, was es anscheinend getan hat, erfährt es Konsequenzen von etwas nie Dagewesenem. Es durchlebt den Sündenfall, das Fallen in den Tiefschlaf, in dem es von seiner besonderen Kleinheit und einer von ihm selbst gewählten Form, einem Körper, träumt. Im Traum, den das Gotteskind träumt, scheint es möglich, dass es seine göttliche Herkunft vergisst, Mangel leidet und stirbt. Es träumt von der Welt der tausend Dinge und träumt so lange, wie es einen Wert in seinem Trauminhalt sieht. Es träumt, bis es sich dazu entscheidet, aufzuwachen und zu erfahren, dass all das Erfahrene nichts mit der Wirklichkeit von dem, was ist, zu tun hatte. Und niemand anderer als du ist dieses Gotteskind, der du frei darüber entscheiden kannst, die Entscheidung, die du bereits getroffen hast, anzunehmen, um aus allen Träumen zu erwachen.
Gibt es Beweise hierfür? Kann ich irgendeine getrennte Form heranziehen, um die Wahrhaftigkeit der Ganzheit zu belegen? Gott ist nicht durch eine Beweisführung zu erreichen, entzieht ER sich doch jeder Argumentationsfolge, und es ist absurd, eine Gedan-

kenform zu verwenden, um auf das Formlose zu verweisen. Es ist absurd, eine endliche Beweisführung der Unendlichkeit führen zu wollen.
Deshalb rufe ich dazu auf: Sei du selbst der Beweis!
Sei du selbst Zeuge von der Größe Gottes!
Sei du selbst das Gotteskind, das du bist!

Robin Kaiser
Jahrgang 1993. Studium der Psychologie (M.Sc.) und Philosophie in Berlin. Seitdem ich durch intensive Meditation im Jahre 2015 die Verbindung zu anderen kosmischen Ebenen erstmals bewusst erleben durfte, ist es meine Passion, diese Erfahrungen in Worte zu fassen und die empfangenen Informationen weiterzureichen.

ISBN 978-3-7529-6288-8
9 783752 962888 00006
www.epubli.de

Printed by Amazon Italia Logistica S.r.l.
Torrazza Piemonte (TO), Italy

21916393R00192